KB266114

가장 쉬운 독학
부동산
공부
첫걸음

가장 쉬운 독학 **부동산 공부 첫걸음**

초판 인쇄 2026년 4월 8일   초판 발행 2026년 4월 15일

지은이 이수진   **발행인** 김태웅   **기획** 김귀찬   **편집** 유난영
표지 디자인 김지혜   **본문 디자인** 최수정   **마케팅 총괄** 김철영   **제작** 현대순

발행처 (주)동양북스등록 제 2014-000055호
주소 서울시 마포구 동교로22길 14 (04030)
구입 문의 전화 (02)337-1737   **팩스** (02)334-6624   **내용 문의 전화** (02)337-1763   **이메일** dymg98@naver.com

ISBN 979-11-7210-198-5 (13320)

본 책은 저작권법에 의해 보호를 받는 저작물이므로 무단 전재와 복제를 금합니다.
잘못된 책은 구입처에서 교환해드립니다.
(주)동양북스에서는 소중한 원고, 새로운 기획을 기다리고 있습니다.
http://www.dongyangbooks.com

공부하면 나도 부동산 투자로 돈 벌 수 있다!

가장 쉬운 독학
부동산
공부
첫걸음
이수진(부자사관학교 수진쌤) 지음

동양북스

누구나 경제적 자유를 꿈꾸지만, 정작 실천의 문턱 앞에서 막막함에 주춤하곤 합니다. 이 책은 화려한 투자 기술을 뽐내기보다, 저자가 직접 겪은 처절한 실패와 그 끝에서 건져 올린 값진 깨달음을 담백하고 힘있게 전합니다. 개인회생의 위기에서 100여 개의 등기를 보유한 자산가로 거듭나기까지, 저자가 발로 뛰며 체득한 부동산의 원리는 이론서에서는 결코 배울 수 없는 생생한 지혜입니다.

특히 복잡한 부동산 용어와 세법을 초보자의 눈높이에서 '나침반'처럼 친절하게 풀어낸 점이 인상적입니다. 저자는 단순히 '집을 사는 법'이 아니라 '인생을 대하는 관점'을 바꾸라고 조언합니다. 성실함만으로는 부족했던 삶에 '자산소득'이라는 새로운 엔진을 다는 법을 이 책은 명확히 제시하고 있습니다.

막연한 두려움 때문에 시작조차 못 하고 있다면, 저자의 진심 어린 목소리에 귀를 기울여 보시기 바랍니다. 이 책이 안내하는 길을 차근차근 따라가다 보면, 어느샌가 여러분의 손에도 경제적 자유를 향한 확실한 지도가 들려 있을 것입니다. 새로운 내일을 꿈꾸는 모든 예비 투자자들에게 이 책을 기쁜 마음으로 추천합니다.

남경엽
인테리어 전문 기업 '뉴빌드' 대표이사, 한국경제·주간동아·부동산114 칼럼니스트

수익의 시작은 낙찰이지만, 완성은 세무와 전략입니다.

많은 이들이 부동산 경매를 '싸게 사는 기술'로만 생각하지만, 진정한 고수는 세전 수익보다 세후 수익에 집중합니다.

현장에서 수많은 투자자를 만나는 세무사로서, 이 책은 단순한 입찰 요령을 넘어 수익의 구조를 정확히 꿰뚫고 있다는 점에 놀랐습니다.

낙찰의 기쁨이 자칫 세금 폭탄이나 비용 누수로 퇴색되지 않도록, 이 책이 여러분의 든든한 가이드가 되어줄 것입니다.

탄탄한 기본기 위에 영리한 절세 전략을 얹고 싶은 모든 투자자에게 이 책을 강력히 추천합니다. 성공적인 투자의 마지막 퍼즐은 바로 이 책 안에 담겨 있습니다.

고경민
세무회계 대권 대표세무사, 송파구 지방세 심의위원

"부동산 투자는 여유 자본이 많은 사람들의 전유물 아닐까?" 이 책은 그 흔한 편견에 대한 현실적인 대답입니다. 저자는 자신의 첫 소액 투자 경험을 바탕으로, 무리하지 않고 꾸준히 나아간다면 누구나 목표에 도달할 수 있음을 진솔하게 이야기합니다.

특히 부동산에 관심은 있으나 머뭇거릴 수밖에 없는 초보자들의 눈높이까지 배려한 세심한 구성이 돋보입니다. 낯설고 어려울 수 있는 투자 용어들을 일상어로 쉽게 풀어냈고, 실전에 당장 활용할 수 있는 경매, 실거래, 부동산 청약, 절세에 관한 팁에 더하여, 최근 유행하는 투자 방법에 대한 장단점 평가까지 알차게 담았습니다.

마치 곁에서 하나하나 짚어주는 친절한 멘토를 둔 느낌입니다. 부동산의 벽이 높게만 느껴졌던 분들에게, 이 책은 가장 현실적이고 따뜻한 실전 지침서가 될 것입니다.

송수한
법률사무소 대권 대표변호사,
부동산 건설 및 조세 관련 소송에서 의뢰인의 자산을 지키는 조력자로 활동

나도 몰랐다,
인생을 바꿀
'경매'의 힘

바닷바람이 매섭게 불던 어느 겨울날, 나는 강릉 바닷가에 혼자 서 있었다. 그날 내 손에는 얇지만 무거운 서류 한 장이 들려 있었다. '개인회생 신청서'였다. 이제는 더 이상 견딜 수 없다는 마음에 이 서류를 들고 바다를 찾았다. 내가 어쩌다 이 지경까지 왔을까. 눈앞의 파도는 계속해서 밀려왔다가 물러났고, 그 모습이 마치 내 인생처럼 느껴졌다. 앞만 보고 달려왔지만, 결국 제자리였다.

나는 늘 성실하게 살았다. 20대 초반부터 일을 쉬지 않았다. 매일 아침 눈을 뜨면 곧장 일터로 향했고, 쉴 틈 없이 열심히 일했다. 한 아이의 엄마로서, 또 집안의 가장으로서 책임감을 가지고 살았다. 하지만 그런 성실함이 내 삶을 바꿔주지는 않았다. 매달 카드값을 메우기 위해 다른 카드를 돌려쓰는 생활이 계속되었다. 다섯 개의 카드가 돌아가며 내 삶을 지탱했지만, 점점 그 속도가 버거워졌다. 결국 어느 날부터 핸드폰 요금이 밀리기 시작했고, 전기요금, 수도요금 같은 고지서를 볼 때마다 가슴이 철렁 내려앉았다. 당장 다음 달을 어떻게 넘겨야 할지 알 수 없었다.

이런 상황에서도 나는 자신을 속였다. '이번 달만 잘 넘기면 괜찮을 거야', '다음 달엔 손님이 더 오겠지' 하고 계속 자신을 달랬다. 하지만 현실은 냉정했고, 아무리 기다려도 기적 같은 일은 일어나지 않았다. 상황은 더 나빠졌고, 내 마음은 점점 더 무거워졌다. 특히 아이 앞에서는 마음이 더 아팠다. 아이에게 학원비를 내지 못해 미안하다고 말할 때, 아이가 장난감 가게 앞에서 눈을 반짝이거나 반찬 투정을 할 때조차 나는 속으로 울었다. "나는 부모님의 삶을 반복하지 않겠어."라고 다짐했지만, 어느새 나도 그들과 똑같은 모습이 되어 있었다.

더 이상은 버틸 수 없었다. 카드도, 대출도 모두 한계에 다다랐고, 나는 결국 '개인회생'을 선택할 수밖에 없다고 생각했다. 그날 바닷가에 선 나는 모든 걸 포기하는 마음으로 마지막 선택을 하려던 중이었다. 그런데 파도가 계속 밀려오는 걸 보면서 문득 이런 생각이 들었다. "저 파도는 지치지도 않네. 밀려왔다가 다시 돌아가고, 또다시 밀려와. 나도 다시 시작할 수 있지 않을까?" 그 순간, 개인회생이 꼭 다시 시작을 위한 길은 아니라는 걸 깨달았다. 오히려 포기의 다른 이름일지도 모른다는 생각이 들었다. 나는 손에 들고 있던 개인회생 신청서를 찢었다.

그날 이후 나는 달라지기로 결심했다. 집에 돌아오자마자 유튜브를 틀었다. 밤새도록 재테크와 돈 관리에 대한 영상을 봤다. 노트에 열심히 필기하며, 그동안 돈에 대해 내가 얼마나 무지했는지를 뼈저리게 느꼈다. 그중에서도 부동산 관련 영상을 볼 때마다 이상하게 가슴이 뛰었다. '이게 내 길일 수도 있겠다.' 하는 생각이 들었다.

버스를 타고 이동할 때마다 창밖으로 보이는 아파트들이 눈에 들어왔다. 수많은 아파트가 줄지어 서 있는 모습을 보며 문득 이런 의문이 들었다. "왜 저 많은 집 중에 내 집은 하나도 없을까?" 예전엔 그냥 스쳐 지나갔던 풍경이었지만, 그날 이후로는 내 삶과 연결된 새로운 질문이 되었다. 그리고 그 질문이 내 인생의 방향을 바꿔주었다.

스마트폰을 꺼내 네이버에 '소액 재테크'를 검색했다. 가장 먼저 나온 검색 결과는 '부동산 투자'였다. 그땐 몰랐다. 그 평범한 검색 한 번이 내 인생을 바꾸게 될 줄은. 부동산은 나와는 거리가 먼 이야기라고만 생각했었다. 부자들만 할 수 있는 일인 줄 알았다. 하지만 하나하나 공부하다 보니 꼭 그렇지는 않다는 걸 알게 됐다. 작은 돈으로도 시작할 수 있는 방법이 있었고, 그중 하나가 바로 '경매'였다.

당시 내가 모을 수 있었던 돈은 고작 500만 원이었다. 빚에 허덕이던 시절이었기에 500만 원도 나에겐 큰돈이었다. 하지만 그 돈은 단순한 숫자가 아니라, 나의 간절함과 희망을 담은 마지막 선택이었다. 나는 그 돈으로 13년 전에 배운 부동산 경매에 다시 도전했다. 무모한 도전일 수도 있었지만, 나는 달리 선택지가 없었다. 무언가 바꾸기 위해서는 용기가 필요했고, 나는 그 용기를 냈다.

처음엔 두려웠다. 주변에서는 "경매는 위험하다.", "사기당할 수도 있다."라면서 말들이 많았다. 하지만 다시 부동산 공부를 하면서 나는 점점 자신감을 얻었다. 권리 분석, 시세 조사, 임장 같은 기본을 하나씩 익혀 나갔다. 실수를 줄이기 위해 책을 읽고, 강의를 듣고, 직접 현장을 찾아갔다. 그리고 결국, 다시 부동산 공부를 시작하고 물건을 낙찰받았다. 그 물건에서 큰 수익이 난 것은 아니었지만, 나는 수익보다 더 큰 것을 얻었다. 바로 '나도 할 수 있다.'라는 확신이었다.

그 이후로 나는 계속해서 도전했고, 조금씩 경험이 쌓이기 시작했다. 하나하나 투자 물건이 늘어났고, 어느새 부동산등기 100개 이상을 보유한 투자자가 되었다. 그 출발점은 결코 화려하지 않았다. 오히려 눈물과 절망, 포기의 문턱에서 시작되었다.

많은 사람들은 실패를 두려워한다. 하지만 나는 실패가 끝이 아니라는 걸 깨달았다. 실패는 오히려 진짜 시작을 위한 준비 과정이었다. 그 고통스러운 시간이 있었기에 지금의 내가 있다. 그리고 나는 이 경험을 나누고 싶었다. 지금도 그날 바닷가에서 찢었던 신청서와, 파도를 바라보던 그 시간이 생생하다. 그날, 나는 인생을 다시 시작했다.

이 책은 나처럼 처음 부동산 공부를 시작하는 사람을 위한 책이다. 또 부동산 공부를 혼자 시작했다가 포기한 사람을 위한 책이다. 무언가를 해보려는 마음은 있지만 어디서부터 시작해야 할지 몰라 막막한 사람, 돈이 없어서 시작조차 못 한다고 느끼는 사람, 실패한 경험 때문에 두려운 사람들을 위해 이 책을 쓰기로 했다.

그날 강릉 바닷가에서 나는 진짜 내 인생의 첫걸음을 내디뎠다.
지금, 당신에게도 말해주고 싶다. 지금, 당신도 시작할 수 있다.
나도 몰랐지만, '경매'는 내 인생을 바꿔주었다.
그리고 당신의 삶도 분명히 바꿀 수 있다.

차 례

1부　왜 지금, 왜 반드시 부동산 투자여야 하는가?

2부　부동산 공부, 시작이 반이다!

CAPITAL
GAINS TAX
%

1부

왜 지금,
왜 반드시
부동산 투자여야 하는가?

1

월급만으로는
절대 부자가 될 수 없다

그날 강릉 바닷가에서 돌아온 뒤, 나는 계속해서 질문했다. "왜 이렇게 열심히 일해도 여전히 가난한 걸까?" 이 질문의 답을 찾는 과정에서 깨달은 가장 충격적인 진실은 바로 이것이었다. 월급만으로는 절대 부자가 될 수 없다는 것.

성실함만으로는 부족하다

많은 사람들이 "열심히 일하면 언젠가 부자가 될 수 있다."고 믿는다. 나도 그렇게 생각했었다. 하지만 현실은 달랐다. 오전 7시부터 밤 11시까지 일했던 자영업자 시절, 매일 16시간씩 일해도 카드 빚은 줄어들지 않았다. 매달 들어오는 수입보다 나가는 돈이 더 많았고, 그 차이는 카드로 메워야 했다.

나는 왜 이렇게 된 걸까?

그 이유는 간단했다. '노동소득'만으로는 한계가 있기 때문이다.

노동소득의 한계

월급은 내 시간과 노력의 대가다. 문제는 하루가 24시간밖에 안 된다는 것이다. 아무리 열심히 일해도, 더 많은 시간을 만들어낼 수는 없다. 그러니 노동소득에는 분명한 천장(한계)이 존재한다.

예를 들어 볼까? 월 300만 원을 버는 직장인이 있다고 생각해 보자. 그 돈에서 세금을 내고, 월세와 관리비 100만 원, 생활비 100만 원을 지출하고 나면 남는 건 100만 원이다. 그중 50만 원은 보험료, 통신비 같은 고정 지출로 나가고, 실제 저축할 수 있는 돈은 50만 원 정도다. 이 50만 원을 1년 동안 꾸준히 모아도 600만 원에 불과하다.

그런데 부동산 가격은 어떻게 변할까? 서울의 아파트는 하루에도 수백만 원씩 오르기도 하고, 1년이면 1억 원 이상 상승하기도 한다. 이런 상황에서 월급만 모아서는 집값 상승 속도를 따라잡기 어렵다. 바닷가에서 파도를 보며 생각했던 그날처럼, 아무리 열심히 달려도 제자리걸음인 느낌, 바로 이 때문이었다.

부자가 되는 진짜 방법

그렇다면 부자들은 어떻게 돈을 버는 걸까? 부자들은 '노동소득'이 아닌 '자산소득'으로 부를 쌓는다. 자산소득이란 내가 직접 일하지 않아도 내 자산이 스스로 돈을 벌어오는 수입을 말한다.

카드 빚에 쫓기던 그 시절, 가장 큰 충격은 카드 이자를 계산해 보았을 때였다. 매달 내가 갚아야 하는 이자만 100만 원이 넘었다. 그때 나는 깨달았다. "누군가는 일하지 않고도 내 돈으로 돈을 벌고 있구나." 은행은 내가 열심히 일해 번 돈의 상당 부분을 가져갔다. 바로 그것이 '자산소득'이었다.

부동산 월세, 주식 배당금, 예금 이자 - 이 모든 것들이 자산소득이다. 이런 소득은 내가 아파서 누워 있어도, 여행을 떠나도, 심지어 잠을 자고 있어도 계속해서 들어온다. 부자들은 이런 구조를 일찍 깨닫고, 월급이 아닌 자산을 늘리는 데 집중한다.

파도처럼 밀려오는 희망, 부동산 투자

그날 바닷가에서 본 파도처럼, 나의 인생도 다시 밀려올 수 있다는 확신이 생겼다. 그리고 그 방법으로 선택한 것이 '부동산 투자'였다. 처음에는 두려웠다. 13년 전에 발을 살짝 담갔다가 내가 할 수 있는 것이 아니라고 포기했던 부동산 투자를 다시 해 보기로 했다.

투자라는 단어는 왠지 멀게만 느껴졌고, 전문가들만 할 수 있는 일이라고 생각했다. 그러나 다시 하나씩 공부하면서 깨달았다. 부동산 투자는 생각보다 훨씬 접근하기 쉽고, 작은 돈으로도 시작할 수 있다는 것을.

월급을 자산으로 바꾸는 실천법

강릉 바닷가에서 개인회생 서류를 찢었던 그날부터, 나는 돈에 대한 새로운 관점을 갖게 되었다. 그리고 그 관점을 실천하는 방법을 하나씩 배웠다.

❶ 목돈을 만드는 작은 습관

매달 수입의 일정 부분을 반드시 저축해야 한다. 처음에는 5%라도 좋다. 나는 자영업을 하던 시절, 매일 저녁 포스기에 있던 현금 중 3만 원씩을 따로 보관했다. 그게 모여 투자자금 시드머니가 되었다. 작은 습관이 큰 변화를 만든다.

❷ 투자에 대한 두려움 넘어서기

대부분의 사람들이 투자를 시작하지 못하는 이유는 두려움 때문이다. 나도 처음에는 그랬다. "잃으면 어떡하지?", "사기당하면 어떡하지?" 하는 생각들이 많았다. 하지만 두려움만 가지고 있으면 영원히 제자리다.

투자 공부를 위해 나는 늦은 밤 유튜브와 책을 보고 공부를 하고, 오프라인 강의장에서 현장 강의를 들으며 멘토와 함께 공부하는 동지들을 만나고, 그들의 노하우를 배웠다. 현장에 답이 있다며 어린아이를 데리고 현장 임장도 많이 다녔다. 실수도 많이 했다. 하지만 그 실패가 값진 경험이 되었다.

❸ 작게 시작하되, 시작하는 것이 중요하다!

부동산 투자는 꼭 억대 종잣돈이 있어야 하는 것이 아니다. 내 경우처럼

500만 원으로도 시작할 수 있다. 중요한 것은 '당장 시작하는 것'이다. 더 많은 돈이 모일 때까지 기다리다 보면, 그 사이 기회는 지나가 버린다.

❹ 나만의 방식 찾기

부동산 투자의 매력은 다양한 전략을 시도해 볼 수 있다는 점이다. 처음에는 단순히 시세보다 저렴하게 매입해 차익을 노리는 전략으로 시작했지만, 점차 다양한 방식을 익혔다.

가끔은 보증금이 없는 전세 물건을 찾아 투자하기도 했고, 때로는 리모델링이 필요한 물건을 싸게 사서 가치를 높이는 방식을 택하기도 했다. 중요한 것은 내 상황에 맞는 방식을 찾는 것이다.

경제적 자유, 그 너머의 삶

경제적 자유란 일하지 않아도 자산이 나를 대신해 돈을 벌어 주는 상태를 말한다. 이를 위해서는 자산소득이 생활비보다 많아져야 한다.

내가 바닷가에서 돌아온 날부터 꿈꿨던 것이 바로 이것이었다. 그리고 부동산 투자를 통해 그 꿈을 이뤘다. 지금은 100개가 넘는 부동산 등기를 보유하고 있으며, 매월 자산소득만으로도 충분히 생활할 수 있게 되었다.

하지만 경제적 자유가 주는 가장 큰 선물은 '돈'이 아니었다. 바로 '시간'과 '선택의 자유'였다. 더 이상 돈을 벌기 위해 내 시간을 팔지 않아도 된다. 내가 진정 원하는 일을 선택할 수 있게 되었다. 그래서 지금은 다른 사람들에게 경매와 부동산 투자, 현금흐름을 만드는 부업을 가르치는 강의를 하고 있다.

내 경험이 누군가에게 도움이 된다는 것, 그것이 지금 나의 가장 큰 기쁨이다.

2

퇴사 이후를 준비하지 않으면 벌어질 일

은퇴는 언젠가가 아니라 곧 닥칠 현실이다. "어느 날 갑자기 회사를 나가야 한다면, 나는 무엇으로 살아가야 할까?" 열심히 일하고 있으니 괜찮다고, 월급은 나오고 있으니 아직은 멀었다고, 그렇게 스스로를 안심시킨다. 하지만 이 질문은 누구에게나 반드시 필요하다. 직장 생활은 영원하지 않기 때문이다. 그리고 퇴사는 생각보다 갑작스럽게 찾아온다. 예고 없이, 준비되지 않은 순간에.

직장은 끝이 있다. 그리고 은퇴는 생각보다 빠르다!

평균 수명이 길어지면서 사람들의 인생은 100세 시대를 향해 가고 있다. 하지만 직장 생활은 60세를 넘기기 어렵다. 심지어 대기업도 50대 중반이면 퇴직을 권유한다. 중소기업은 40대 중반부터 위태롭다. 자영업자도 마찬가지다. 체력이 약해지면 매장을 유지하는 것조차 힘들어진다.

'경제활동 기간'은 점점 짧아지고, '은퇴 이후 기간'은 점점 길어지고 있다. 이 말은 무슨 뜻일까? 앞으로 우리는 일해서 버는 기간보다, 벌어놓은 돈으로 버텨야 하는 시간이 훨씬 더 길어질 것이라는 의미다.

예를 들어 55세에 퇴직하고 85세까지 산다고 가정해 보자. 무려 30년을 월급 없이 살아야 한다. 30년간의 생활비, 의료비, 주거비, 가족 경조사비 등 모든 비용을 지금부터 차곡차곡 준비하지 않으면 안 된다.

'노후 파산'이라는 말을 들어 본 적이 있는가? 젊었을 때는 평범하게 살았지만, 퇴직 후 돈이 없어 생계가 어려워지는 상황을 말한다. 한국에도 실제로 그런 사례가 많다.

월급으로 아이 교육시키고, 집 대출 갚고, 부모님 용돈 드리다 보면 정작 자신을 위한 노후 자산은 마련하지 못하는 경우가 많다. 그리고 퇴직 후, 어느 날 갑자기 깨닫는다. '이제는 수입이 없는데, 나는 아무것도 준비해 놓은 게 없다.'라는 사실을.

통계에 따르면 60대 이상 고령층의 절반 이상이 노후 준비가 충분하지 않다고 느끼고 있다. 그중 많은 이들은 자식에게 도움을 요청하거나, 노후에도 계속 일을 해야만 한다. 일이 없으면 아예 생계가 끊기는 것이다.

문제는 여기서 끝나지 않는다. 나이 들수록 병원비는 늘어나고, 체력은 떨어지고, 돈을 벌 수 있는 기회는 줄어든다. 결국 많은 사람들이 말없이 가난과 외로움 속에 갇혀버린다.

자영업을 하며 매일 16시간씩 일했던 내 모습이 떠오른다. 아무리 열심히 일해도 카드 빚은 줄어들지 않았다. 그때 깨달았다. 노동소득만으로는 한계가 있다는 것을. 지금은 그때 하루라도 빨리 깨닫게 된 것이 너무나 감사하다.

퇴사는 끝이 아니라 새로운 시작이다. 하지만 아무런 준비 없이 맞이하면, 그것은 시작이 아니라 절벽이다. 퇴직금은 금방 사라지고, 재취업은 어렵다. 나이가 들수록 할 수 있는 일은 줄어든다. 그리고 사람들은 점점 위축된다.

"내가 이제 뭘 할 수 있지?"

"왜 나는 아무것도 준비하지 않았을까?"

반면, 퇴사 이후를 미리 준비한 사람들은 다르다. 그들은 퇴직 전에 이미 자산을 만들어 놓았거나, 다른 수익 구조를 만들어 놓은 사람들이다. 자신의 경험을 살려 창업하거나, 부동산이나 주식 같은 투자 자산으로 수익을 얻기도 한다. 그들에게 퇴사는 위기가 아니라 기회다. 새로운 삶을 시작할 수 있는 전환점이기 때문이다.

그날 내가 바닷가에서 파도를 보며 생각했던 것처럼, 인생은 계속해서 밀려왔다가 물러난다. 중요한 것은 다음 파도가 밀려올 때를 대비하는 것이다. 내가 부동산 투자에 뛰어든 것도 그런 이유에서였다.

우리는 어떤 선택을 해야 할까?

'퇴직 후를 준비하자'라는 말에 공감은 하지만 막상 무엇부터 어떻게 준비해야 할지 막막할 수 있다. 내가 생각하는 퇴직 후 준비 방법을 구체적으로 나누면 크게 세 가지 방향이 있다.

- **지출을 줄이는 삶을 연습하는 것** - 불필요한 소비를 줄이고, 생활비를 낮춰야 노후의 부담이 줄어든다.
- **지속 가능한 수입원을 만드는 것** - 노동이 아닌 자산이 수익을 내도록 만들어야 한다. 그게 부동산일 수도 있고, 주식이나 배당 자산일 수도 있다.
- **퇴사 이후에도 즐겁게 할 수 있는 활동을 찾는 것** - 가장 이상적인 노후는 '즐겁고, 의미 있으면서도 수익이 나는 일'을 하는 것이다.

나는 이 세 가지 중에서도 '지속 가능한 수입원', 즉 자산 소득을 만드는 것에 집중했다. 그리고 그 방법으로 '부동산 투자'를 선택했다.

나는 자영업자로 일했기에 월급은 없었지만, 가게를 운영하며 수익을 올리고 있었다. 하지만 그 수익은 고정적이지 않았고, 언제든 상황이 바뀔 수 있다는 게 문제였다. 실제로 코로나19가 터졌을 때, 손님이 끊기고 매출이 곤두박질치자 모든 게 무너지는 기분이었다.

그때 처음으로 '수입이 없으면 아무것도 할 수 없구나.' 하는 두려움을 느꼈다. 그전까지만 해도, 매달 벌어서 쓰면 되는 줄 알았다. 하지만 미래는 그렇게 단순하지 않았다.

그 후 나는 돈이 돈을 벌게 하는 구조를 만들기로 결심했다. 지금 돈이 없더라도, 그 구조만 잘 세우면 내가 일하지 않아도 소득이 생길 수 있다는 걸 알게 되었다.

그 첫걸음이 '부동산 경매'였다. 작은 돈으로 시작할 수 있었고, 실제 거주할 집도, 투자용 부동산도 구할 수 있었다. 한 건, 두 건 낙찰받고 나니 내 인생이 천천히 바뀌기 시작했다.

투자란, 퇴사 이후의 삶을 준비하는 도구다!

우리는 퇴직이라는 현실을 피해갈 수 없다. 그렇다면 지금부터라도 준비해야 한다. 단순히 '돈을 모아야지'가 아니라, '자산을 만들어야지'라는 생각으로 바뀌어야 한다. 투자는 그 자산을 만드는 과정이다. 위험한 것이 아니라, 꼭 필요한 것이다. 단, 공부하지 않으면 투자도 실패할 수 있다. 그래서 공부해야 한다. 그리고 실천해야 한다.

돈이 돈을 벌게 하는 구조를 만들어, 퇴사 이후에도 경제적 자유를 누릴 수 있는 인생을 준비하자. 이것이 내가 경험에서 얻은 가장 소중한 교훈이다.

3

인플레이션,
당신의 자산을 갉아먹는 괴물

인플레이션은 큰 소리로 우리에게 다가오지 않는다. "나 지금 네 돈 갉아먹을 거야!" 하고 말하지도 않는다. 하지만 조용히, 아주 천천히 우리 돈의 가치를 훔쳐 간다. 우리의 '정신적 통장 잔고'는 그대로 두고, '실질 자산'을 조금씩 갉아먹는다.

돈을 모으기만 하면 왜 자꾸 가난해질까?

우리는 돈을 열심히 모은다. 오늘도 열심히 일해서 월급을 받고, 그중 일부는 저축하고, 일부는 생활비로 쓴다. 어떤 사람은 1년간 정말 열심히 아끼고 모아서 통장에 1,000만 원을 쌓았다. 그 사람은 스스로 뿌듯할 것이다. '이 정도면 꽤 모았지' 하는 자부심도 생긴다.

그런데 1년 후, 그 1000만 원으로 살 수 있는 것들이 줄어들어 있다면? 2년 후에는 그 돈이 예전보다 더 작은 가치로 느껴진다면? 이게 바로 '인플레이션'이라는 괴물의 정체다.

인플레이션이란 무엇인가?

인플레이션이란 물가가 전반적으로 오르는 현상을 말한다. 쉽게 말해, 예전에 1000원에 살 수 있던 물건이 이제는 1500원, 2000원이 되는 것이다. 물건 값이 오르니까 같은 돈으로 살 수 있는 양이 줄어든다. 즉, 돈의 가치가 떨어진다는 뜻이다.

예를 들어 보자. 어렸을 때 500원으로 떡볶이를 배불리 사 먹던 시절이 있었다. 하지만 지금은 500원으로는 떡볶이 몇 개도 못 산다. 그 사이에 떡볶이 값이 오른 것이다. 이것이 바로 인플레이션이다.

강릉 바닷가에서 개인회생 신청서를 찢었던 그날, 나는 단순히 빚을 갚지 못하는 것만 문제라고 생각했다. 하지만 그보다 더 큰 문제가 있었다. 내가 빚을 갚더라도, 내 돈의 가치는 점점 줄어들고 있었다는 사실이다. 하루 16시간씩 내몸을 갈아 넣으며 일해도 내 현금은 시간이 지날수록 가치가 낮아지고 있었다.

조용하지만 무서운 괴물

인플레이션은 큰 소리로 우리에게 다가오지 않는다. "나 지금 네 돈 갉아먹을 거야!" 하고 말하지도 않는다. 하지만 조용히, 아주 천천히 우리 돈의 가치를 훔쳐간다.

예를 들어, 오늘 내가 100만 원을 통장에 넣었다고 하자. 그리고 5년 뒤 그 돈을 그대로 꺼냈을 때, 표면상으로는 100만 원이 그대로 남아 있지만 실제로는 그 돈의 '구매력'은 줄어들어 있다. 5년 전에는 그 돈으로 다양한 물건을 살 수 있었지만, 이제는 같은 양을 살 수 없다.

이처럼 인플레이션은 우리의 '정신적 통장잔고'는 그대로 두고, '실질 자산'을 조금씩 갉아먹는다. 그래서 많은 사람들이 모르는 사이에 점점 가난해지고 있는 것이다.

바닷가에서 파도를 보며 다짐했던 그 결심처럼, 나는 이 괴물과 싸우기로 했다. 인플레이션이 내 돈을 갉아먹게 놔두지 않겠다고 마음먹었다. 많은 사람들은 돈을 모으면 은행에 넣는다. 예금이든 적금이든, 일단 모아야 한다고 생각한다. 물론, 돈을 모으는 습관은 매우 중요하다. 하지만 여기서 중요한 건 '돈을 어디에, 어떤 방식으로 모을 것인가'이다.

예를 들어, 1억 원을 예금해 뒀는데 5년 동안 물가가 20% 올랐다고 하자. 그럼 이자까지 포함해 1억 1천만 원이 되었더라도 실제로는 5년 전 1억 원이 가진 가치보다 떨어진 것이다. 즉, 돈이 늘어난 게 아니라 줄어든 것이다. 이런 상황에서는 '돈을 모았다'는 사실이 오히려 가난을 불러올 수 있다.

돈을 모으는 것도 중요하지만, 그 돈이 가치를 잃지 않게 하는 것이 더 중요하다는 것을 알아야 한다.

인플레이션은 '자산'을 가진 사람에게는 기회가 되고, 자산 없이 '현금'만 가진 사람에게는 위기가 된다. 왜냐하면 인플레이션이 오면 물건값뿐만 아니라 집값, 금, 부동산 같은 자산의 가격도 함께 오른다. 즉, 자산을 가진 사람은 가진 만큼 그 가치가 올라간다.

예를 들어, 어떤 사람이 5억짜리 아파트를 갖고 있었는데 5년 후 그 아파트가 7억이 되었다고 해 보자. 그 사람은 아무 일도 하지 않았지만, 2억 원이 오른 셈이다.

반면, 같은 기간 동안 현금만 들고 있던 사람은 5억 원의 가치는 그대로지만 그 돈으로 살 수 있는 물건은 줄어들었다. 이 차이는 시간이 갈수록 더욱 커진다. 그래서 부자는 점점 더 부자가 되고, 가난한 사람은 점점 더 가난해지는 것이다.

내가 용기를 내어 부동산 투자를 다시 하기 시작하고 500만 원을 투자했을 때, 단순히 집을 사는 것이 아니라 인플레이션으로부터 내 돈의 가치를 지키는 선택을 한 것이다. 그리고 그 선택은 옳았다.

부동산은 시간이 지날수록 가격이 오르는 경우가 많고, 특히 입지가 좋은 곳의 부동산은 인플레이션을 이기는 대표적인 자산으로 꼽힌다. 또한 월세 같은 현금 흐름을 만들 수 있어서 노동소득이 없어져도 수익을 유지할 수 있다. 이처럼 부동산은 단순히 '집을 사는 것'이 아니라 '돈의 가치를 지키는 전략'이다.

우리는 어려서부터 이렇게 배웠다.

"돈은 아껴 써야 한다."

"열심히 모아야 한다."

그 말은 틀리지 않았다. 하지만 지금 시대에는 그다음 문장이 필요하다.

"그리고 잘 불려야 한다."

인플레이션이라는 괴물은 우리가 가만히 있을 때 가장 빠르게 달려든다. 그러니 지금부터는 '어떻게 모을까'가 아니라 '어떻게 지킬까, 어떻게 불릴까'를 고민해야 한다.

강릉 바닷가에서 개인회생 신청서를 찢었던 그날, 나는 단순히 빚을 갚겠다는 결심만 했다. 하지만 지금 생각해 보면, 그보다 더 중요한 것은 돈의 가치를 지키는 방법을 찾는 것이었다.

부동산 투자가 '돈의 가치'를 지키는 가장 강력한 방법이라는 걸 깨달았다.

나는 작은 돈으로 시작했고, 조금씩 자산을 불려 나갔다. 그 결과 지금은 물가가 올라가도 내 자산은 그보다 더 빨리 오르고 있다. 그게 바로 인플레이션을 이기는 방법이다.

매달 30만 원씩 들어오는 월세 수입. 이 돈은 내가 따로 일하지 않아도 들어오는 돈이었다. 그리고 이 돈은 인플레이션 속에서도 오히려 점점 늘어났다. 부동산 가치는 올라갔고, 월세도 점차 오를 수 있었기 때문이다. 이것이 자산소득의 힘이다.

인플레이션은 숫자가 아니라 우리 삶 전체에 영향을 주는 힘이다. 이제 우리는 더 이상 '돈을 모으기만 해서는 안 되는 시대'에 살고 있다. 지금부터라도 시장의 현금 흐름을 이해하고, 그에 맞는 자산을 준비해야 한다. 그게 바로 진짜 경제 공부의 시작이다.

나는 그 첫걸음을 부동산에서 시작했다. 그리고 당신도 할 수 있다. 가장 중요한 건 알아차리고, 지금 시작하는 것이다. 파도가 밀려왔다가 다시 물러나듯, 인플레이션도 그렇게 흘러간다. 중요한 건 그 파도에 휩쓸리지 않고, 오히려 그 흐름을 이용해 더 멀리 나아가는 방법을 배우는 것이다. 그렇게 할 때, 우리는 진정한 경제적 자유를 얻을 수 있다.

부자는 어떻게 돈을 대하는가

부자들은 "이 돈으로 내가 무엇을 만들 수 있을까?"를 먼저 생각한다. "이 500만 원으로 내가 수익을 낼 수 있는 자산은 없을까?" "지금이 과연 소비할 타이밍인가, 투자할 타이밍인가?" 돈을 쓰기 전에 '생각'을 먼저 한다. 돈에 휘둘리지 않고, 돈을 계획대로 움직이게 만든다. 감정이 아닌 원칙으로 돈을 다루는 것이 바로 부자들의 공통된 특징이다.

돈을 사랑하는 게 아니라, 돈을 다룰 줄 아는 사람들

많은 사람들이 돈을 이야기할 때 이런 말을 한다.

"나는 돈을 그렇게 좋아하진 않아."

"돈만 좇는 인생은 싫어."

"돈보다 중요한 게 더 많지 않나?"

물론 맞는 말이다. 사랑, 건강, 가족, 행복… 돈보다 중요한 것들이 분명히 있다. 하지만 문제는 이것이다. 그 '돈보다 중요한 것들'을 지키기 위해서도 돈이 필요하다. 돈을 중심에 두지 않더라도, 돈에 대한 올바른 태도는 삶 전체에 영향을 준다.

돈은 감정이 아니라 기술로 다뤄야 한다

부자들은 돈을 '기술'처럼 다룬다. 감정적으로 대하지 않고, 도구로 활용한다.

예를 들어 보자. 어떤 사람이 친구가 500만 원짜리 명품 가방을 샀다고 한다. 이 사람은 순간 기분이 상해서, "나도 질 수 없어." 하는 생각에 비슷한

제품을 할부로 구매한다. 이런 행동은 감정적인 소비다.

반면 부자들은 "이 돈으로 내가 무엇을 만들 수 있을까?"를 먼저 생각한다.
"이 500만 원으로 내가 수익을 낼 수 있는 자산은 없을까?"
"지금이 과연 소비할 타이밍인가, 투자할 타이밍인가?"
이처럼 돈을 쓰기 전에 '생각'을 먼저 한다.
그들은 돈에 휘둘리지 않고, 돈을 계획대로 움직이게 만든다. 감정이 아닌 원칙으로 돈을 다루는 것이 바로 부자들의 공통된 특징이다.

돈을 쫓지 않고, 기회를 기다린다

부자들은 성급하지 않다. 눈앞의 이익에 급하게 반응하지 않고, 긴 흐름을 본다. 예를 들어, 주식이 올랐다는 뉴스가 나왔다고 해 보자. 많은 사람들은 불안한 마음에 바로 매수 버튼을 누른다. 하지만 부자들은 일단 기다린다. 시장 흐름을 분석하고, 자료를 모으고, 자신이 설정한 원칙에 맞는 타이밍이 오기를 기다린다.

이런 태도는 부동산에서도 마찬가지다. 부동산 시장이 급등하면 많은 사람들은 두려움과 조급함에 휩싸인다.
"지금 안 사면 평생 못 살 거야."
"지금 들어가지 않으면 기회를 놓칠 거야."
하지만 부자들은 달랐다. 그들은 철저히 준비한다. 입지 분석, 수요 흐름, 정부 정책, 인구 변화 등을 차분히 분석한다. 그리고 자신만의 기준에 부합하는 물건이 나올 때까지 기다린다. 그 기다림의 힘이 결국 수익으로 이어진다. 부자들은 돈을 쫓지 않고, 돈이 오게 만든다.

나의 부동산 투자도 그랬다. 500만 원의 종잣돈으로 시작했지만, 무작정 아무 물건이나 사지 않았다. 수많은 물건을 분석하고, 내 기준에 맞는 물건을 찾기 위해 법원 경매 기록을 찾아보고, 현장을 답사했다. 그렇게 찾은 경매 물건이 시세 7000만 원을 3500만 원에 낙찰받을 수 있었던 주택이었다. 그 인내심이 나의 수익을 만들었다.

어릴 때부터 '돈 얘기는 조심해야 해.', '돈 밝히는 사람은 좀 그래.'라는 말을 들으며 자란 사람들은 돈에 대해 죄책감을 갖기 쉽다. 그래서 자신도 모르게 돈을 거부하거나, 돈을 멀리하게 된다. "나는 돈이 많지 않아도 괜찮아.", "부자가 되는 건 나랑 상관없는 일이야." 이런 생각이 마음속 깊이 자리를 잡는다.
하지만 부자들은 돈을 부끄러워하지 않는다. 오히려 돈을 '책임 있는 도구'로 본다. 돈이 많아야 더 좋은 집에 살 수 있고, 더 좋은 교육을 아이에게 줄 수 있으며, 어려운 이웃을 도울 수 있다는 걸 알기 때문이다.
돈을 부끄럽게 생각하는 사람은 돈을 멀리하고, 돈을 당당히 마주하는 사람은 돈을 끌어온다. 부자들은 돈을 사랑하지 않지만, 돈을 존중한다.

돌이켜보면 경제적으로 어려웠을 때 나는 돈 얘기를 꺼내는 것조차 불편해했다. 그래서 대출이자가 얼마인지, 월세가 언제 오르는지도 제대로 파악하지 못했다. 돈에 대한 이 거리감이 결국 나의 경제적 위기를 불러왔다. 하지만 이제는 다르다. 돈을 정면으로 바라보고, 숫자로 관리하며, 돈의 흐름을 계획한다. 그 변화가 내 인생을 바꿨다.
나는 이제 돈을 '써야 할 때'와 '모아야 할 때'를 안다.

부자들은 돈을 아끼기만 하는 사람들이 아니다. 그들은 쓸 때는 제대로 쓰고, 모을 때는 철저히 모은다. 예를 들어, 아이 교육비에는 아낌없이 투자하지만, 자신의 사치품에는 큰돈을 쓰지 않는다. 필요한 보험은 유지하지만, 불필요한 보험은 과감히 해지한다. 한마디로 말해, 돈을 효율적으로 사용한다.
또한 지출을 할 때는 반드시 목적이 있다. 그 목적이 '소비'가 아니라 '투자'에 가까워야 한다고 생각한다. 예를 들어, 책을 사는 데 돈을 쓰는 이유는 지식을 얻기 위한 투자이고, 현장 답사를 가는 교통비는 입지를 확인하기 위한 투자다. 이처럼 모든 돈의 흐름에 이유가 있고, 그 이유가 장기적으로 자신의 목표와 연결되어 있다.

내가 100개가 넘는 부동산 등기를 보유하게 된 비결도 여기에 있다. 부동산 투자로 매달 들어오는 월세를 사치에 쓰지 않고, 다시 부동산을 사는 데 투자했다. 그렇게 하나씩 자산을 늘려나갔다. 처음엔 적은 수익이었지만, 이제는 그 금액이 수천만 원으로 늘어났다. 돈을 쓰고 모으는 타이밍을 아는 것, 이것이 부자의 비결이다.

돈을 숫자로 본다, 감정이 아닌

부자들은 숫자에 강하다. 수학을 잘한다는 뜻이 아니라, '수익률', '비용', '세금', '대출이자', '기회비용' 등을 구체적으로 계산하고 분석한다는 뜻이다.

예를 들어, 어떤 부동산을 살지 말지 고민할 때 "느낌이 좋으니까 사야지"가 아니라 "전세가율이 몇 퍼센트고, 주변 시세 대비 몇 퍼센트 저렴하며, 향후 시세 차익이 얼마나 가능한지"를 본다.

또한 '지금 내 자산이 얼마인지', '이번 달 지출이 얼마나 있었는지', '현금 흐름은 어떻게 되고 있는지'를 정확히 파악한다. 그들에게 돈은 숫자로 다뤄야 할 '정보'이지, 감정으로 휘둘릴 대상이 아니다.

인플레이션 시대에 살아남기 위해서는 이런 숫자 감각이 더욱 중요하다. 은행 이자가 23%일 때 물가가 4%씩 오른다면, 내 돈은 매년 12%씩 가치가 줄어든다. 이런 계산을 할 수 있어야 올바른 투자 결정을 내릴 수 있다. 부자는 돈에 대한 이런 냉정한 계산이 몸에 배어 있다.

돈을 배우는 데 시간을 아끼지 않는다

부자들은 돈을 공부한다. 책을 읽고, 강의를 듣고, 전문가와 대화한다. 그들은 돈을 다루는 것도 하나의 '기술'이라고 본다. 기술은 연습하고 배워야 한다.

나는 돈에 대해 무지했던 시절이 있었다. 돈이 뭔지, 대출이 뭔지, 이자가 뭔지, 부동산 경매는 또 뭔지 전혀 몰랐다. 하지만 위기의 순간, 나는 깨달았다. '내가 돈을 몰라서 이렇게 고생하는구나.'

그날 이후 나는 유튜브로, 책으로, 현장 경험으로 돈을 공부했다. 하루하루가 두려웠지만, 그 공부가 나를 살렸다. 지금도 나는 계속 돈을 공부한다. 왜냐하면 돈은 멈춰 있지 않기 때문이다. 세금 정책, 대출 규제, 시장 변화 등은 계속 바뀐다. 그래서 끊임없이 배워야 한다.

바닷가에서 파도를 보며 다짐했던 것처럼, 나는 경제적 무지에서 벗어나기로 했다. 그리고 그 결심이 나를 부동산 경매 강사로, 100채 이상의 부동산을 가진 투자자로 만들었다. 돈에 대한 지식이 인생을 바꾼다.

결국, 돈은 사람을 닮는다

부자의 돈은 부자의 습관을 닮아있다. 계획적이고, 원칙이 있고, 숫자로 관리된다. 반면 가난한 사람의 돈은 그 사람의 감정에 따라 움직인다. 지출이 계획적이지 않고, 소비가 즉흥적이며, 자산이 아닌 일회성 만족을 좇는다.

돈이 많고 적음이 중요한 게 아니다. 지금 100만 원을 어떻게 쓰느냐에 따라 미래의 1억 원이 결정된다. 돈은 '얼마를 갖고 있는가'보다 '어떻게 대하느냐'가 훨씬 중요하다. 나 역시 태도를 바꾸며 돈이 달라졌다.

나는 예전에는 돈이 무서웠다. 돈이 없다는 사실이 나를 움츠러들게 만들었고, 돈을 이야기하는 것도 창피하게 여겼다. 하지만 지금은 다르다. 돈을 도구로 보고, 그 도구를 잘 활용하기 위해 배운다. 지금 내가 부동산 투자자로 살 수 있는 건 돈을 바라보는 내 시선이 달라졌기 때문이다.

5

운명이 바뀌는 3000만 원의 마법

내가 가진 돈을 확인해 봤다. 이리저리 끌어모으면 500만 원 정도는 당장 만들 수 있었고, 몇 달만 진짜 죽기 살기로 아끼면 3000만 원까지 만들 수 있을 거란 계산이 나왔다. 그동안 나는 항상 '3000만 원은 부동산 투자를 하기엔 너무 작은 돈이야.'라고 생각했지만 그날부터는 그 돈이 '내 운명을 바꿀 수 있는 씨앗'처럼 보였다.

카드 빚에 허덕이던 내가 인생을 뒤집은 첫 번째 선택

"지금 상황에서 내가 할 수 있는 건 뭐지? 뭐가 가능하지?" 이 질문은 내가 인생에서 가장 막막했던 시절에 던졌던 질문이었다. 당시 나는 자영업을 하고 있었고, 코로나19라는 큰 위기를 맞으며 하루하루를 버티는 것조차 힘겨운 상황이었다. 매출은 바닥을 쳤고, 신용카드 다섯 장을 돌려막으며 버티고 있었으며, 생활비는커녕 핸드폰 요금조차 연체되기 시작했다. 어느 날엔 전기요금 고지서를 보고 한참을 멍하니 앉아 있었다. 내가 여기서 뭘 할 수 있을까, 다시 일어설 수는 있을까? 그런 질문이 머릿속을 떠나지 않았다. 그리고 나는 그 질문 끝에서 '투자'라는 단어와 마주했다. 그게 내 인생을 바꾸게 될 줄은 그때는 정말 몰랐다. 기회는 항상 '두려움의 옆자리'에 있다.

그 시절, 나는 하루가 멀다 하고 유튜브에 매달렸다. '소액 재테크', '부동산 경매', '돈 버는 법'... 이런 검색어를 하루에 수십 번씩 검색했다. 그중에서 유독 내 눈을 끈 건 '경매로 집을 샀다'라는 영상들이었다. 예전에는 마음으로 와닿지 않았던 부동산 강의들이 이제는 들리기 시작했고, 내 마음을 움직이게 했다. 경매는 왠지 위험하고, 무섭고, 전문가들만 하는 일이라는 이미지가 있었지만, 그런 고정관념을 깨고 실제로 도전해 성공한 평범한 사람들의 이야기가 내 마음을 조금씩 흔들기 시작했다.

"3000만 원으로 부동산 투자를 시작했다"는 한 여성의 이야기를 듣고 '어? 나도 그 정도는 끌어모아서 시작할 수 있겠는데?'라는 생각이 처음 들었다. 그 순간부터 나는 '안 되는 사람'이 아니라 '될 수도 있는 사람'이 되었다.

나는 내가 가진 돈을 확인해 봤다. 이리저리 끌어모으면 500만 원 정도는 당장 만들 수 있었고, 몇 달만 진짜 죽기 살기로 아끼면 3000만 원까지 만들 수 있을 거란 계산이 나왔다. 그동안 나는 항상 '3000만 원은 부동산 투자를 하기엔 너무 작은 돈이야.'라고 생각했지만 그날부터는 그 돈이 '내 운명을 바꿀 수 있는 씨앗'처럼 보였다.

부동산 경매는 시세보다 낮은 가격에 집을 살 수 있었고, 전세보증금을 활용하면 실제로 들어가는 내 자금은 훨씬 적어도 되는 구조였다. 나는 하나하나 차근차근 부동산 공부를 다시 하기 시작했다. 13년 전... 처음 부동산 경매를 공부했던 그때 포기하지 않고 계속했더라면 지금 이 고생을 안 해도 될걸 하는 후회가 들었다. 하지만 "늦었다고 생각할 때가 가장 빠를 때이다."라는 말을 되새기며 기초부터 처음 공부하는 사람처럼 파고들었다. 등기부등본 보는 법, 권리 분석, 입찰가 산정, **임장** 다니는 법… 하나도 몰랐지만, 하나하나 알아가는 게 재밌었다.

임장
직접 현장에 가서 확인하는 것

낙찰, 그리고 숨겨진 현실

마침내 나는 다시 부동산 투자 공부를 시작하고 새로 태어난 기분으로 경매 입찰을 했다. 손은 덜덜 떨렸고, 온몸이 굳어 있었지만 결국 나는 처음으로 내 이름으로 된 집을 낙찰받았다.

당시 시세보다 20%가량 저렴한 금액이었고, 전세보증금으로 낙찰 금액의 대부분을 충당할 수 있었다. 내가 실제로 준비한 돈은 약 3000만 원 남짓. 그 돈은 내 인생 첫 부동산이 되어 돌아왔다.

낙찰 후에도 어려움은 있었다. 명도 문제, 수리비, 관리비 체납 등 경험하지 않았던 현실적인 문제들이 하나씩 등장했다. 하지만 이상하게도 무섭지는 않았다. 왜냐하면 나는 '내가 해냈다.'라는 성취감을 이미 맛봤기 때문이다. 그리고 무엇보다 중요한 건, 그 일이 끝나고 나니 나는 '부동산 투자자'가 되어 있었다.

돈은 '얼마'보다 '어디에 쓰느냐'가 중요하다. 많은 사람들이 돈이 부족해서 투자를 못 한다고 말한다. 하지만 사실은 돈이 부족한 게 아니라, 돈을 어디에 써야 할지 모르기 때문에 투자를 못 하는 것이다.

내가 3000만 원을 들고 쇼핑을 했더라면 명품 몇 개 사고, 한두 번 여행 다녀오고 나면 통장의 잔액은 다시 바닥을 드러냈을 것이다. 하지만 나는 그 돈으로 '집'을 샀다. 그리고 그 집은 나에게 매달 월세를 안겨 주었고, 1~2년 뒤에는 시세가 올라가 매각도 가능했다. 한 번의 선택이 돈의 흐름 전체를 바꾼 것이다.

이 경험을 통해 나는 돈에 대한 개념 자체가 달라졌다. '돈은 쓴 만큼 사라지는 게 아니라, 어디에 쓰느냐에 따라 돌아오는 방식이 달라진다.' 라는 걸 몸으로 배웠다.

운명을 바꾸는 투자는 거창하지 않아도 된다

많은 사람들은 부동산 투자를 '큰돈이 있어야 하는 일'로 생각한다. 하지만 나는 경매라는 방법을 통해 작은 돈으로도 부동산을 시작할 수 있다는 걸 직접 증명했다. 그리고 투자라는 건 꼭 건물 한 채를 통째로 사야만 의미 있는 게 아니라는 것도 알게 되었다. 소액으로 시작해 경험을 쌓고, 시장을 이해하고, 그 안에서 나만의 전략을 찾는 것, 그것이야말로 진짜 투자였다.

나의 첫 투자 물건은 작았고, 허름했다. 누군가는 그 집을 보며 '저걸 왜 샀을까?'라고 했을 수도 있다. 하지만 그 집은 내게 자신감과 경험, 그리고 새로운 가능성을 가져다주었다.

퇴사 이후를 준비해야 한다는 것을 깨달았듯이, 나는 이 작은 투자를 통해 미래에 대한 준비를 시작했다. 더 이상 일하지 않아도 살아갈 수 있는 구조를 만들어가는 첫 번째 발걸음이었다.

나는 3000만 원으로 운명을 샀다. 지금 생각해 보면, 그 3000만 원은 단지 집을 산 돈이 아니었다. 그건 '내가 가난에서 벗어날 수 있다는 희망'을 산 것이었고, '아이 앞에서 당당해질 수 있는 용기'를 산 것이었다.

당신에게도 3000만 원의 마법은 가능하다. 지금 당신이 가진 돈이 많지 않더라도 괜찮다. 투자란, 큰돈으로 시작하는 것이 아니라 '간절함과 실행력'으로 시작하는 것이다.

내가 걸었던 길은 쉽지 않았지만, 누구나 걸을 수 있는 길이기도 했다. 차근차근 공부하고, 내 상황에 맞는 전략을 찾고, 작은 경험부터 쌓아나간다면 당신도 분명히 3000만 원의 마법을 만들 수 있다.

이제 당신도 질문을 던져보라.

"내가 가진 이 돈, 어디에 써야 내 운명이 바뀔까?"

그 질문의 답을 찾아가는 과정이 바로 '투자'다. 그리고 당신이 지금 그 여정의 첫걸음을 내딛고 있다면, 이 책은 끝까지 당신과 함께할 것이다.

월급만으로는 부자가 될 수 없고, 퇴사 이후를 준비해야 하며, 인플레이션에 대비해야 한다는 것을 이제 알았다면, 다음 단계는 실천이다. 그리고 그 실천의 시작은 작은 금액으로도 가능하다. 나처럼 3000만 원으로, 혹은 더 적은 금액으로도 당신의 첫 투자는 시작될 수 있다.

투자는 마법이 아니다. 하지만 투자가 만들어내는 변화는 마법과 같다. 당신도 그 마법을 경험해 보길 바란다.

[부자 마인드 연습장]
경제적 자유의 나침반 만들기

1. 나는 지금 어디에 서 있는가?

항목	나의 현재 상태	점수 (1~5)
수입보다 지출이 많다.	예 / 아니오	
월급 외의 수입원이 없다.	예 / 아니오	
금융자산(예금·적금) 외에 다른 자산이 없다.	예 / 아니오	
부동산이나 주식에 투자한 적이 없다.	예 / 아니오	
자산이 얼마나 있는지 정확히 모른다.	예 / 아니오	

※위의 빈칸에 '예'에 표시한 것들의 개수를 합한 숫자를 쓰세요!
※점수가 높을수록 현재 재무 상황에 대한 점검이 필요합니다.

2. 나는 돈에 대해 어떻게 생각하는가?

다음 질문에 솔직하게 체크해 보세요. 돈에 대한 감정과 인식을 점검하는 것이 투자 마인드의 첫걸음입니다.

질문	체크(v)
돈은 많을수록 좋다고 생각한다.	
돈은 있어도 사람은 겸손해야 한다고 생각한다.	
돈을 좋아한다고 말하는 것이 부끄럽다.	
돈은 나와는 상관없는 사람들의 이야기라고 느낀 적이 있다.	
나는 부자가 되고 싶다.	
부자가 되는 건 어렵고, 운이 좋아야 가능하다고 생각한다.	
돈은 도구일 뿐이다.	
돈은 나의 꿈을 이루게 해주는 수단이다.	

3. 내가 꿈꾸는 경제적 자유는 어떤 모습인가?

1) 내가 원하는 월수입은? 월 _________________ 만 원

2) 그 수입이 '노동 없이' 들어온다면 나는 무엇을 하고 싶은가?

____

　⑩ 여행하며 글 쓰기, 아이들과 더 많이 시간 보내기, 원하는 공부 마음껏 하기.

3) 나는 어떤 집에 살고 싶은가?

____

　⑩ 어느 동네? 어떤 집? 생생하게 상상하기

4) 경제적 자유를 이루면 꼭 해 보고 싶은 일이 있다면?

____

　⑩ 가족과 해외 한 달 살기 / 창업 / 기부 / 은퇴 후 텃밭 가꾸며 시골 살기

4. 내 돈의 흐름은 어떻게 흘러가고 있는가?

월 소득	금액
주 수입 (월급/ 매출)	
부 수입 (투자 / 임대 / 기타)	
합계	

월 지출	금액
고정 지출(월세, 관리비, 대출, 보험 등)	
생활비(식비, 교통, 교육, 문화 등)	
비정기 지출(여행, 선물, 병원비 등)	
합계	

※소득과 지출을 적어 보면 내가 '얼마를 모을 수 있고', '어디를 줄일 수 있는지'가 보이기 시작합니다.

5. 나만의 투자 원칙 정해 보기

아래의 문장을 완성해 보세요. 당신만의 기준이 곧 투자 원칙이 됩니다.

1) 나는 (투자 금액 범위) 안에서 투자할 것이다.

____

⑩ 나는 종잣돈 3000만 원 안에서 시작하겠다.

2) 나는 투자 전에 반드시 (정보수집 or 공부)를 한다.

____

⑩ 매물조사+현장임장 + 권리분석 3단계는 필수로 한다.

3) 나는 (이익률/ 안정성/ 장기보유) 중 어떤 기준을 더 중요하게 여긴다.

____

⑩ 안정성을 가장 우선으로 한다.

4) 나는 투자 결과에 책임을 지고, 배움으로 삼는다.

____

⑩ 성공도 실패도 내 선택으로 받아들이고 블로그나 유튜브 등에 기록으로 남긴다.

6. 오늘부터 할 수 있는 작은 실천 3가지 적어 보기

당장 할 수 있는 구체적인 행동을 아래에 적어 보세요.

____

⑩ 부동산 투자 관련 유튜브 영상 3개 보기 / 부동산 앱 설치하고 관심 지역 1곳 저장해서 매일 보기 / 매일 자동이체 설정하기 / 외식하지 않기

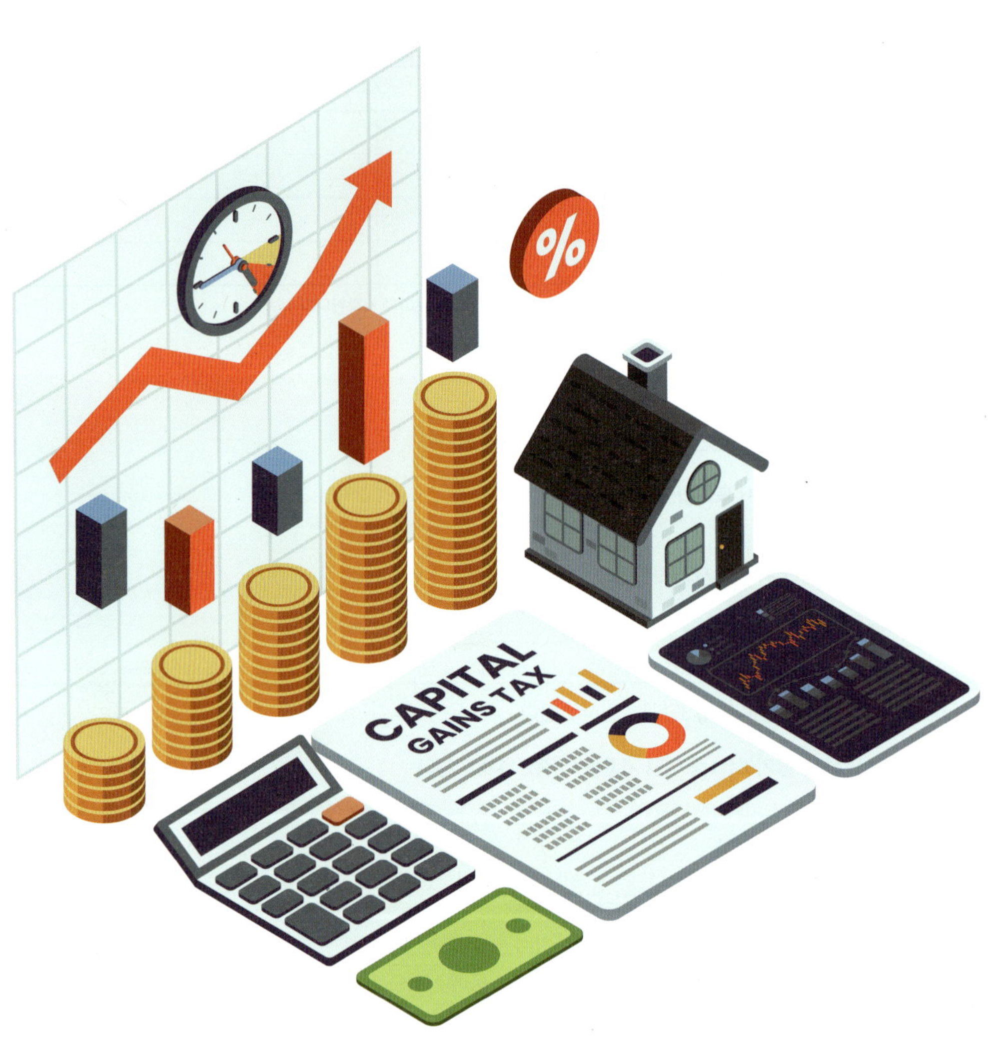
CAPITAL
GAINS TAX
%

2부

부동산 공부,
시작이 반이다!

집을 사도
괜찮은가요?

이 질문은 내가 부동산 경매 강의를 하면서 가장 많이 받는 질문이다. 특히 젊은 사람들은 "집값이 너무 비싸서 엄두가 안 나요.", "혹시 샀다가 떨어지면 어떡하죠?"라며 불안해한다.

솔직히 말하면, 나도 처음에는 그런 두려움이 있었다. 500만 원으로 시작한 첫 경매 도전 때, 밤잠을 못 이룬 날이 얼마나 많았는지 모른다. 하지만 지금 돌이켜보면, 그때 용기를 내어 정말 다행이었다. 왜냐하면 집을 마련하지 않았다면 지금의 경제적 자유도 없었을 테니까.

집을 사야 하는 이유

우선 근본적인 질문부터 해 보자. 왜 집을 사야 할까? 많은 사람들이 "집은 살 곳이니까 사야지"라고 단순하게 생각한다. 하지만 그보다 더 중요한 이유들이 있다.

첫 번째는 월세라는 고정비용에서 벗어나기 위해서다. 월세는 매달 나가는 돈이지만 내 자산이 되지는 않는다. 예를 들어 월세 50만 원짜리 집에 10년 살면 6000만 원을 낸 셈이다. 하지만 그 돈은 온데간데없이 사라져버린다. 반면 집을 사면 매달 내는 대출이자와 원금 상환도 결국에는 내 자산이 된다.

두 번째는 인플레이션 헤지 때문이다. 앞서 인플레이션이 우리 돈의 가치를 갉아먹는다고 했는데, 부동산은 인플레이션을 이길 수 있는 대표적인 자산이다. 물가가 오르면 집값도 따라 오르는 경우가 많다. 즉, 집을 사는 것은 인플레이션으로부터 내 돈의 가치를 지키는 일이다.

세 번째는 경제적 안정감이다. 내 집이 있다는 것은 단순히 주거 공간이 있다는 의미를 넘어선다. 갑작스러운 경제적 위기가 와도 최소한의 거주지는 확보되어 있다는 안정감을 준다. 실제로 코로나19 때 많은 사람들이 소득이 줄어들었지만, 집이 있는 사람들은 그나마 버틸 수 있었다.

지금이 집을 살 타이밍일까?

"그래도 지금 집값이 너무 비싸지 않나요?" 이런 질문도 자주 받는다. 솔직히 말하면 집값이 저렴했던 적은 거의 없었다. 10년 전에도 사람들은 "집값이 너무 비싸다"고 했고, 20년 전에도 마찬가지였다.

중요한 것은 절대적인 가격이 아니라 상대적인 가치다. 내가 낼 수 있는 돈의 범위 내에서, 내 상황에 맞는 집을 찾는 것이 중요하다. 처음부터 완벽한 집을 사려고 하지 말고, 일단 첫걸음을 떼는 것이 중요하다.

내 경우를 보면, 첫 번째 집은 시세 7000만 원짜리를 3500만 원에 낙찰받은 것이었다. 완벽한 집은 아니었다. 좀 낡았고, 입지도 그저 그랬다. 하지만 그 집이 내 부동산 투자의 출발점이 되었다.

집을 사는 것이 부담스럽다면?

"그래도 집을 사기에는 부담이 너무 커요." 이런 걱정을 하는 사람들에게는 다른 방법을 제안한다. 꼭 거주용 주택부터 살 필요는 없다. 소형 투자용 부동산부터 시작해 보는 것이다.

원룸이나 투룸 같은 소형 부동산은 상대적으로 가격이 저렴하면서도 월세 수익을 낼 수 있다. 특히 경매를 통하면 더 저렴하게 구입할 수 있다. 이런 소형 부동산으로 투자 경험을 쌓고, 안정적인 월세 수익을 확보한 후에 더 큰 집을 노려보는 것이다.

내가 지금 100개가 넘는 부동산등기를 보유하게 된 것도 이런 방식이었다. 처음부터 큰 집을 사려고 하지 않았다. 작은 것부터 시작해서 조금씩 키워 나갔다. 그 과정에서 부동산 시장에 대한 이해도 깊어졌고, 투자 감각도 생겼다.

어떤 집을 사야 할까?

집을 사기로 결심했다면, 다음은 어떤 집을 살지 고민해야 한다. 여기서 가장 중요한 것은 입지다. "부동산의 3요소는 입지, 입지, 입지"라는 말이 있을 정도로 위치가 중요하다.

좋은 입지의 조건은 다음과 같다. 첫째, 교통이 편리한 곳이다. 지하철역이나 버스정류장이 가까우면 좋다. 둘째, 생활 편의시설이 잘 갖춰진 곳이다. 마트, 병원, 학교 등이 가까이 있으면 살기 편하다. 셋째, 개발 호재가 있는 곳이다. 신도시 개발, 대학 이전, 기업 이전 등의 계획이 있는 지역은 향후 가치 상승 가능성이 높다.

하지만 이 모든 조건을 만족하는 집은 보통 가격이 비싸다. 그래서 내 예산과 목적에 맞는 우선순위를 정해야 한다. 거주용이라면 생활 편의성을, 투자용이라면 수익성을 우선으로 고려하는 것이다.

집을 살 때 주의할 점

집을 살 때 주의해야 할 점들도 있다. 첫 번째는 과도한 대출이다. 대출을 받아 집을 사는 것 자체는 문제없지만, 내 소득으로 감당할 수 없을 정도의 대출은 위험하다. 일반적으로 월 소득의 30% 이내에서 대출 상환금을 정하는 것이 안전하다.

두 번째는 감정적인 판단이다. 집을 보러 가면 "이 집 너무 예뻐.", "여기서 살면 행복할 것 같아."와 같은 감정에 휩쓸리기 쉽다. 하지만 집은 큰돈이 들어가는 투자이므로 냉정한 판단이 필요하다. 가격 대비 가치, 향후 전망, 내 상황에 맞는지 등을 꼼꼼히 따져봐야 한다.

세 번째는 시장 분석 없는 투자다. 부동산도 시장이다. 해당 지역의 시세 동향, 공급 계획, 수요 변화 등을 파악하지 않고 사면 손해를 볼 수 있다. 적어도 3개월 정도는 해당 지역 시장을 관찰한 후에 구매 결정을 내리는 것이 좋다.

집을 사는 것은 인생의 전환점

돌이켜보면, 내가 첫 집을 마련한 것은 단순히 부동산 하나를 산 것이 아니었다. 그것은 내 인생의 패러다임을 바꾼 선택이었다. 더 이상 월세에 쫓기며 살지 않아도 되었고, 자산이 늘어가는 기쁨을 맛볼 수 있었다.

강릉 바닷가에서 개인회생 신청서를 찢었던 그날, 나는 단순히 빚을 갚겠다는 다짐만 했다. 하지만 그보다 더 중요한 것은 내 자산을 만들어가는 일이었다. 그 첫 번째 자산이 바로 부동산이었다.

집을 사는 것이 부담스럽고 두려움이 앞설 수 있다. 하지만 그 부담과 두려움보다 더 큰 것은 아무것도 하지 않았을 때의 후회다. 인플레이션은 계속되고, 집값도 장기적으로는 오를 가능성이 높다. 그럴 때마다 "그때 샀으면 좋았을 텐데"라는 생각만 할 것인가?

지금 당신이 집을 살 수 있는 상황이라면, 너무 오래 고민하지 마라. 완벽한 타이밍은 없다. 다만 지금이 그나마 괜찮은 타이밍일 뿐이다. 작은 집이라도, 조금 부족한 집이라도, 일단 시작하는 것이 중요하다. 그 시작이 당신의 경제적 자유를 향한 첫걸음이 될 것이다.

7

청약제도,
알고 보면 만만치 않다

"청약만 되면 내 집 마련 끝이야." 많은 사람들이 이렇게 생각한다. 하지만 청약제도를 제대로 파헤쳐보면 생각보다 복잡하고, 전략이 필요한 게임이다. 특히 2026년 청약제도가 또 한 번 크게 바뀌면서 아는 사람과 모르는 사람의 차이가 더욱 벌어지고 있다.

나는 부동산 경매로 시작해서 보유한 부동산을 늘려왔지만, 청약제도에 대해서도 꾸준히 공부해왔다. 왜냐하면 청약은 일반 분양보다 저렴하게 집을 살 수 있는 합법적인 방법이기 때문이다. 하지만 그 안에는 많은 함정과 기회가 동시에 숨어 있다.

더 알아보기

청약제도
새로 짓는 아파트를 선착순이 아니라 조건에 따라 분양받는 제도

2026년, 청약제도가 또 달라졌다

청약제도는 저출산 대응과 실수요자 보호를 중심으로 또 한 번 개편됐다. 겉으로 보면 좋은 변화들이다. 신혼부부, 청년, 다자녀 가구 등 실제로 집이 필요한 사람들에게 더 많은 기회를 주려는 정부의 의지가 더욱 강해졌다. 하지만 이런 변화를 제대로 활용하려면 정확한 정보와 전략이 필요하다.

가장 눈에 띄는 변화는 신생아 관련 특별 혜택 대폭 확대다. 신생아 우선 공급 비율이 20%에서 35%로 대폭 늘었고, 신생아가 있는 가정은 특별공급에 최대 2회까지 청약할 수 있게 됐다. 출산을 장려하려는 정부 의지가 청약제도에도 그대로 반영된 것이다.

더 놀라운 변화는 배우자나 본인이 주택을 소유했거나 당첨 이력이 있어도 특별공급에 한 번 이상 청약할 기회가 생겼다는 점이다. 이전에는 한 번 당첨되면 거의 끝이었는데, 이제는 조건만 맞으면 추가 기회가 있다.

더 알아보기

무순위 청약
아파트 일반분양 계약 후 미계약, 부적격, 취소 등의 사유로 남은 세대를 한국부동산원 청약홈에서 추첨으로 공급하는 방식

무순위 청약, 이제는 진짜 실수요자만 가능하다

그동안 '줍줍'이라고 불리던 **무순위 청약**에 큰 변화가 생겼다. 유주택자와 타지역 거주자는 무순위 청약에 참여할 수 없도록 자격이 대폭 강화됐다. 이전에는 돈만 있으면 누구나 참여할 수 있었지만, 이제는 무주택 실수요자만 참여할 수 있다.

이 변화는 실제로 집이 필요한 사람들에게는 희소식이다. 그동안 투자 목적으로 무순위에 참여하던 사람들이 배제되면서, 진짜 집이 필요한 사람들의 당첨 확률이 높아진 것이다.

하지만 여기서 중요한 것은 '무주택'과 '해당 지역 거주'라는 조건을 정확히 이해하는 것이다. 단순히 집이 없다고 무주택자가 아니고, 해당 지역에 주민등록을 두고 있다고 해서 거주자로 인정받는 것도 아니다. 세부 조건들을 꼼꼼히 확인해야 한다.

공공분양, 드디어 물량이 늘어난다

2026년부터 수도권 공공분양주택 청약 물량이 연간 3만 가구 수준으로 대폭 늘어난다. 3기 신도시와 신규 택지에서 주택공급 속도가 빨라지는 것이다. 이것은 청약을 준비하는 사람들에게는 정말 큰 기회다.

공공분양의 가장 큰 매력은 분양가 상한제다. 민간 분양보다 훨씬 저렴한 가격에 새 아파트를 살 수 있다. 특히 수도권에서는 그 차이가 억 단위로 날 수 있다.

하지만 공급이 늘어난다고 해서 경쟁이 쉬워지는 것은 아니다. 오히려 더 많은 사람들이 관심을 갖게 되면서 청약 경쟁은 더 치열해질 가능성이 높다. 그래서 미리 준비하는 것이 중요하다.

청약통장, 이제는 더 자유롭게 활용할 수 있다

청약통장 제도도 크게 개선됐다. 이전에는 청약예금, 청약부금, 청약저축 등으로 나뉘어져 있어서 특정 유형의 주택에만 청약할 수 있었다. 하지만 이제는 모든 주택 유형에 청약할 수 있도록 주택청약종합저축통장으로 전환이 가능해졌다.

또한 청약통장 가입 기간과 납입 횟수 등의 조건도 완화됐다. 이전보다 더 유연하게 청약통장을 활용할 수 있게 된 것이다.

소액 부동산 투자를 위해 재정적 위기에서 벗어나기로 다짐한 이후, 나는 다양한 부동산 투자 방법을 공부했다. 그 과정에서 청약통장의 중요성도 깨달았다. 당시 나는 청약통장이 없었는데, 만약 있었다면 더 다양한 기회를 활용할 수 있었을 것이다.

빌라 소유자도 이제 무주택자로 인정받는다

공시가격
정부가 정해 놓은 공식 집값. 2026년 3월 18일 기준 공시가 상승기준점 발표.

흥미로운 변화 중 하나는 수도권에서 전용 85㎡ 이하, **공시가격** 5억 원 이하 빌라 1채를 보유한 경우 아파트 청약 시 무주택자로 인정받을 수 있게 됐다는 점이다.

이것은 작은 빌라를 소유하고 있지만 아파트로 이주하고 싶어 하는 사람들에게는 큰 기회다. 이전에는 빌라 한 채만 있어도 유주택자로 분류되어 청약에서 불리했는데, 이제는 조건만 맞으면 무주택자 혜택을 받을 수 있다.

하지만 여기서 중요한 것은 '전용 85㎡ 이하'와 '공시가격 5억 원 이하'라는 조건이다. 이 두 조건을 모두 만족해야 하므로, 자신이 소유한 빌라가 정확히 어떤 조건인지 확인해야 한다.

가족 중심의
청약제도 완화

2026년 청약제도의 또 다른 특징은 가족 중심의 완화 조치들이다. 혼인·출산 특례가 신설됐고, 배우자 청약통장 가입 기간을 합산할 수 있게 됐으며, 부부 중복청약도 허용된다.

특히 배우자 청약통장 가입 기간 합산은 신혼부부에게 유리한 제도다. 예를 들어 남편이 청약통장을 5년 넣었고 아내가 3년 넣었다면, 합쳐서 8년으로 계산 받을 수 있다는 의미다. 이것은 신혼부부의 청약 경쟁력을 크게 높여 준다.

세금 정책도
함께 고려해야 한다

청약과 직접적인 관련은 없지만, 부동산 시장 전체에 영향을 주는 세금 정책 변화도 알아두어야 한다. 조정대상지역 다주택자 양도소득세 중과 유예가 2026년 5월까지 연장됐고, 단기 등록임대 제도가 부활하면서 임대 사업자에 대한 세제 혜택이 확대됐다.

이런 변화들은 부동산 시장의 매물 공급과 가격에 영향을 준다. 청약을 준비하는 사람이라면 이런 시장 변화도 함께 고려해야 한다.

청약 전략,
이제는 더 정교해져야 한다

2026년 청약제도 변화를 종합해 보면, 실수요자에게는 기회가 늘어났지만 동시에 경쟁도 치열해졌다는 것이 핵심이다. 기회가 늘어난 만큼 더 많은 사람들이 관심을 갖게 됐고, 그만큼 더 정교한 전략이 필요해졌다.

신혼부부라면 신생아 관련 혜택을 최대한 활용해야 하고, 무주택자라면 늘어난 공공분양 물량에 집중해야 한다. 작은 빌라를 소유한 사람이라면 새로운 무주택자 인정 기준을 활용할 수 있는지 확인해 봐야 한다.

청약도 투자의 한 방법이다

청약의 가장 큰 매력은 안정성과 수익성을 동시에 갖춘다는 점이다. 분양가 상한제가 적용되는 지역에서 청약에 당첨되면 시세보다 상당히 저렴하게 집을 살 수 있다. 이것은 경매와는 다른 종류의 투자 기회다.

하지만 청약은 운의 요소도 크다. 아무리 준비를 잘해도 당첨이 보장되는 것은 아니다. 그래서 청약만 기다리기보다는 경매 같은 다른 방법도 함께 준비하는 것이 현명하다.

지금 시작해야 하는 이유

계속해서 변화되는 청약제도를 보면서 느끼는 것은 정부의 실수요자를 돕겠다는 의지가 점점 강해지고 있다는 점이다. 앞으로도 이런 방향의 정책이 계속될 가능성이 높다.

하지만 그 혜택을 제대로 누리려면 지금부터 준비해야 한다. 청약통장도 만들어야 하고, 무주택 기간도 쌓아야 하고, 가족 계획도 세워야 한다. 모든 것이 하루아침에 되는 일이 아니다.

특히 신혼부부나 출산을 계획하고 있는 사람이라면 더욱 서둘러야 한다. 기회는 준비된 사람에게만 돌아간다.

청약제도는 복잡하고, 운도 따라줘야 하고 무엇부터 준비해야 할지 정말 만만치 않다. 하지만 제대로 이해하고 준비한다면 분명 내 집 마련의 든든한 무기가 될 수 있다. 모르는 것은 전문가에게 물어보고 준비하다 보면 행운의 여신이 나에게 찾아올 수도 있다. 지금이라도 새로운 기회 앞에서 용기를 내어 첫걸음을 내딛어야 할 때다.

8 공부하면 반드시 기회가 보인다

"부동산 공부가 뭐 그리 어려워? 그냥 돈이 있으면 그 돈으로 집 사면 되는 거 아냐?" 이런 말을 하는 사람들을 종종 만난다. 하지만 지금까지 나의 경험과 주변의 부동산으로 부를 쌓은 지인들을 보면, 공부가 가장 확실한 투자라는 것을 알수 있다.

내가 재정적 위기를 겪게 된 이유도 결국 무지 때문이었다. 돈이 어떻게 흘러가는지, 이자가 어떻게 복리로 불어나는지, 자산과 부채가 어떻게 다른지 몰랐다. 그저 열심히 일하면 언젠가 나아질 거라고 막연하게 생각했을 뿐이다.

부동산도 마찬가지였다. 집은 그냥 사는 곳이라고만 생각했다. 집이 자산이 될 수 있고, 월세를 통해 수익을 낼 수 있으며, 시간이 지나면서 가치가 오를 수 있다는 것을 전혀 몰랐다. 만약 그때 조금이라도 부동산에 대해 알았다면, 내 인생이 그렇게 막막하지는 않았을 것이다.

하지만 위기가 기회가 되기도 한다. 바닥을 치고 나서야 비로소 공부의 필요성을 절실하게 느꼈다. 그리고 그 공부가 내 인생을 완전히 바꿔놓았다.

공부는 두려움을 없애준다

처음 부동산 공부를 시작했을 때, 모든 것이 어려웠다. 등기부등본은 암호 같았고, 권리 분석은 외국어 같았다. 하지만 하나씩 알아갈 때마다 두려움이 줄어들었다.

예를 들어 '근저당'이라는 용어를 처음 들었을 때는 무서웠다. 뭔가 복잡하고 위험한 것 같았다. 하지만 공부를 해 보니 근저당은 단순히 '대출을 받을 때 집을 담보로 잡는 것'이라는 걸 알게 됐다. 그러자 근저당이 설정된 집을 봐도 더 이상 무섭지 않았다.

공부는 미지의 영역을 기지의 영역으로 바꿔준다. 모르니까 무서운 것이지, 알고 나면 별것 아니다. 부동산 용어들, 법률 조항들, 세금 계산법들... 처음에는 모두 어려워 보이지만 하나씩 공부하면 다 이해할 수 있는 것들이다.

공부하면 기회가 보이기 시작한다

본격적으로 부동산 공부를 시작한 지 3개월쯤 지났을 때, 신기한 일이 일어났다. 길을 걷다가 '매매' 또는 '임대' 현수막을 보면 자연스럽게 관심이 갔다. 그 지역 시세가 어느 정도인지, 전세가율은 얼마나 되는지, 개발 호재는 있는지 궁금해졌다.

그전에는 그냥 스쳐 지나갔던 부동산 정보들이 이제는 투자 기회로 보이기 시작한 것이다. 마치 새로운 안경을 쓴 것처럼 세상이 다르게 보였다. 아는 만큼 보인다는 것을 실감하게 되었다.

첫 번째 경매 물건을 발견한 것도 그런 공부의 결과였다. 법원 경매 정보를 보면서 "이 집은 시세보다 많이 저렴한데?"라는 생각이 들었다. 그전 같았으면 그냥 넘어갔을 텐데, 공부를 했기 때문에 그것이 기회라는 것을 알 수 있었다.

작은 지식이 큰돈을 만든다

내가 처음 낙찰받은 집은 시세 7000만 원짜리를 3500만 원에 산 것이었다. 3500만 원을 아낀 셈이다. 이 차이는 어디서 나온 걸까? 바로 공부에서 나온 것이다.

다른 사람들이 보기에는 복잡하고 위험해 보였던 그 집을, 나는 공부를 통해 '좋은 기회'로 판단할 수 있었다. **권리관계**를 분석해 보니 깔끔했고, 입지도 나쁘지 않았으며, 시세 대비 가격도 매력적이었다.

만약 내가 공부를 하지 않았다면? 아마 그 기회를 놓쳤을 것이다. 아니, 기회인지조차 몰랐을 것이다. 공부는 기회를 기회로 알아볼 수 있는 눈을 만들어준다.

공부는 실수를 줄여주고 자신감을 만든다

부동산 투자에서 가장 중요한 것은 큰 수익을 내는 것보다 큰 손실을 피하는 것이다. 그리고 공부는 실수를 줄이는 가장 확실한 방법이다.

예를 들어 경매에서는 '명도'라는 과정이 있다. 기존에 살던 사람이 나가야 하는 절차인데, 이것을 모르고 집을 샀다가 큰 어려움을 겪는 사람들이 많다. 하지만 미리 공부해 두면 명도 가능 여부를 판단할 수 있고, 그에 따른 비용과 시간을 계산할 수 있다.

또 다른 예로는 **'선순위 채권'**이 있다. 경매에서 낙찰받으면 기존 채무 중 일부를 떠안아야 하는 경우가 있다. 이것을 모르고 입찰했다가 예상보다 많은 돈을 내야 하는 상황이 생길 수 있다. 하지만 공부를 통해 미리 계산해 두면 이런 실수를 피할 수 있다.

공부는 근거 있는 자신감을 만들어준다. 막연한 용기가 아니라 데이터와 지식에 기반한 확신을 갖게 해준다. 그리고 그런 확신이 있어야 큰 결정을 내릴 수 있다.

공부 방법도 중요하다

그렇다면 어떻게 공부해야 할까? 내 경험상 가장 효과적인 방법은 이론과 실습을 병행하는 것이다.

먼저 책이나 온라인 강의로 기본 개념을 익힌다. 부동산 용어, 법률 조항, 세금 계산법 등 기초를 다진다. 그다음에는 실제 사례를 찾아보며 적용해 본다. 경매 공부를 한다면 법원 경매 사이트에서 실제 물건들을 보면서 권리 분석을 해 보고, 시세를 조사해 보고, 수익성을 계산해 본다.

현장 답사도 중요하다. 아무리 서류상으로 좋아 보여도 실제로 가보면 다른 경우가 많다. 주변 환경, 교통, 상권 등을 직접 눈으로 확인해야 한다. 그리고 꾸준함이 가장 중요하다. 하루에 30분이라도 좋으니 매일 공부하는 습관을 만들어야 한다.

부동산 시장은 계속 변하고, 새로운 정책과 제도가 계속 나온다. 그래서 한 번 공부하고 끝이 아니라 계속 업데이트 해나가야 한다. 내가 매주 서점에 가서 신간 부동산 서적을 사고, 책을 쌓아놓고 공부하는 이유이다.

공부는 투자가 아니라 필수다

어떤 지인이 부동산 공부할 시간에 차라리 알바를 해서 돈을 버는 게 더 현실적이지 않냐고 물어본 적이 있다. 이것은 근시안적인 생각이다.

알바로 하루에 10만 원을 번다고 해 보자. 한 달이면 300만 원이다. 하지만 부동산 공부를 통해 좋은 기회를 하나 잡으면 수천만 원을 절약하거나 벌 수 있다. 최근에는 경매로 낙찰받은 것을 잔금도 치르기 전에 협상으로 수익을 남기고 정리한 경우도 많이 있다. 며칠 만에 적게는 몇백에서 몇천만 원까지 벌 수 있었다. 이러한 수익을 남길 수 있는 건 꾸준한 공부와 현장 감각을 통한 경험에서 비롯된다.

공부는 투자가 아니라 필수다. 특히 부동산처럼 큰돈이 움직이는 영역에서는 더욱 그렇다. 조금만 잘못해도 큰 손실을 볼 수 있고, 조금만 잘해도 큰 수익을 낼 수 있다. 그 차이를 만드는 것이 바로 공부다.

공부하면 반드시 기회가 보인다.
그리고 그 기회가 당신의 인생을 바꿀 것이다.

9

부동산 공부의 진입장벽은 생각보다 낮다

"부동산은 어려워서 나 같은 사람은 엄두도 못 내겠어." "공인중개사 자격증도 없는데 무슨 부동산 공부야?" "수학도 못하는데 복잡한 계산을 어떻게 해?" 이런 말을 하는 사람들을 자주 만난다. 하지만 솔직히 말하면, 이런 생각은 모두 착각이다. 나도 처음에는 똑같이 생각했다. 유튜브로 부동산 투자에 대한 영상을 보면서도 나랑은 거리가 먼 딴 세상 이야기라고 생각했다. 하지만 막상 부동산 공부를 시작해 보니 생각보다 훨씬 쉬웠다. 아니, 쉬웠다기보다는 하나씩 차근차근 배우면 누구나 할 수 있는 일이었다.

부동산 공부, 중학교 수학이면 충분하다

많은 사람들이 부동산 공부를 어려워하는 이유 중 하나는 복잡한 계산 때문이다. 수익률 계산, 대출이자 계산, 세금 계산 등이 어려워 보인다. 하지만 실제로는 사칙연산과 백분율 계산만 할 줄 알면 된다.

더 알아보기

전세가율
주택 매매가격 대비 전세보증금의 비율
($\frac{전세가}{매매가} \times 100$)

월세 수익률
(월세 × 12개월) ÷ (매매가 – 보증금) × 100

예를 들어 **전세가율**을 계산해 보자. 시세 5억 원짜리 집의 전세가가 4억 원이라면, 전세가율은 4억 ÷ 5억 × 100 = 80%다. 이게 다다. 미적분이나 복잡한 공식이 필요한 게 아니다.

월세 수익률도 마찬가지다. 3억 원짜리 집에서 월세 150만 원이 나온다면, 연간 수익률은 150만 원 × 12개월 ÷ 3억 원 × 100 = 6%다. 중학생도 할 수 있는 계산이다.

복잡한 공식은 사용하지 않아도 된다. 그냥 계산기와 메모장만 있으면 충분했다. 또한 요즘엔 인터넷을 쳐보면 수익률 계산기도 있어서 누구나 쉽게 계산할 수 있다. 중요한 것은 복잡한 계산 능력이 아니라, 어떤 숫자들을 계산해야 하는지 아는 것이다.

인터넷과 스마트폰 앱만 있으면 모든 정보를 얻을 수 있다

"부동산 정보는 어디서 구하나요?" 이런 질문도 자주 받는다. 하지만 지금은 정보의 시대다. 인터넷만 있으면 웬만한 정보는 다 찾을 수 있다. 스마트폰에 중요한 앱 몇 개만 깔아놓고 수시로 확인하면 된다.

부동산 시세는 네이버나 다음 부동산에서 쉽게 확인할 수 있다. 경매 정보는 법원 경매정보 사이트에서 무료로 볼 수 있다. **등기부등본**도 인터넷등기소에서 몇백 원이면 뗄 수 있다. 심지어 유튜브에는 무료 강의들이 넘쳐난다.

등기부등본
집의 주민등록증처럼 누가 주인이고 빚은 얼마나 있는지 기록된 공식 문서

내가 부동산 공부를 시작했을 때도 유튜브가 최고의 선생님이었다. 등기부등본 보는 법, 권리 분석하는 법, 현장 답사하는 법 등을 모두 유튜브로 배웠다. 책값이나 강의비 없이도 충분히 기초를 다질 수 있었다.
물론 깊이 있는 공부를 위해서는 책이나 유료 강의가 도움이 된다. 하지만 시작 단계에서는 무료 자료만으로도 충분하다. 중요한 것은 돈이 아니라 시간과 열정이다.

전문 용어, 사실은 우리말이다

부동산 공부를 어려워하는 또 다른 이유는 전문 용어 때문이다. 근저당, 가압류, 임차권, 우선변제권... 어려워 보이는 용어들이 많다. 하지만 모든 전문 용어에는 명확한 뜻이 있고, 그 뜻을 알고 나면 별것 아니다.

근저당은 '돈을 빌릴 때 집을 담보로 잡는 것'이다. 가압류는 '법원에서 재산

을 임시로 묶어두는 것'이다. 임차권은 '세입자가 갖는 권리'다. 복잡해 보이지만 우리 생활과 밀접한 개념들이다.

내가 처음 이런 용어들을 배울 때는 단어장을 만들어서 정리했다. 새로운 용어가 나올 때마다 메모해 두고, 나중에 찾아서 뜻을 적어 뒀다. 처음에는 20~30개 정도였는데, 한 달 후에는 100개가 넘었다. 하지만 그 100개만 알면 웬만한 부동산 자료는 다 이해할 수 있었다.

법률 지식, 기본만 알면 된다

"부동산은 법률이 복잡해서 어렵다"는 말도 자주 듣는다. 맞다. 부동산 관련 법률은 정말 복잡하다. 하지만 모든 법을 다 알 필요는 없다. 기본적인 개념과 중요한 조항들만 알아도 충분하다.

예를 들이 경매에서 가장 중요한 것은 선순위 채권과 임차권 개념이다. 이 두 가지만 정확히 알아도 경매 물건의 90%는 분석할 수 있다. 나머지 복잡한 법률 조항들은 필요할 때마다 찾아보면 된다.

내가 부동산 공부를 할 때도 핵심 개념부터 차근차근 배웠다. 처음에는 민법의 기본 원칙부터 시작해서, 그다음에는 부동산 관련 특별법들을 공부했다. 한 번에 다 이해하려고 하지 않고, 조금씩 범위를 넓혀갔다.

현장 경험이 가장 좋은 선생님

아무리 이론을 많이 공부해도 현장 경험을 대신할 수는 없다. 하지만 현장 경험을 쌓는 것도 생각보다 어렵지 않다.

가장 쉬운 방법은 부동산 현장을 직접 가보는 것이다. 매매나 임대 현수막이 걸린 집들을 보러 다니는 것만으로도 많은 것을 배울 수 있다. 집의 상태, 주변 환경, 교통, 상권 등을 직접 눈으로 확인할 수 있다.

경매 물건 현장 답사도 좋은 공부 방법이다. 법원 경매정보 사이트에서 관심 있는 물건을 골라서 직접 가보는 것이다. 처음에는 입찰할 생각이 없어도 상관없다. 그냥 구경하고 관찰하는 것만으로도 많은 것을 배운다. 처음에는 뭘 봐야 할지도 몰랐지만, 갈 때마다 새로운 것들이 보였다. 그 경험들이 쌓여서 나중에 좋은 판단을 할 수 있게 됐다.

실수해도 괜찮다는 마음가짐

부동산 공부를 어려워하는 사람들의 공통점은 완벽을 추구한다는 것이다. 모든 것을 완벽하게 알고 나서 시작하려고 한다. 하지만 그런 마음가짐으로는 영원히 시작할 수 없다.

나도 처음에는 수많은 실수를 했다. 등기부등본을 잘못 해석해서 엉뚱한 계산을 하기도 했고, 현장 답사에서 중요한 것들을 놓치기도 했다. 하지만 그런 실수들이 모두 좋은 경험이 됐다.

중요한 것은 실수를 하더라도 큰 손실이 없는 선에서 시작하는 것이다. 처음부터 큰 물건에 도전하지 말고, 작은 것부터 시작해서 경험을 쌓아가는 것이다.

혼자가 아니라 함께 배우자

부동산 공부가 어렵게 느껴지는 또 다른 이유는 혼자 하기 때문이다. 모르는 것이 있어도 물어볼 사람이 없고, 실수를 해도 알려줄 사람이 없다.

하지만 지금은 온라인 커뮤니티가 잘 발달해 있다. 네이버 카페, 카카오톡 오픈채팅방, 페이스북 그룹, 유튜브, 인스타그램 댓글 등에서 같은 관심사를 가진 사람들과 정보를 나눌 수 있다. 궁금한 것이 있으면 질문하고, 다른 사람의 경험을 듣고, 함께 공부할 수 있다.

내가 경매 공부를 할 때도 온라인 커뮤니티의 도움을 많이 받았다. 모르는 것이 있으면 질문했고, 다른 사람들의 성공 사례와 실패 사례를 통해서도 많이 배웠다. 혼자였다면 포기했을 것들도 다른 사람들의 격려로 끝까지 해낼 수 있었다. 또한 내가 어느 정도 지식과 경험이 쌓였을 때는 멘토의 역할을 하기도 했다.

그래서 지금 내가 운영하는 **부자사관학교**에서도 다양한 커뮤니티를 많이 운영하고 있다. 수준별로, 주제별로 사람들이 모여서 함께 공부하고, 동기 부여하고 정보를 나눈다. 함께하기 때문에 포기하지 않고 재미있게 공부하며 성과가 있을 때까지 오래 할 수 있는 원동력이 된다.

시작이 반이다

결국 부동산 공부의 가장 큰 진입장벽은 '시작하지 않는 것'이다. 어려울 것 같다는 생각, 나는 안 될 것 같다는 생각, 완벽하게 준비되지 않았다는 생각… 이런 생각들이 시작을 막는다.

하지만 막상 시작해 보면 생각보다 어렵지 않다. 하루에 30분씩만 투자해도 한 달이면 기본기를 다질 수 있다. 세 달이면 실전에 적용할 수 있는 수준이 된다. 일 년이면 어느 정도 전문성을 갖출 수 있다.

나는 부동산에 대해 아무것도 몰랐을 때도 절박함에 부동산 공부를 시작했다. 무지함을 인정하고 공부를 시작했다. 그리고 그 시작이 지금의 나를 만들었다.

당신도 지금 시작할 수 있다. 완벽하게 준비될 때까지 기다리지 마라. 부동산 공부의 진입장벽은 생각보다 훨씬 낮다. 중요한 것은 용기를 내어 첫걸음을 내딛는 것이다.

10

소액 투자,
가능할까?

"부동산 투자는 돈 많은 사람들만 하는 거 아닌가요?" "저희 같은 서민은 꿈도 못 꾸죠." 부동산 공부를 할까 말까 망설이는 분들, 아직 시작도 못한 분들이라면 이런 말을 많이 했을 것이다. 특히 주부들은 "애 키우느라 모은 돈도 별로 없는데 무슨 부동산 투자냐"며 포기하는 경우가 많다.
요즘에는 예전보다 훨씬 다양한 방법들이 생겨서 진입장벽이 낮아졌다. 중요한 것은 자신의 상황에 맞는 방법을 찾는 것이다.

현실적인
소액 투자 방법

소액투자의 핵심은 '레버리지'를 활용하는 것이다. 내 돈만으로는 큰 일을 할 수 없지만, 대출이나 전세보증금 같은 다른 사람의 돈을 활용하면 훨씬 큰 투자가 가능하다.

주부들에게 현실적인 소액 투자 방법들 몇 가지를 소개해 보고자 한다.

❶ 소형주택 갭투자

더 알아보기

갭투자
전세를 끼고 집을 사는 투자 방법. 즉, 내 돈은 '차이(갭)'만 넣고 집을 사는 것.

가장 현실적인 방법 중 하나는 소형주택 **갭투자**다. 전세를 끼고 원룸이나 오피스텔 같은 소형 부동산을 사는 방식이다.
예를 들어 보자. 시세 1억 5000만 원짜리 원룸이 있고, 전세가가 1억 2000만 원이라고 하자. 그러면 실제로 내가 준비해야 할 돈은 3000만 원 정도다. 여기에 대출을 조금 더 받으면 1000만 원~2000만 원으로도 시작할 수 있다.
이 방법의 장점은 적은 돈으로 시작할 수 있다는 것이다. 그리고 전세보증금이 있어서 리스크도 상대적으로 낮다. 단점은 공실이 생기면 전세보증금을 돌려줘야 한다는 부담이 있다는 것이다.

❷ 경매를 활용한 소형 부동산 투자

내가 가장 추천하는 방법은 경매를 통한 소형 부동산 투자다. 원룸, 오피스텔, 작은 상가 등을 경매로 저렴하게 사는 방식이다.

경매의 가장 큰 장점은 시세보다 저렴하게 살 수 있다는 것이다. 보통 시세의 70~80% 정도에 낙찰받을 수 있어서, 처음부터 어느 정도 안전마진을 확보할 수 있다.

경매를 할 때 주의할 점은 권리 분석을 꼼꼼히 해야 한다는 것이다. 특히 임차권, 선순위 채권 같은 것들을 정확히 파악해야 한다. 하지만 이런 것들도 공부하면 충분히 할 수 있다.

❸ 지분 경매 투자

더 알아보기

지분 경매
집은 하나인데, 소유자가 여러 명인 상태에서 그중 한 명의 지분만 사는 것

좀 더 적은 돈으로 시작하고 싶다면 **지분 경매**를 고려해 볼 수 있다. 부동산 전체가 아니라 일부 지분만 사는 방식이다.

예를 들어 5억 원짜리 건물의 1/5 지분이 경매에 나왔다고 하자. 그러면 1억 원 정도로 그 건물의 소유권 일부를 가질 수 있다. 실제로는 경매에서 할인되어서 7000만~8000만 원 정도에 낙찰받을 수 있을 것이다.

지분 투자의 장점은 적은 돈으로 큰 건물의 소유자가 될 수 있다는 것이다. 단점은 다른 공동소유자들과의 관계가 복잡할 수 있다는 것이다. 혼자서 결정할 수 있는 일이 제한적이다.

❹ 온라인 부동산 투자 플랫폼

요즘에는 온라인 부동산 투자 플랫폼들이 많이 생겼다. 1만 원부터 10만 원 단위로 다양한 부동산에 투자할 수 있다.

이런 플랫폼의 장점은 정말 소액으로 시작할 수 있다는 것이다. 그리고 여러 부동산에 분산투자가 가능해서 리스크를 줄일 수 있다. 단점은 수

익률이 상대적으로 낮고, 플랫폼 자체의 신뢰도를 확인해야 한다는 것이다. 원금 손실 등의 리스크도 있으니 플랫폼 신뢰도와 투자구조를 꼼꼼하게 확인하는 것이 중요하다.

소액 투자는 부동산 투자 공부를 시작하는 입문 단계로 괜찮은 방법이다. 실제 소액의 돈을 투자해 보면서 부동산 시장의 흐름을 느껴볼 수 있다.

주부들이 소액 투자를 할 때 주의할 사항

가계 경제에 무리가 가지 않는 선에서 투자를 해야 한다. 소액 투자라고 해도 가계 경제에 무리가 가면 안 된다. 아이 교육비, 생활비 등 꼭 필요한 돈까지 투자에 써서는 안 된다. 최소 6개월치 생활비는 비상금으로 남겨두고 시작해야 한다.

그 돈이 없어도 당장 생활에 지장이 없는 돈으로 투자하기를 권한다. 무리해서 큰돈을 투자하다가 실패하면 가정 경제 전체가 흔들릴 수 있다는 점을 명심하자.

소액 투자의 또 다른 함정은 욕심이다. 조금 수익이 나면 더 큰 투자를 하고 싶어진다. 하지만 단계적으로 접근해야 한다.

첫 번째 투자가 성공했다고 해서 바로 몇 배 큰 투자를 하면 위험하다. 경험을 충분히 쌓고, 자금도 안정적으로 확보한 후에 단계를 올려야 한다.

소액 투자의 진짜 의미는 큰 수익을 내는 것이 아니라 경험을 쌓는 것이다. 소액 투자는 부동산 투자의 기본기를 익히고, 시장 감각을 기르고, 자신만의 투자 철학을 만들어가는 과정이다. 시행착오를 겪으면서 배운 것들이 지금까지도 나의 투자 원칙이 되고 있다.

큰돈이 없어도, 전문 지식이 없어도 상관없다. 소액부터 시작해서 경험을 쌓고, 공부하면서 단계적으로 발전시켜 나가면 된다. 내가 운영하는 부자사관학교에서는 소액 투자를 적극 권장하고 있다. 두려움을 극복하고, '할 수 있다'라는 성취감을 맛보며, 부동산 공부를 할 수 있는 아주 좋은 방법이기 때문이다.

부동산 소액 투자는 가능하다. 아니, 가능한 정도가 아니라 누구나 할 수 있는 현실적인 방법들이 많다. 중요한 것은 자신의 상황에 맞는 방법을 찾아서 용기 있게 시작하는 것이다.

1. 법원 실전 모의 입찰

초보자도 쉽게 이해할 수 있는 법원 경매 실전 강의.

실제 현장 흐름과 핵심 포인트를 생생하게 수록.

2. 블로그로 수익 내기

블로그 하나로 여행 다니고, 생활비까지 절약.

직장인도, 육아맘도 누구나 가능한 방법.

3. 상가 투자로 월 700만 원 벌기

상가를 저렴하게 매입해 키즈룸으로 변신.

월 700만 원 수익의 특별한 키즈룸.

4. 소액으로 투자하기 좋은 물건

소액으로 투자 가능한 공매 지분 물건.

전자소송을 통한 공유물 분할 방식 활용.

5. 시골집을 한옥스테이로

오픈 2주 만에 광고 없이도 예약 3팀 달성!

시골집을 한옥스테이로 개조해 월 400만 원 수익 창출!

나만의 투자 계획표 그려보기

1. 지금 내 상황 점검하기
(목표: 현재의 재정 상태와 투자 여력을 가볍게 정리해 본다.)

구분	현재 내 상황
나이	
직업	
월 소득	
순자산	
주거 형태	
가족 상황	
투자 경험	
투자 가능 금액	

2. 투자 목적 구체화하기
(목표: '왜 투자하는가?'를 명확히 하면 방향이 흔들리지 않는다.)

작성 예시 내가 부동산 투자를 하는 이유는?

예 1) 단기 수익을 위한 경매 투자

2) 5년 내 내집 마련을 위한 자금 만들기

3) 은퇴 후 월세 수익 기반 만들기

4) 자녀 학자금 준비

5) 경제적 자유를 위한 자산 증식

3. 나의 투자 성향 알아보기
(목표: 성향에 따라 청약, 갭투자, 경매, 지분투자 등의 전략을 세운다.)

작성 예시 투자에 대한 내 마음 상태

예 ☐ 안정적이고 확실한 수익이 좋다 (저위험 선호형)

☐ 중간 정도의 리스크는 괜찮다 (균형형)

☐ 리스크가 있어도 수익이 크면 좋다 (공격형)

☐ 잘 모르겠지만, 경험하며 배우고 싶다 (학습형)

4. 지금 당장 가능한 투자 유형 골라보기

(목표: 내 자금, 성향, 목적에 맞는 투자 방식을 골라보는 연습)

작성 예시 투자에 대한 내 마음 상태

투자 유형	선택 여부	이유
청약	☐	청약통장 있음. 무주택자, 수도권 거주자
소액 경매 투자	☐	2천만 원 종잣돈 있음. 공부하고 있음
지분 경매	☐	아주 작은 금액으로도 시작 가능
원룸/투룸 갭투자	☐	전세가 높은 지역에 관심 있음
공유형 부동산 투자	☐	50~100만 원으로도 가능
공부 먼저, 경험 축적	☐	지금은 실전보다 공부 우선, 현장 방문 시작하려 함

5. 나만의 투자 기준 정하기

(목표: 매물 선택 시 판단 기준을 사전에 정해두는 습관)

작성 예시 앞으로 어떤 부동산을 투자 대상으로 삼을 것인가?

- 금액 기준 : 시세 2억 이하
- 입지 기준 : 지하철역 도보 10분 이내
- 구조 기준 : 방 2개 이상, 화장실 1개
- 수익 기준 : 연 수익률 6% 이상
- 용도 기준 : 주거용 or 수익용 / 자가 or 전세 끼고 매입

6. 3개월 목표 설정

(목표: 작게라도 실행하면 투자자 마인드가 몸에 배기 시작함)

작성 예시 90일 안에 내가 실천할 수 있는 것 리스트 작성하기

주차	실행 계획
1주차	경매 책 1권 읽고 요약 정리. 매일 유튜브 보고 공부하기
2주차	관심 지역 3곳 시세 조사, 현장 1곳 답사, 매일 공부, 매일 독서
3주차	등기부등본 발급해 보고 권리관계 분석 연습, 매일 공부, 매일 독서
4주차	투자 가능한 금액 정리. 청약통장 조건 확인, 매일 공부, 매일 독서
2개월	관심 물건 3곳 선정해 시세, 수익성 분석하기, 매일 공부, 매일 독서
3개월	첫 입찰 또는 청약 신청 시도, 결과 및 분석, 복기하기, 매일 공부, 매일 독서

CAPITAL
GAINS TAX
%

3부

내 인생 첫 투자, 무엇을 고민해야 할까?

11

내 집 마련과
투자의 갈림길

"첫 부동산은 살 집을 사야 할까요, 투자용을 사야 할까요?" 이 질문은 내가 부동산 강의를 하면서 가장 자주 받는 질문 중 하나다. 특히 결혼을 앞둔 예비 신혼부부나 자녀가 있는 가정에서는 이 고민이 더욱 깊다.

내 집이냐
투자용이냐

솔직히 말하면, 나도 처음에는 이 문제로 많이 고민했다. 내가 첫 번째로 마련한 집은 투자용이었다. 하지만 그 선택이 옳았는지는 지금도 가끔 생각해 본다. 왜냐하면 선택에는 항상 기회비용이 따르기 때문이다.

많은 사람들이 "내 집부터 마련하고 여유가 생기면 투자용을 사야지"라고 생각한다. 하지만 이런 생각에는 큰 함정이 있다. 내 집을 먼저 사면 투자 여력이 크게 줄어든다는 점이다.

예를 들어보자. 3억 원짜리 아파트를 내 집으로 사려면 대출을 받더라도 최소 1억 원 이상의 자기자본이 필요하다. 그리고 매달 대출 상환금으로 100만~150만 원이 나간다. 이렇게 되면 추가로 투자할 여력이 거의 남지 않는다.

반면 투자용 부동산부터 사면 어떨까? 월세가 나오는 부동산을 사면 그 월세로 내 전세 보증금을 마련하거나 생활비 일부를 충당할 수 있다. 그리고 그 과정에서 부동산 투자 경험도 쌓을 수 있다.

내가 투자용부터 시작한 이유는 명확했다. 현금 흐름을 개선하고 싶었기 때문이다. 당시 나는 카드 빚에 허덕이고 있었고, 매달 나가는 이자만으로도 버거웠다. 이런 상황에서 내 집을 사서 대출 이자를 추가로 부담하는 것은 현명하지 않았다.

대신 시세 7000만 원짜리 집을 3500만 원에 낙찰을 받아 5000만 원에 전세를 놓았다. 전세금이 낙찰 금액보다 더 높은 금액이라니 그때 신세계에 눈을 뜬 듯했다. 그 전세금은 다음 투자의 밑거름이 됐다.

투자용부터 시작하는 가장 큰 장점은 돈이 돈을 벌게 만들 수 있다는 점이다. 내 집은 아무리 비싸도 월세를 받을 수 없다. 하지만 투자용 부동산은 매달 현금을 만들어준다. 그 현금이 쌓이면 더 큰 투자를 할 수 있고, 결국에는 더 좋은 내 집도 마련할 수 있다.

하지만 내 집부터 사는 것에도 분명한 장점이 있다. 가장 큰 장점은 심리적 안정감이다. 내 집이 있다는 것은 단순히 주거 공간을 확보하는 것을 넘어선다. 경제적 위기가 와도 최소한의 거처는 보장된다는 안정감을 준다.

LTV(담보인정비율)
주택 등 담보 가치 대비 대출 가능한 최대 금액의 비율을 뜻한다. 2026년 기준, 규제 지역은 40%, 비규제 지역은 70% 수준이 일반적이며, 대출 한도 설정 시 선순위 채권과 소액 임차보증금 등을 포함하여 계산한다.

세금 혜택도 무시할 수 없다. 1세대 1주택자는 양도소득세, 종합부동산세 등에서 상당한 혜택을 받는다. 특히 2년 이상 거주한 1세대 1주택자는 양도소득세가 비과세되는 경우가 많다.

대출 조건도 내 집이 더 유리하다. 주택담보대출은 투자용 부동산 대출보다 금리가 낮고, LTV(담보인정비율)도 높다. 같은 집이라도 내가 살 목적으로 사면 더 많은 대출을 더 저렴하게 받을 수 있다.

그렇다면 어떤 선택이 정답일까? 정답은 없다. 개인의 상황과 목표에 따라 달라진다.

중요한 것은 남의 기준이 아닌 나만의 기준을 세우는 것이다.

먼저 현재 주거 상황을 냉정하게 점검해 봐야 한다. 지금 사는 곳이 안정적인가? 전세라면 계약 갱신에 문제가 없나? 월세라면 부담이 크지 않나?

만약 현재 주거가 불안정하다면 내 집부터 마련하는 것이 우선일 수 있다.

반대로 당분간 주거에 문제가 없다면 투자용부터 시작하는 것도 좋은 선택이다.

두 번째는 자금 여력을 정확히 파악하는 것이다. 내 집을 사도 추가 투자할 여력이 있는가? 아니면 내 집을 사면 모든 자금이 묶이는가?

만약 자금 여력이 충분하다면 내 집부터 사는 것이 안전하다. 하지만 자금이 부족하다면 투자용부터 시작해서 현금 흐름을 만든 후 내 집을 사는 것이 현명할 수 있다.

세 번째는 부동산 투자에 대한 경험과 지식 수준이다. 부동산 투자가 처음이라면 내 집부터 사면서 시장을 경험해 보는 것도 좋다. 내 집을 사는 과정에서 부동산 시장에 대한 이해가 깊어진다.

반대로 이미 어느 정도 지식이 있다면 투자용부터 시작해서 경험을 쌓는 것이 더 효율적일 수 있다.

결국 중요한 것은 후회 없는 선택을 하는 것이다. 어떤 선택을 하든 장단점이 있다. 완벽한 선택은 없다.

하지만 한 가지 확실한 것은 아무것도 하지 않는 것이 가장 큰 리스크라는 점이다. 내 집이냐 투자용이냐를 고민하느라 시간만 보내면, 그 사이에 좋은 기회들이 지나가 버린다.

나는 완벽한 계획이 있어서 투자용부터 시작한 것이 아니었다. 그저 내 상황에서는 그것이 최선이라고 생각했을 뿐이다. 그리고 그 선택이 지금의 나를 만들었다.

당신도 지금 당신의 상황에서 최선이라고 생각하는 선택을 하라. 그리고 그 선택에 확신을 갖고 끝까지 밀고 나가라. 갈림길에서 너무 오래 머뭇거리지 마라. 어떤 길을 택하든, 그 길에서 최선을 다하는 것이 가장 중요하다.

12

시세차익 vs. 월세 수익, 무엇을 선택할까?

"집값이 오르는 게 좋을까요, 월세가 잘 나오는 게 좋을까요?" 이 질문은 부동산 투자를 시작하려는 사람들이 가장 많이 하는 질문 중 하나다. 마치 닭이 먼저냐 달걀이 먼저냐 같은 질문처럼 느껴지기도 한다. 솔직히 말하면, 처음에는 나도 이 개념조차 명확하지 않았다. 그저 '싸게 사서 비싸게 팔면 되는 거 아닌가?'라고 단순하게 생각했다. 하지만 수십 년간 부동산 공부와 투자를 하면서 깨달은 것은, 두 가지 모두 중요하지만 시기와 목적에 따라 전략이 달라야 한다는 점이다.

시세차익이란 무엇인가?

시세차익은 말 그대로 사는 가격과 파는 가격의 차이다. 1억 원에 산 집을 1억 5000만 원에 팔면 5000만 원의 시세차익을 얻는 것이다. 부동산 투자의 가장 기본적인 수익 구조이면서도 가장 매력적인 수익원이다.

내가 첫 번째로 낙찰받은 집도 시세차익을 노린 것이었다. 시세 7000만 원짜리 집을 3500만 원에 낙찰받았으니, 이론적으로는 바로 3500만 원의 시세차익이 있었다. 물론 실제로는 명도비용, 수리비 등이 들어가서 순수익은 그보다 적었지만, 여전히 상당한 차익이었다. 또한 난 이 집을 수리해서 바로 5000만 원에 전세 계약을 체결하여 **레버리지** 했다.

더 알아보기 ●

레버리지(Leverage)
'지렛대'라는 뜻으로, 금융 및 투자 분야에서 자기 자본(내 돈)을 지렛대 삼아 타인 자본(빚)을 빌려 투자 수익률을 극대화하는 전략을 말한다.

시세차익의 가장 큰 매력은 한 번에 큰돈을 벌 수 있다는 점이다. 월세로는 몇 년에 걸쳐 받을 금액을 한 번에 실현할 수 있고, 전세로 한 번에 목돈을 만들 수도 있으며, 매매로 시세차익을 바로 실현할 수도 있다. 특히 경매처럼 시세보다 저렴하게 매입할 수 있는 경우에는 그 매력이 더욱 크다.

반면 월세 수익은 매달 들어오는 안정적인 현금 흐름이다. 한 번에 큰돈을 벌 수는 없지만, 꾸준히 돈이 들어온다는 장점이 있다.

내가 월세 수익의 진짜 힘을 깨달은 것은 두 번째 부동산을 산 이후였다. 두 번째 집에서 월 50만 원씩 들어오기 시작하니까 생활 패턴 자체가 바뀌었다. 매달 50만 원이라는 돈이 내가 일하지 않아도 들어온다는 사실이 주는 심리적 안정감은 상상 이상이었다.

월세 수익의 진짜 힘은 복리 효과에 있다. 월세로 받은 돈을 다시 투자하면 더 많은 월세를 받을 수 있고, 그것이 반복되면서 기하급수적으로 늘어난다.

시세차익의 장단점

장점	단점
한 번에 큰 수익 실현 가능. 투자금 회수가 빨라 다음 투자 자금 확보 용이. 성공했을 때의 성취감이 크다.	시장 타이밍에 의존적. 매매 시점을 정확히 맞추기 어려움. 세금 부담이 클 수 있음. 지속적인 수익이 아님.

월세 수익의 장단점

장점	단점
안정적이고 지속적인 현금 흐름. 인플레이션 헤지 효과. 세금 부담이 상대적으로 적음. 복리 효과를 통한 장기적 성장.	즉시 큰 수익을 얻기 어려움. 공실, 임차인 문제 등 관리 리스크. 초기 수익률이 낮을 수 있음.

부동산 투자 공부 시기에 따른 전략 선택

❶ 초기 단계: 월세 수익 중심

부동산 투자 초기에는 월세 수익 중심으로 접근하는 것이 좋다. 이유는 여러 가지다.

첫째, 안정적인 현금 흐름을 만들 수 있다. 투자 초기에는 자금이 부족한 경우가 많은데, 월세는 그 자금 부족을 해결해 주는 든든한 수입원이 된다.

둘째, 시장 경험을 쌓을 수 있다. 부동산을 오래 보유하면서 시장의 흐름을 몸으로 느낄 수 있다. 이런 경험은 나중에 시세차익을 노릴 때 큰 도움이 된다.

셋째, 리스크가 상대적으로 낮다. 시세가 떨어져도 월세가 나오면 버틸 수 있다. 특히 투자 초기에는 큰 손실을 피하는 것이 중요하다.

❷ 중기 단계: 혼합 전략

어느 정도 포트폴리오가 만들어지면 시세차익과 월세 수익을 혼합하는 전략을 사용할 수 있다. 일부 물건은 장기 보유하면서 월세를 받고, 일부 물건은 적절한 시점에 매도해서 차익을 실현하는 것이다.

이 단계에서는 시장 사이클을 읽는 능력이 중요하다. 시장이 과열되었다고 판단되면 일부 물건을 매도하고, 시장이 침체되었다고 판단되면 매수에 집중하는 것이다.

❸ 후기 단계: 상황에 따른 선택

투자가 어느 정도 성숙 단계에 이르면 개인의 상황과 목표에 따라 선택한다. 은퇴를 앞두고 있다면 월세 수익 중심으로 포트폴리오를 구성해서 안정적인 현금 흐름을 만들 수 있다. 반대로 더 큰 투자를 계획하고 있다면 일부 물건을 매도해서 자금을 확보할 수 있다.

세금도 고려해야 하는 중요한 요소

투자 전략을 정할 때 세금도 중요한 고려 요소다.

시세차익에는 양도소득세가 부과된다. 특히 단기간 보유했다가 매도하면 세율이 높아진다. 반면 2년 이상 보유하면 장기보유특별공제가 적용되어 세금 부담이 줄어든다.

월세 수익에는 종합소득세가 부과된다. 하지만 필요경비 공제, 임대소득 기본공제 등 다양한 절세 방법이 있다. 특히 월세 수익은 매년 조금씩 세금을 내는 방식이라서 세금 부담을 분산시킬 수 있다.

나만의 투자 철학을 만들어라

결국 중요한 것은 나만의 투자 철학을 만드는 것이다. 시세차익이냐 월세 수익이냐는 이분법적인 선택이 아니다. 개인의 상황, 목표, 성향에 따라 적절히 조합해서 사용해야 한다.

내 경우에는 초기에는 월세 수익 중심으로 시작했다. 카드 빚에 허덕이던 상황에서 안정적인 현금 흐름이 절실했기 때문이다. 하지만 포트폴리오가 어느 정도 안정되자 시세차익도 적극적으로 노리기 시작했다. 지금은 두 가지를 적절히 조합해서 사용하고 있다.

중요한 것은 자신의 상황을 정확히 파악하고, 그에 맞는 전략을 선택하는 것이다. 남들이 시세차익으로 큰돈을 벌었다고 해서 무작정 따라 하면 안 된다. 반대로 월세가 안정적이라고 해서 시세차익의 기회를 아예 포기할 필요도 없다.

시세차익이든 월세 수익이든, 당신의 상황에 맞는 최선의 선택을 하라. 그리고 그 선택에 확신을 갖고 꾸준히 실행해 나가라.

13

레버리지를 적극적으로 활용하라

"대출을 받아서 부동산을 사는 게 위험하지 않을까요?" 이 질문을 받을 때마다 나는 이렇게 답한다. "대출을 받지 않는 것이 더 위험할 수 있습니다."
많은 사람들이 레버리지를 '빚'이라고 생각하며 두려워한다. 하지만 레버리지는 제대로 활용하면 부자가 되는 가장 빠른 길이다.

내가 부동산 투자를 통해 빠르게 자리를 잡았던 비결도 바로 레버리지를 적극적으로 활용했기 때문이다. 만약 대출 없이 현금만으로 부동산을 샀다면, 아마 지금도 한두 채밖에 갖지 못했을 것이다.

레버리지란 무엇인가?

레버리지는 쉽게 말해 남의 돈을 빌려서 투자하는 것이다. 지렛대(lever) 원리처럼 작은 힘으로 큰 것을 움직이는 것과 같다고 해서 레버리지라고 부른다.

예를 들어보자. 1억 원짜리 집을 사고 싶은데, 내가 가진 돈은 3000만 원뿐이라고 하자. 이때 7000만 원을 대출받아서 집을 살 수 있다. 이것이 바로 레버리지다. 내 돈 3000만 원으로 1억 원어치 자산을 통제하게 되는 것이다.

만약 이 집이 1년 후에 1억 2000만 원이 됐다고 하자. 수익률은 얼마일까? 집값 기준으로는 20%지만, 내가 투입한 돈 기준으로는 무려 67%다. (2000만 원 수익 ÷ 3000만 원 투자 × 100) 이것이 레버리지 효과다.

내가 처음 부동산 투자를 해야겠다고 생각했을 때, 레버리지라는 개념조차 알지 못했다. 하지만 첫 번째 경매에서 자연스럽게 레버리지를 사용하게 됐다.

시세 7000만 원짜리 집을 3500만 원에 낙찰받았는데, 내 돈은 500만 원밖에 없었다. 나머지 3000만 원은 대출로 충당했다. 즉, 내 돈 500만 원으로 7000만 원 상당의 자산을 소유하게 된 것이다. 또한 이 집을 바로 5000만 원에 전세 계약을 맺음으로써 자산은 자산대로 불리고, 5000만 원의 전세 보증금을 목돈으로 만들 수 있었다. 레버리지 비율로 계산하면 무려 24배였다.

당시에는 무모한 도전이라고 생각했다. 하지만 지금 돌이켜보면 그 레버리지가 없었다면 내 인생은 바뀌지 않았을 것이다. 레버리지는 위험이 아니라 기회였다.

부동산에서 레버리지가 특히 유리한 이유

❶ 안정적인 담보

부동산은 실물 자산이다. 주식이나 코인처럼 하루아침에 휴지 조각이 될 가능성이 거의 없다. 그래서 은행도 부동산을 담보로 한 대출을 선호한다. 부동산 담보 대출은 금리도 상대적으로 낮고, 대출 기간도 길게 받을 수 있다.

❷ 임대 수익으로 이자 상환 가능

부동산은 월세라는 현금 흐름을 만들어낸다. 이 월세로 대출 이자를 상환할 수 있어서 실질적인 부담이 줄어든다. 경우에 따라서는 월세가 대출

이자보다 많아서 오히려 현금이 남기도 한다.

❸ 인플레이션 헤지 효과

부동산은 인플레이션을 이기는 자산이다. 물가가 오르면 부동산 가격도 따라 오르는 경우가 많다. 반면 대출금은 명목 금액이 고정되어 있어서 인플레이션이 진행될수록 실질적인 부담이 줄어든다.

레버리지 활용의 구체적인 예시를 살펴보자. 가장 기본적인 방법은 주택담보대출을 활용하는 것이다. 부동산을 담보로 잡고 돈을 빌리는 것이다. 금리가 상대적으로 낮고, 대출 기간도 최대 30년까지 가능하다.

내가 주로 사용했던 방법이다. 첫 번째 집을 사고 나서 그 집을 담보로 두 번째 집을 샀고, 두 번째 집을 담보로 세 번째 집을 샀다. 나는 이런 식으로 담보대출을 연쇄적으로 활용해서 포트폴리오를 확장했다.

전세자금 대출도 좋은 레버리지 수단이다. 특히 갭투자를 할 때 유용하다. 집값과 전세가의 차이(갭)만 내 돈으로 충당하고, 전세 보증금은 전세자금 대출로 해결하는 것이다.

예를 들어 1억 원짜리 집의 전세가가 8000만 원이라면, 2000만 원만 내 돈으로 준비하고 나머지는 전세자금 대출로 받으면 된다. 이렇게 하면 적은 돈으로도 부동산 투자를 시작할 수 있다.

신용대출은 담보가 필요 없어서 빠르게 자금을 조달할 수 있다. 금리가 상대적으로 높지만, 단기간 사용할 목적이라면 충분히 활용 가치가 있다.

내가 경매에 참여할 때 종종 사용했던 방법이다. 낙찰받은 후 잔금을 치를 때까지 시간이 부족하면, 신용대출을 활용해 일시적으로 자금을 조달하고 나중에 주택담보대출로 갈아타는 방식이다.

물론 레버리지에는 위험이 따른다. 수익이 확대되는 만큼 손실도 확대될 수 있다. 그래서 레버리지를 사용할 때는 반드시 리스크 관리가 필요하다.

레버리지를 두려워하지 마라

많은 사람들이 레버리지를 두려워한다. "빚을 지는 것은 위험해."라는 생각 때문이다. 하지만 좋은 빚과 나쁜 빚을 구분해야 한다.

자동차를 사기 위한 대출, 여행을 가기 위한 대출은 나쁜 빚이다. 소비를 위한 빚이기 때문이다. 반면 부동산 투자를 위한 대출은 좋은 빚이다. 자산을 사기 위한 빚이고, 그 자산이 돈을 벌어다 주기 때문이다.

부자들은 모두 레버리지를 사용한다. 현금만으로 부동산을 사는 부자는 거의 없다. 왜냐하면 레버리지를 사용하는 것이 훨씬 효율적이기 때문이다.

레버리지는 부자들의 비밀 무기다. 적은 돈으로 큰 자산을 소유할 수 있게 해 주고, 수익률을 극대화할 수 있게 해 준다. 물론 위험도 따르지만, 그 위험을 관리할 수 있다면 레버리지만큼 강력한 도구는 없다.

나는 레버리지 덕분에 500만 원으로 시작해서 지금의 자리까지 올 수 있었다. 만약 레버리지를 두려워했다면, 아직도 첫 번째 집값을 모으고 있었을 것이다.

지금도 당신은 레버리지라는 도구를 활용해서 더 큰 도약을 할 수 있다. 레버리지를 두려워하지 마라. 대신 제대로 배우고, 신중하게 사용하라. 그러면 레버리지가 당신의 꿈을 현실로 만들어줄 것이다.

14

저점에서 사서
고점에서 팔겠다는 착각

"지금 집값이 너무 비싸서 조금 더 떨어지면 사려고 해요." "곧 폭락할 것 같은데 그때까지 기다려 볼게요." 부동산 강의를 하다 보면 이런 말을 정말 자주 듣는다. 마치 자신이 시장의 최저점과 최고점을 정확히 알 수 있다고 생각하는 것 같다.

하지만 솔직히 말하면, 저점과 고점을 맞추는 것은 거의 불가능하다. 수많은 매매를 경험했지만, 완벽한 타이밍을 맞춘 적은 거의 없다. 오히려 '완벽한 타이밍'을 기다리다가 기회를 놓친 경우가 더 많다.

저점과 고점은
지나고 나서야 알 수 있다

부동산 투자를 처음 시작했을 때, 나는 부동산 시장에 대해 아무것도 몰랐다. 시세가 높은지 낮은지, 지금이 사기 좋은 타이밍인지 아닌지 전혀 판단할 수 없었다. 하지만 그것이 오히려 도움이 됐다. 타이밍을 재려고 하지 않고 그냥 시작했기 때문이다.

첫 번째 경매 물건을 낙찰받을 때도 마찬가지였다. 시세 7000만 원짜리 집을 3500만 원에 샀는데, 그때가 최저점이었는지는 알 수 없었다. 중요한 것은 시세보다 저렴하게 샀다는 사실이었다. 그리고 그 집에서 전세 보증금도 나왔고, 나중에 더 높은 가격에 팔 수도 있었다.

돌이켜보면 저점과 고점은 지나고 나서야 알 수 있는 것이다. 그 순간에는 아무도 모른다. 전문가들도 모르고, 정부도 모르고, 은행도 모른다. 그런데 개인 투자자가 어떻게 그것을 정확히 맞출 수 있겠는가.

완벽한 타이밍을 기다리는 사람들은 자신들이 함정에 빠진 것도 모른다.

"조금 더 떨어지면 사겠다"고 말하는 사람들이 놓치는 것은 기회비용이다. 기다리는 동안에도 시간은 흐르고, 그 시간 동안 받을 수 있었던 월세나 시세 상승분을 놓치게 된다.

예를 들어보자. 1억 원짜리 집이 8000만 원까지 떨어지기를 기다린다고 하자. 하지만 그 집이 8000만 원까지 떨어지지 않고 다시 1억 2000만 원으로 오른다면? 결국 더 비싼 가격에 사거나, 아예 사지 못하게 된다.

너무 많은 정보를 수집하고 분석하다 보면 결정을 내리지 못하는 상황에 빠진다. "조금 더 알아보고", "좀 더 분석해 보고"라며 계속 미루다가 결국 아무것도 하지 못하게 된다.

나도 처음에는 이런 실수를 했다. 첫 번째 경매 물건을 분석할 때 3개월 동안 매일 그 집만 들여다봤다. 하지만 3개월 분석한 것과 1개월 분석한 것의 차이는 그리 크지 않았다. 오히려 너무 오래 고민하는 것이 독이 될 때가 많다.

시장이 하락할 때는 "더 떨어질 것 같다"는 두려움에 사지 못하고, 시장이 상승할 때는 "너무 비싸다"는 생각에 망설인다. 결국 사야 할 때는 사지 못하고, 팔아야 할 때는 팔지 못한다.
이것은 인간의 심리적 특성이다. 손실을 회피하려는 본능 때문에 보수적인 선택을 하게 된다. 하지만 투자에서는 이런 감정적 판단이 오히려 독이 될 수 있다.
그렇다면 언제 사고 언제 팔아야 할까?

저점과 고점을 맞추려고 하지 말고 절대적 가치에 집중해야 한다. 그 부동산이 현재 가격에 비해 가치가 있는지 없는지 판단하는 것이다.
예를 들어 월세 50만 원이 나오는 집을 1억 원에 살 수 있다면, 연 수익률은

6%다. 이것이 은행 이자나 다른 투자 수익률보다 높다면 충분히 투자 가치가 있다. 설령 그것이 최저점이 아니라고 해도 말이다.

완벽한 저점은 불가능하지만 상대적 저점은 찾을 수 있다. 주변 시세보다 저렴하거나, 과거 가격보다 많이 떨어진 물건들을 찾는 것이다.
내가 경매를 통해 좋은 성과를 낼 수 있었던 것도 이 때문이다. 경매는 기본적으로 시세보다 저렴하게 살 수 있는 구조다. 완벽한 저점은 아니어도 상대적으로는 저점에서 살 수 있는 기회를 제공한다.

한 번에 큰 금액을 투자하지 말고 나누어서 투자하는 방법도 있다. 예를 들어 1억 원을 투자할 계획이라면, 3000만 원씩 3번에 나누어 투자하는 것이다.
이렇게 하면 첫 번째 투자가 최저점이 아니어도 두 번째, 세 번째 투자로 평균 매입가를 낮출 수 있다. 완벽한 타이밍은 아니어도 평균적으로 좋은 타이밍을 만들 수 있다.

매수 타이밍만큼이나 어려운 것이 매도 타이밍이다. "조금 더 오르면 팔겠다"는 생각으로 기다리다가 오히려 손해를 보는 경우가 많다.

투자할 때 미리 목표 수익률을 설정해 두는 것이 좋다. 예를 들어 "30% 오르면 팔겠다"고 정해 두고, 그 목표에 도달하면 감정에 휘둘리지 말고 매도하는 것이다.

한 번에 전부 팔지 말고 부분적으로 매도하는 방법도 있다. 목표 수익률에 도달하면 절반을 팔고, 나머지 절반은 더 기다려보는 것이다. 이렇게 하면 추가 상승의 기회도 잡으면서 동시에 수익을 확정할 수 있다.

완벽한 타이밍은 맞출 수 없지만 큰 흐름은 읽을 수 있다. 부동산 시장도 주식시장처럼 사이클이 있다. 상승기, 정체기, 하락기가 반복된다.

상승기의 특징	하락기의 특징
거래량이 늘어난다. 언론에서 부동산 이야기가 많이 나온다. 주변에서 부동산 투자 성공담이 많이 들린다.	거래량이 줄어든다. 부동산 투자에 대한 부정적 뉴스가 많다. 주변에서 "부동산은 끝났다."라는 말이 나온다.
⇒ 이때는 매도를 고려할 시기다. 모든 사람이 사려고 할 때는 팔 때가 가깝다.	⇒ 이때가 오히려 매수를 고려할 시기다. 모든 사람이 포기할 때가 기회일 수 있다.

내가 지금까지 성공적인 부동산 투자를 해오고 있는 것은 완벽한 타이밍을 맞춰서가 아니다. 오히려 "지금이 적당히 좋은 타이밍 같다."라는 생각이 들 때마다 꾸준히 매수했기 때문이다.

물론 실수도 많이 했다. 더 떨어진 후에 산 집도 있고, 더 오르기 전에 판 집도 있다. 하지만 전체적으로는 좋은 성과를 낼 수 있었다. 왜냐하면 시작하고 지속했기 때문이다.

완벽한 타이밍을 기다렸다면 아마 아직도 첫 번째 집을 사지 못했을 것이다. "조금 더 떨어지면", "조금 더 분석해 보고"라며 계속 미뤘을 것이다.

완벽한 타이밍 한 번보다는 꾸준한 투자가 더 중요하다. 매월 일정 금액씩 꾸준히 투자하는 것이 한 번에 큰 금액을 완벽한 타이밍에 투자하는 것보다 안전하고 효과적이다.

부동산 투자는 장기 게임이다. 단기간에 큰 수익을 내려고 하면 타이밍에 목을 매게 된다. 하지만 장기적 관점에서 접근하면 타이밍의 중요성이 상대적으로 줄어든다.

아무리 좋은 분석과 계획이 있어도 실행하지 않으면 의미가 없다. 80점짜리 계획을 실행하는 것이 100점짜리 계획을 세우고만 있는 것보다 낫다.

나는 완벽한 계획이 있어서 부동산 투자를 시작한 것이 아니었다. 그저 "지금이라도 시작해야겠다"는 간절함이 있었을 뿐이다. 그리고 그 불완전한 시작이 지금의 나를 만들었다.

저점에서 사서 고점에서 팔겠다는 생각은 착각이다. 그런 완벽을 추구하다가는 영원히 시작할 수 없다. 대신 "지금이 적당히 좋은 타이밍 같다." 하는 생각이 들 때 용기를 내어 시작하라.

완벽한 타이밍은 없다. 하지만 시작하는 타이밍은 언제나 지금이다. 더 이상 완벽한 순간을 기다리지 마라. 지금 당신 앞에 있는 기회를 잡아라. 그것이 부동산 투자 성공의 첫 번째 비결이다.

15 가족과 함께 투자하기 위한 대화법

"또 부동산 이야기야?" "우리 형편에 무슨 투자?" "지금 애 교육비도 부족한데 무슨 대출을 받아?"
부동산 투자를 시작하려고 할 때 가장 큰 걸림돌은 사실 가족의 반대다. 아무리 좋은 기회를 발견
해도 가족의 동의 없이는 시작하기 어렵다.

나도 처음 부동산 경매에 도전할 때 가족들의 걱정과 반대가 있었다. 특히
부모님은 "그래도 안정적으로 살았으면 좋겠다."라며 우려를 표하셨다. 카드
빚에 허덕이던 상황에서 또 다른 리스크를 지는 것이 걱정되셨던 것이다. 하
지만 지금은 가족 모두가 부동산 투자의 필요성을 이해하고 적극적으로 지
지해 준다. 나는 어떻게 가족을 설득할 수 있었을까?

가족이 투자를 반대하는 진짜 이유를 알아야 한다

먼저 가족이 왜 투자를 반대하는지 이해해야 한다. 대부분의 경우 돈에 대한 두려움 때문이다. 많은 사람들이 "지금도 충분히 살고 있는데 굳이 위험을 감수할 필요가 있을까?"라고 생각한다. 특히 부모 세대는 안정적인 삶을 최우선 가치로 여기는 경우가 많다. 공무원이나 대기업 직장이 최고라고 생각하는 것도 같은 맥락이다.

"만약 실패하면 어떡하지?"라는 걱정도 크다. 특히 대출을 받아서 투자하는

것에 대해서는 "빚을 지는 것은 위험해."라는 고정관념이 강하다. 여기에 부동산 투자에 대한 정확한 정보가 없다 보니 막연한 두려움이 생긴다. "부동산은 어려워.", "사기당할 수도 있어."라는 생각들이 대표적이다.

개인회생
빚이 많아서 못 갚는 사람을 위해 법원이 '갚을 수 있는 만큼만' 나눠서 갚게 해주는 제도

강릉 바닷가에서 **개인회생** 신청서를 찢고 돌아온 후, 나는 가족들과 진솔한 대화를 나눴다. 현재 상황의 심각성을 솔직하게 털어놓고, 함께 해결책을 찾아보자고 제안했다. 그때 깨달은 것은 가족을 '설득'하려고 하면 오히려 반발을 불러일으킬 수 있다는 점이었다. 대신 '설명'부터 시작해야 한다.

현재 상황을 함께 분석하는 것부터 시작하라

먼저 현재 우리 가정의 경제 상황을 냉정하게 분석해 보는 것이 중요하다. 지금 수입만으로 목표하는 삶을 살 수 있는지, 아이 교육비와 노후 준비는 충분한지, 인플레이션을 이길 수 있는지 등을 함께 점검해 보는 것이다. "우리 한 번 계산해 볼까? 지금처럼 매달 들어오는 수입을 모아서 내 집 마련까지 얼마나 걸릴지. 그리고 그사이에 집값은 얼마나 오를지." 이런 식으로 구체적인 숫자를 들어가며 이야기하면 가족도 문제의식을 공감하게 된다.

거창한 투자 계획보다는 작고 안전한 성공 사례부터 보여주는 것이 좋다. 예를 들어 주변 사람들의 경험담이나 내가 분석한 구체적인 투자 시뮬레이션을 보여주는 것이다. "이 집을 보면, 월세가 50만 원씩 나오는데 1억 원에 살 수 있어. 은행 예금 이자보다 훨씬 좋지 않아?"
한 번에 큰 투자를 하겠다고 하면 부담스러워한다. 대신 단계별로 천천히 접근하겠다는 계획을 보여주는 것이 좋다. "처음에는 작은 원룸 하나부터 시작해 보자. 그것도 전세 끼고 갭만 조금 내면 되는 거야. 위험하면 언제든 그만둘 수 있어."

대화할 때는 감정보다 논리로 접근해야 한다

대화할 때 주의할 점들이 있다. "왜 이해를 못 해?"라거나 "다른 집은 다 하는데 우리만 안 해?"라는 식으로 감정적 접근을 하면 역효과가 난다. 차분하고 논리적으로 설명해야 한다. "무조건 해야 해."라는 식으로 강요하면 더 큰 반발을 불러온다. "한 번 생각해 보자."는 정도의 여유로운 접근이 좋다. 그리고 "그런 걱정은 기우야."라며 무시하면 안 된다. 대신 "그 걱정도 일리가 있어. 그래서 이렇게 대비하면 어떨까?"라는 식으로 걱정을 인정하고 해결책을 제시해야 한다.

부동산 투자를 처음 제안할 때는 "여보, 부동산 투자 좀 해 보자. 요즘 다들 하더라."라고 말하면 안 된다. 대신 "여보, 우리 미래 계획에 대해 이야기해 볼까? 아이 대학 등록금이랑 우리 노후 자금 계산해 봤는데, 지금처럼 저축만으로는 좀 부족할 것 같아. 다른 방법도 한 번 알아보면 어떨까?"라고 접근하는 것이 좋다.

가족이 "대출받는 건 너무 위험해. 만약 못 갚으면 어떡해?"라고 걱정한다면, "그 걱정 충분히 이해해. 그래서 월세가 대출 이자보다 많이 나오는 집만 고르려고 해. 그러면 우리가 따로 돈을 내지 않아도 대출이 저절로 갚아져. 그리고 처음에는 적은 금액부터 시작해 보자."라고 대응하면 된다. 경매에 대한 막연한 두려움이 있을 때는 "나도 처음에는 그렇게 생각했어. 그래서 3개월 동안 공부했어. 이 책들 보고, 강의도 들어봤어. 생각보다 체계적이고 안전한 방법이 있더라. 한 번 같이 알아볼까? 궁금한 거 있으면 언제든 물어봐."라고 말하는 것이 효과적이다.

가족의 성향에 맞는 접근법을 사용하라

가족의 유형에 따라 접근법을 달리해야 한다. 신중한 타입의 가족은 충분한 정보와 시간을 필요로 한다. 서두르지 말고 차근차근 설명하며 시간을 두고 설득해야 한다. 관련 책이나 자료를 함께 보고, 성공 사례와 실패 사례를 균형 있게 제시하며, 전문가 강의나 세미나에 함께 참석하는 것이 좋다.

감정적인 타입의 가족에게는 논리보다 감정에 호소하는 것이 효과적이다. 미래에 대한 꿈과 비전을 함께 그려보는 것이 좋다. "아이에게 더 좋은 환경을 만들어주고 싶어.", "우리가 늙어서도 자녀에게 짐이 되지 않으면 좋겠어.", "조금 더 여유로운 삶을 살고 싶어."라는 식으로 접근한다.

현실적인 타입의 가족에게는 구체적인 숫자와 계획을 보여주는 것이 효과적이다. 예상 **수익률**과 리스크 분석, 단계별 투자 계획과 목표, 비상시 대응 방안을 제시하면 된다.

수익률
"이 투자, 얼마나 잘 벌었나?"를 숫자로 보여주는 것

작은 성공부터 만들어 신뢰를 쌓아라

가족이 동참하게 만들기 위해서는 첫 번째 투자에서 작은 성공을 만들어 보여주는 것이 중요하다. 큰 수익이 아니어도 "정말 된다"는 확신을 심어줄 수 있다면 충분하다. 투자 진행 상황을 정기적으로 공유하며 투명하게 소통한다. 좋은 일만 말하지 말고 어려움도 함께 나누면 신뢰가 쌓인다. 가족 각자의 장점에 맞는 역할을 분담하는 것도 좋다. 예를 들어 꼼꼼한 배우자는 서류 정리를, 인터넷에 능숙한 자녀는 정보 검색을 담당하게 하는 것이다.

내 경우에는 처음에는 걱정이 많았다. 하지만 첫 번째, 두 번째 경매에서 성공을 거두고, 매달 소액이라도 월세가 들어오는 것을 보면서 가족들의 생각이 바뀌기 시작했다. 지금은 오히려 가족들이 더 적극적으로 투자 기회를 찾아준다. 중요한 것은 혼자 하는 것이 아니라 함께 하는 것이다. 가족의 동의와 지지 없이는 지속적인 투자가 어렵다. 그리고 가족이 함께할 때 더 큰 성과를 낼 수 있다.

부동산 투자의 성공은 좋은 물건을 찾는 것도 중요하지만, 가족과의 소통도 그만큼 중요하다. 아무리 좋은 투자 기회가 있어도 가족의 반대 때문에 포기한다면 의미가 없다. 시간을 두고 차근차근 설명하고, 작은 성공부터 만들어가며, 투명하게 소통한다면 반드시 가족의 지지를 얻을 수 있다. 그리고 그때부터 진짜 투자가 시작된다.

혼자 가면 빠르게 갈 수 있지만, 함께 가면 멀리 갈 수 있다. 가족과 함께하는 부동산 투자가 당신의 꿈을 현실로 만들어줄 것이다.

반드시 점검해야 할 투자 전 지표

각 항목에 대해 직접 작성해 보세요. "예/아니오" 또는 구체적 수치로 빈칸을 채우는 것이 좋습니다.

1. 내가 사용할 수 있는 총투자금은 얼마인가?

☐ 내 자본금: _______________ 만 원

☐ 활용 가능한 대출금: _______________ 만 원

☐ 총투자 여력(자기자본+레버리지): _______________ 만 원

(이 금액은 실제로 쓸 수 있는 돈이어야 한다. 대출이 가능하다고 막연히 생각하지 말고, 구체적으로 금융기관 확인 및 상담이 필요하다.)

2. 현재 내 거주 안정성은 어떤가?

☐ 월세   ☐ 전세   ☐ 자가

☐ 계약 만료까지 남은 기간: _______________ 개월

☐ 향후 1년간 이사 계획: 있음 / 없음

(거주 안정성은 투자 방향을 정하는 핵심 기준이다. 내 집부터 살지, 투자용을 먼저 살지 이 기준으로 결정할 수 있다.)

3. 내가 투자하려는 지역의 시세는 어느 정도인가?

☐ 매매가: _______________ 만 원

☐ 전세가: _______________ 만 원

☐ 월세: _______________ 만 원

☐ 최근 1년간 시세 흐름: 상승 / 보합 / 하락

(비교할 수 있는 유사 매물 시세도 반드시 함께 조사한다.)

4. 이 부동산의 예상 수익률은 얼마인가?

☐ 월 예상 수익(월세/시세차익): _______________ 만 원

☐ 연간 수익률 계산: (연수익÷투자금)×100 = _______________ %

☐ 수익률 비교 대상: 예금 금리, 타 부동산 수익률

(대출 이자율보다 수익률이 낮다면 다시 검토할 필요가 있다.)

5. 현금 흐름은 어떻게 유지되고 있는가?

☐ 월세 수입: _______________ 만 원

☐ 대출 원리금 상환액: _______________ 만 원

☐ 관리비/유지비/세금: _______________ 만 원

☐ 매월 실제 잔여 현금: _______________ 만 원

(현금 흐름이 마이너스인 투자라면 장기 보유 시 위험해질 수 있다.)

6. 투자 목적이 명확한가?

　□ 목표: 시세차익 / 월세 수익 / 장기 거주 / 단기 투자

　□ 보유 예상 기간:______________ 년

　□ 출구 전략: 매도 시점은 ? ______________　　양도 소득세 조건은?______________

　(목적 없는 투자는 매도 타이밍을 놓치고, 심리적 동요가 심해진다.)

7. 내가 이 투자에 대해 충분히 이해하고 있는가?

　□ 투자 구조(갭투자, 경매, 분양 등)를 설명할 수 있다.

　□ 관련 세금 및 법률을 어느 정도 알고 있다.

　□ 투자 대상 부동산을 직접 방문했다.

　(모르면 하지 않는 게 원칙이다. 무조건 이해한 후 투자하자.)

8. 위기 상황 시 대응 계획이 있는가?

　□ 공실이 생기면 몇 개월 버틸 수 있는가?

　□ 이자율이 올라가면 어떻게 대응할 것인가?

　□ 전세 보증금 반환이 어렵다면 어떻게 조달할 것인가?

　(최악의 시나리오도 시뮬레이션해 보자. 그게 진짜 준비된 투자다.)

9. 가족 혹은 동반 투자자와 합의는 되었는가?

　□ 투자 동의받음.

　□ 역할 분담이 되어 있음.

　□ 책임 범위에 대한 합의가 있음.

　(혼자만의 판단이 아닐 경우, 반드시 사전 조율이 필요하다.)

10. 이 투자에서 내가 배우고 싶은 것은 무엇인가?

　□ 수익만이 목적이 아니다.

　□ 처음으로 부동산 시장을 체험하고 싶다.

　□ 경매 / 갭투자 / 임대 운영 / 청약을 직접 경험하고 싶다.

　(수익이 아니라 학습이 목적이라면, 결과에 상관없이 큰 자산이 될 수 있다.)

CAPITAL
GAINS TAX
%

4부

투자금,
이렇게 모았다

16

내 '진짜 연봉'을 파악하는 법

많은 사람들이 연봉이 올라가면, 월수입이 좀 더 늘어나면 그때부터 저축도 하고 투자도 할 것이라고 생각한다. 과연 연봉이 올라간다고 투자할 여력이 생길까? 나의 경험에 비추어 보면 전혀 다른 이야기였다. 연봉 5,000만 원이라고 해서 실제로 그 돈을 다 쓸 수 있는 것은 아니기 때문이다. 세금도 내야 하고, 4대 보험료도 나가고, 생활비도 써야 한다. 그러고 나면 정작 투자에 쓸 수 있는 돈은 생각보다 많지 않다.

나는 내 돈의 흐름을 정확히 파악하는 것부터 시작했다. 카드 빚에 허덕였던 이유도 결국 내가 얼마를 벌고 얼마를 쓰는지 정확히 몰랐기 때문이었다. 그때 깨달은 것은 '진짜 연봉'을 아는 것이 모든 투자의 출발점이라는 사실이었다.

연봉과 실수령액은 다르다

많은 사람들이 착각하는 것 중 하나가 연봉과 실제로 받는 돈이 같다고 생각하는 것이다. 예를 들어 연봉 5000만 원이라고 하면 한 달에 417만 원 정도를 받는다고 생각한다. 하지만 실제로는 그렇지 않다.

연봉 5000만 원인 사람이 실제로 받는 돈은 대략 4200만 원 정도다. 무려 800만 원이나 차이가 난다. 이 800만 원은 어디로 간 걸까? 바로 세금과 4대 보험료로 나간 것이다.

국민연금에 4.5%, 건강보험에 3.335%, 고용보험에 0.9%가 나간다. 여기에 소득세와 지방소득세까지 더하면 보통 연봉의 15~20% 정도가 공제된다. 즉, 연봉 5000만 원인 사람의 실수령액은 한 달에 350만 원 정도인 셈이다.

이것을 모르고 투자 계획을 세우면 처음부터 계산이 틀어진다. 나도 처음에는 이런 기본적인 것조차 몰라서 무리한 계획을 세웠다가 실패했던 경험이 있다.

고정 지출과 변동 지출을 구분해야 한다

실수령액을 파악했다면 다음은 지출을 분석해야 한다. 지출은 크게 두 가지로 나눌 수 있다. 고정 지출과 변동 지출이다.

고정 지출은 매달 정해진 금액이 나가는 돈이다. 월세나 대출 이자, 관리비, 교통비, 핸드폰 요금, 보험료 같은 것들이 여기에 해당한다. 이런 돈들은 내가 아무리 아껴도 줄이기 어렵다. 월세는 계약 기간 동안 고정되어 있고, 핸드폰 요금도 매달 비슷하게 나간다.

변동 지출은 상황에 따라 금액이 달라지는 돈이다. 외식비, 쇼핑비, 여행비, 친구들과의 모임비 같은 것들이다. 이런 돈들은 내가 의식적으로 노력하면 줄일 수 있다.

내 경우에는 변동 지출을 정확히 파악하지 못해서 계속 돈이 부족했다. 외식을 자주 하고, 필요 없는 물건들을 충동구매 하면서도 "이 정도는 괜찮겠지."라고 생각했다. 하지만 이런 작은 지출들이 모이면 상당한 금액이 된다.

현금흐름표를 만들어보자

정확한 투자 여력을 파악하려면 현금흐름표를 만들어야 한다. 이것은 내가 한 달에 얼마를 벌고 얼마를 쓰는지 한눈에 볼 수 있게 정리한 표다.

예를 들어 월 실수령액이 350만 원인 사람의 현금흐름표를 만들어보자. 먼저 수입 부분에 350만 원을 적는다. 그다음 지출을 고정 지출과 변동 지출로 나누어 적어본다.

고정 지출로는 월세 100만 원, 대출 이자 30만 원, 관리비 5만 원, 교통비 10만 원, 핸드폰 요금 7만 원, 보험료 15만 원 등이 있을 수 있다. 이것들을 다 더하면 167만 원이다.

변동 지출로는 식비 50만 원, 외식비 20만 원, 쇼핑비 15만 원, 여가비 10만 원 등이 있을 수 있다. 이것들을 더하면 95만 원이다.

그러면 350만 원에서 167만 원과 95만 원을 빼면 88만 원이 남는다. 이 88만 원이 바로 내가 투자에 쓸 수 있는 돈이다. 하지만 여기서 끝이 아니다. 비상금도 준비해야 하고, 갑작스러운 지출도 대비해야 한다. 그래서 실제로 투자에 쓸 수 있는 돈은 50만 원 정도로 보는 것이 안전하다.

카드 명세서가 가장 정확한 자료다

현금흐름표를 만들 때 가장 중요한 것은 정확한 데이터를 사용하는 것이다. 많은 사람들이 "대충 이 정도 쓰는 것 같아."라며 추측으로 만드는데, 이렇게 하면 나중에 계획이 틀어진다.

가장 정확한 방법은 최근 3~6개월의 카드 명세서와 통장 거래 내역을 분석하는 것이다. 카드 명세서에는 내가 언제, 어디서, 얼마를 썼는지 모든 기록이 남아 있다. 이것을 보면 내 소비 패턴을 정확히 알 수 있다.

나도 처음 현금흐름표를 만들 때 6개월 치 카드 명세서를 분석했다. 나의 재정 상태를 직면한다는 것이 힘들었기에 계속 미루어왔던 일이었다. 나는 나의 카드 명세서를 분석해 보고 충격을 받았다. 생각보다 외식비가 많이 나가고 있었고, 작은 충동구매들이 모여서 상당한 금액이 되고 있었다. 특히 편의점에서 사는 작은 것들이 한 달에 10만 원이 넘었다. 하나하나는

2000~3000원짜리였지만 모이니까 큰돈이었다.

연간 기준으로 생각하라

현금흐름을 분석할 때는 월 단위뿐만 아니라 연간 기준으로도 생각해야 한다. 왜냐하면 어떤 달은 지출이 많고 어떤 달은 적기 때문이다. 예를 들어 12월에는 연말 모임이 많아서 지출이 늘어나고, 여름 휴가철에는 여행비가 많이 든다.

월별로만 보면 12월에는 투자할 돈이 없는 것처럼 보이지만, 연간으로 보면 다른 달에 절약한 돈으로 충당할 수 있다. 그래서 투자 계획도 연간 기준으로 세우는 것이 좋다.

예를 들어 월평균 50만 원씩 투자할 수 있다면 연간 600만 원을 투자할 수 있다. 하지만 매달 정확히 50만 원씩 투자할 필요는 없다. 어떤 달은 30만 원, 어떤 달은 70만 원을 투자해도 1년 총합이 600만 원이면 목표를 달성한 것이다.

투자 여력을 늘리는 방법

현금흐름표를 만들어보니 투자할 돈이 부족하다면 어떻게 해야 할까? 방법은 두 가지다. 수입을 늘리거나 지출을 줄이는 것이다.

수입을 늘리는 것은 쉽지 않다. 회사에서 갑자기 월급을 올려주지도 않고, 부업을 하기도 현실적으로 어렵다. 그래서 대부분의 경우 지출을 줄이는 것부터 시작해야 한다.

지출을 줄일 때는 변동 지출부터 손대는 것이 좋다. 고정 지출은 줄이기 어렵지만 변동 지출은 내 의지에 따라 조절할 수 있기 때문이다. 외식 횟수를 줄이고, 불필요한 쇼핑을 자제하고, 구독 서비스 중에 안 쓰는 것들을 해지하는 것부터 시작하면 된다.

나도 부동산 투자로 내 인생을 리셋해야겠다고 마음 먹었을 때 변동 지출을 대폭 줄였다. 외식을 주 3회에서 주 1회로 줄이고, 편의점 들르는 습관을 끊었다. 그랬더니 한 달에 15만 원 정도를 절약할 수 있었다. 1년이면 180만 원이나 되는 돈이었다.

보이지 않는 지출도 찾아내라

현금흐름표를 만들다 보면 놓치기 쉬운 지출들이 있다. 바로 '보이지 않는 지출'들이다. 연회비, 구독료, 보험료 같은 것들은 한 번에 많은 돈이 나가지 않아서 잊기 쉽다.

예를 들어 넷플릭스, 챗GPT, 유튜브프리미엄, 아이클라우드 같은 각종 구독 서비스들은 월 1만 원 정도씩 나간다. 하나하나는 작지만 여러 개가 모이면 월 10만 원 이상이 될 수 있다. 1년이면 120만 원이다.

신용카드 연회비도 마찬가지다. 카드 몇 장을 가지고 있으면 연간 10~20만 원의 연회비가 나간다. 이런 작은 지출들을 모두 찾아내서 정리하면 투자 여력을 상당히 늘릴 수 있다.

진짜 연봉을 알면 현실적인 계획을 세울 수 있다

내 진짜 연봉을 파악하는 것은 단순히 투자 여력을 계산하기 위한 것만이 아니다. 현실적인 목표를 세우고, 지속 가능한 투자를 하기 위해서다.

많은 사람들이 투자에 실패하는 이유는 무리한 계획을 세우기 때문이다. 투자할 돈이 월 50만 원밖에 없으면서 월 100만 원씩 투자하려고 한다. 이런 계획은 처음 몇 달은 가능할지 몰라도 지속하기 어렵다.

반대로 진짜 연봉을 정확히 알고 현실적인 계획을 세우면 꾸준히 투자를 지속할 수 있다. 월 50만 원씩 투자할 수 있다면 1년에 600만 원, 10년이면 6000만 원을 투자할 수 있다. 복리 효과까지 더하면 상당한 목돈이 된다.

강릉 바닷가에서 새출발을 다짐했던 그날부터 지금까지, 나는 항상 내 돈의 흐름을 정확히 파악하고 그 범위 내에서 투자해 왔다. 처음에는 월 30만 원밖에 투자할 수 없었지만, 그것도 소중한 시작이었다. 지금은 그때보다 훨씬 많은 돈을 투자할 수 있게 되었지만, 여전히 현금흐름표를 만들어 체크하고 있다.

당신도 지금 당장 현금흐름표를 만들어보라. 내 진짜 연봉이 얼마인지, 투자할 수 있는 돈이 얼마인지 정확히 파악하라. 그것이 성공적인 투자의 첫 번째 단계다. 무리한 계획보다는 현실적인 계획이, 큰 목표보다는 지속 가능한 목표가 결국 더 큰 성과를 만들어낸다.

17

종잣돈을 만드는
3단계 루틴

"부동산 공부도 하고 투자도 하고 싶지만 돈이 없어요. 시드머니가 좀 모이면 시작할게요." 상담을 하면서 제일 많이 듣는 말이다. 준비가 다 된 상태에서 시작하는 사람들이 과연 몇 명이나 될까?

많은 사람들이 종잣돈을 만들기 위해 무리한 절약을 하거나 복잡한 재테크 방법을 찾는다. 하지만 정작 중요한 것은 간단한 루틴을 꾸준히 실천하는 것이다. 내가 지금까지 100개가 넘는 부동산을 보유하게 된 것도 이런 작은 습관에서 시작됐다. 종잣돈을 만드는 것은 생각보다 어렵지 않다. 단지 올바른 방법을 알고 꾸준히 실천하면 된다.

**1단계:
새는 돈부터 막아라**

종잣돈을 만들기 위해 가장 먼저 해야 할 일은 불필요하게 나가는 돈을 찾아서 막는 것이다. 대부분의 사람들은 자신의 돈이 얼마나 많이 새고 있는지 모른다. 작은 돈들이 모여서 큰돈이 되는데, 이것을 인식하지 못하는 것이다.

매일 편의점에서 사는 음료수와 과자, 습관처럼 한 잔씩 마시는 커피, 사용하지도 않는 구독 서비스들, 필요 이상으로 비싼 휴대폰 요금제 등이 내 돈을 조용히 갉아먹고 있었다. 나의 경우 이런 것들을 하나씩 정리하기 시작했을 때부터 진짜 변화가 시작됐다.

휴대폰 요금제부터 살펴보자. 많은 사람들이 월 7~8만 원짜리 무제한 요금제를 사용한다. 하지만 실제로는 데이터를 그렇게 많이 쓰지 않는 경우가 대부분이다. 와이파이가 있는 집이나 직장에서 대부분의 시간을 보내기 때문이다. 요금제를 3만 원대로 바꾸면 한 달에 4만 원, 1년이면 48만 원을 절약할 수 있다. 이것만으로도 상당한 종잣돈이 생긴다.

보험도 마찬가지다. 많은 사람들이 보험 설계사의 권유로 이것저것 가입하다 보면 월 보험료가 20만 원을 넘는 경우가 있다. 하지만 정말 필요한 보험만 남기고 중복되는 것들을 정리하면 월 10만 원 정도로 줄일 수 있다. 1년이면 120만 원의 차이다.

구독 서비스들도 점검해 봐야 한다. 넷플릭스, 쿠팡, 네이버 멤버십, 챗GPT, 아이클라우드, 각종 앱 구독료 등을 모두 합치면 월 5~6만 원이 나가는 경우가 많다. 이 중에서 실제로 자주 사용하는 것만 남기고 나머지는 해지하자. 월 3만 원만 줄여도 1년에 36만 원이다.

리볼빙
이번 달 카드값 다 못 내니까 일부만 내고 나머지는 미루는 것

신용카드도 주의해야 한다. 특히 **리볼빙** 기능은 반드시 해제해야 한다. 리볼빙은 카드 대금을 분할로 내는 기능인데, 연 15~20%의 높은 이자가 붙는다. 이런 고금리 부채부터 정리해야 진짜 종잣돈을 만들 수 있다.

2단계: 자동 저축 시스템을 만들어라

새는 돈을 막았다면 이제 본격적으로 돈을 모아야 한다. 여기서 가장 중요한 것은 '선저축 후지출' 원칙이다. 생활비를 쓰고 남은 돈을 저축하는 것이 아니라, 저축을 먼저 하고 남은 돈으로 생활하는 것이다.

이를 위해서는 자동이체 시스템이 필수다. 월급이 들어오는 날 바로 다음 날에 저축할 돈이 자동으로 다른 통장으로 이체되도록 설정하는 것이다. 이 렇게 하면 의지력에 의존하지 않고도 꾸준히 돈을 모을 수 있다.

처음에는 무리하지 말고 소득의 10% 정도부터 시작하자. 월급이 300만 원 이라면 30만 원을 자동이체로 설정하는 것이다. 익숙해지면 점차 15%, 20% 로 늘려간다. 나는 자영업을 하면서 매일 매출에서 일정 금액을 따로 빼놓 는 습관을 만들었다. 하루에 1만 원씩이었지만 한 달이면 30만 원, 1년이면 360만 원이 됐다.

통장도 목적별로 분리해야 한다. 생활비용 통장, 비상금 통장, 투자자금 통 장을 각각 만들어서 관리하는 것이다. 생활비 통장에는 체크카드를 연결하 고, 투자자금 통장에는 카드를 연결하지 않는다. 이렇게 하면 실수로 투자자 금을 생활비로 쓰는 일을 방지할 수 있다.

상여금이나 성과급 같은 비정기 수입이 있을 때도 마찬가지다. 이런 돈이 들 어오면 전부 생활비로 써버리기 쉬운데, 미리 분배 비율을 정해두고 자동으 로 각 통장에 나누어 넣는 것이 좋다. 예를 들어 상여금 200만 원이 들어오 면 100만 원은 투자자금으로, 50만 원은 비상금으로, 50만 원만 용돈으로 쓰는 식이다.

3단계: 손댈 수 없는 구조를 만들어라

마지막 단계는 모아둔 돈을 함부로 쓸 수 없게 만드는 것이다. 아무리 열심히 모아도 급한 일이 생길 때마다 꺼내 쓰면 종잣돈은 절대 늘어나지 않는다. 그래서 물리적으로 손댈 수 없는 구조를 만들어야 한다.

가장 간단한 방법은 적금을 활용하는 것이다. 적금은 만기까지 중도 해지하기 어렵고, 해지하면 이자를 손해 보기 때문에 자연스럽게 손을 대지 않게 된다. 특히 자동이체로 넣는 적금은 잊고 지내다가 만기가 되면 목돈이 되어 있어서 뿌듯함도 크다. 인터넷을 통해 비대면으로 만든 적금 계좌는 비대면으로 해지하기도 쉽다. 적금은 은행 창구에 가서 직접 개설하고 해지도 창구에 가야 해지할 수 있게 설정해 놓으면 좋다.

주식 계좌를 활용하는 방법도 있다. 주식은 당일 매도해도 돈이 바로 나오지 않고 며칠 후에 정산된다. 이런 시간 지연 때문에 충동적으로 돈을 쓰는 것을 방지할 수 있다. 또한 투자에 대한 공부도 자연스럽게 하게 되어 일석이조다.

비상금은 별도로 관리해야 한다. 투자자금과 비상금을 구분하지 않으면, 급한 일이 생길 때마다 투자자금을 써버리게 된다. 비상금은 생활비의 3~6개월 정도로 설정하고, 이것은 절대 투자에 사용하지 않는다.

가계부나 플래너를 활용해서 목표와 현재 상황을 시각화하는 것도 중요하다. 목표 금액과 현재 모인 금액을 한눈에 볼 수 있게 하면 동기부여가 된다. 스마트폰 앱을 활용하면 더 편리하다. 매일 잔고를 확인하고 목표 달성률을 체크하다 보면 저축이 게임처럼 재미있어진다.

작은 습관이 인생을 바꾼다

종잣돈 만들기는 결국 습관의 문제다. 하루에 1만 원씩 모으는 것은 어려워 보이지 않지만, 365일 꾸준히 하는 것은 쉽지 않다. 하지만 자동화 시스템을 만들고 꾸준히 실천하면 누구나 할 수 있다.

나의 경우 거창한 계획보다는 작은 습관부터 만들었다. 매일 만 원씩 따로 모으고, 불필요한 지출을 하나씩 줄여나갔다. 그 작은 변화들이 모여서 지금의 나를 만들었다.

시작이 어렵다면 정말 작은 것부터 시작하라. 하루에 천 원이라도 좋다. 중요한 것은 금액이 아니라 습관을 만드는 것이다. 1개월만 꾸준히 해도 자신감이 생기고, 3개월이면 자연스러운 습관이 된다. 1년이면 상당한 종잣돈이 모이고, 3년이면 정말 인생이 바뀐다.

종잣돈은 부자가 되기 위한 첫 번째 관문이다. 이 관문을 통과하지 못하면 아무리 좋은 투자 기회가 와도 잡을 수 없다. 하지만 이 3단계 루틴을 꾸준히 실천한다면 누구나 종잣돈을 만들 수 있다.

지금 당장 시작하라. 오늘부터 1만 원이라도 자동이체를 설정하고, 불필요한 구독 서비스 하나를 해지하라. 그 작은 시작이 당신의 미래를 바꿀 것이다.

18

보험,
정말 필요한가요?

종잣돈을 만들기 위해 고정 지출을 점검하다 보면 반드시 마주치게 되는 항목이 있다. 바로 보험료다. 많은 사람들이 매달 10만 원에서 수백만 원까지 보험료를 내고 있지만, 정작 내가 가입한 보험이 무엇인지, 정말 필요한 보장인지 제대로 파악하지 못하는 경우가 많다.

지금 매달 지출되고 있는 보험료가 얼마인지 확인해 보는 것부터 시작하자. 보험 설계사의 말만 믿고 이것저것 가입하다 보니 어느새 그렇게 된 것이었다. 하지만 막상 필요할 때 제대로 보장받을 수 있는 보험은 많지 않았다. 내가 경제적 어려움의 악순환에서 벗어나 새로 태어나기로 마음먹고 가장 먼저 한 일 중 하나가 보험을 정리하는 것이었다. 그 결과 보험료를 줄이면서도 오히려 더 필요한 보장을 받을 수 있게 되었다. 무엇이든 아는 만큼 보이기 마련이다. 보험에 대해서 조금만 공부하고 모르는 것을 찾아보게 되면 내 보험료가 새는 곳을 알게 된다.

보험은 투자가 아니라 안전장치다

많은 사람들이 보험에 대해 잘못 이해하고 있다. 보험을 돈을 불리는 수단으로 생각하는 것이다. "만기에 원금보다 더 받을 수 있어요.", "투자 기능도 있어서 수익도 낼 수 있어요."라는 보험 설계사의 말에 현혹되기 쉽다. 하지만 보험의 본질은 위험을 대비하는 안전장치다. 돈을 버는 수단이 아니라 돈을 지키는 방법인 것이다.

예를 들어 가장이 갑자기 사고를 당하거나 큰 병에 걸렸을 때를 생각해 보자. 수입이 끊기고 의료비는 많이 들어갈 것이다. 이때 가족의 생활이 무너지지 않도록 최소한의 방어막을 쳐주는 것이 보험의 역할이다. 반대로 종신보험, 변액보험, 저축보험 같은 것들은 투자 기능을 강조하지만 실제로는 수수료가 높아서 손해를 보는 경우도 있고, 수익을 낼 수 있는 만기까지 유지하는 것도 쉽지가 않다.

내가 처음 보험을 정리할 때 가장 큰 충격을 받은 것도 이 부분이었다. 매달 25만 원을 내면서 "투자도 되고 보장도 된다"고 생각했는데, 실제로는 높은 수수료만 내고 있었던 것이다. 차라리 그 돈으로 단순한 보장성 보험에 가입하고 나머지는 직접 투자하는 것이 훨씬 나았겠다는 생각이 들었다.

정말 필요한 보험은 무엇인가?

그렇다면 정말 필요한 보험은 무엇일까? 가성비 있는 보험의 조건은 간단하다. 보장성 중심이어야 한다는 것이다. 복잡한 투자 기능이나 저축 기능은 필요 없다. 순수하게 위험만 보장하는 보험이 가장 효율적이다.

먼저 실손의료보험은 필수다. 병원에 가면 의료비가 많이 드는데, 이 부담을 덜어주는 보험이 실손의료보험이다. 특히 큰 수술이나 입원을 하게 되면 수백만 원이 들 수 있는데, 실손보험이 있으면 본인 부담금을 크게 줄일 수 있다. 다만 여러 곳에 중복 가입할 필요는 없다. 한 곳에서만 가입해도 충분하다.

가장이라면 정기 사망보험도 고려해 볼만하다. 이것은 내가 사망했을 때 가족이 당분간 생활할 수 있도록 보장해 주는 보험이다. 다만 종신보험이 아닌 정기보험으로 가입하는 것이 좋다. 자녀가 성장하고 대출을 다 갚으면 큰 보장이 필요 없기 때문이다. 필요한 기간 동안만 보장받고 보험료를 절약하는 것이 현명하다.

암보험이나 진단비 보험도 필요할 수 있지만, 중복 가입은 피해야 한다. 비슷한 보장을 여러 보험에서 받을 필요는 없다. 하나만 제대로 가입하는 것이 훨씬 효율적이다.

내 보험을 점검해 보자

보험을 정리하려면 먼저 현재 내가 가입한 보험을 정확히 파악해야 한다. 보험증권을 모두 모아서 어떤 보험에 가입했는지, 월 보험료는 얼마인지, 어떤 보장을 받는지 정리해 보는 것이다. 금융감독원의 '내보험찾아줌' 서비스를 이용하면 내가 가입한 모든 보험을 한눈에 볼 수 있다.

내가 가입해 있는 보험을 꼼꼼하게 살펴보면 대부분 중복된 보장이 많다는 것을 알 수 있다. 실손보험을 두세 곳에 가입했거나, 암보험을 여러 개 가입한 경우가 흔하다. 또한 필요 없는 특약이 많이 붙어 있어서 보험료만 높아진 경우도 많다.

갱신형과 비갱신형도 체크해 봐야 한다. 갱신형은 처음에는 보험료가 저렴하지만 나이가 들수록 보험료가 급격히 오른다. 비갱신형은 처음에는 좀 더 비싸지만 보험료가 고정되어 있어서 장기적으로는 더 유리할 수 있다.

더 알아보기

만기 환급형
보장 보험료 외에 '적립 보험료'를 추가 납입하여 만기에 돌려받는 방식

만기 환급형과 순수 보장형의 차이도 중요하다. 만기 환급형은 만기가 되면 일부 보험료를 돌려주지만, 그만큼 월 보험료가 비싸다. 순수 보장형은 만기에 돌려받는 돈은 없지만 월 보험료가 훨씬 저렴하다. 보험의 목적이 보장이라면 순수 보장형이 훨씬 효율적이다.

월 보험료도 점검해 봐야 한다. 일반적으로 소득의 5% 이내, 또는 월 10~15만 원 정도가 적정하다고 본다. 그 이상을 내고 있다면 보험을 너무 많이 가입했거나 불필요한 보장에 돈을 쓰고 있을 가능성이 높다.

보험과 투자는 분리해서 생각하라

보험을 정리할 때 가장 중요한 원칙은 보험과 투자를 분리해서 생각하는 것이다. 보험은 보험으로, 투자는 투자로 따로 해야 한다. 보험에 투자 기능을 기대하면 둘 다 제대로 안 되는 경우가 많다.

보험의 목적은 나와 가족의 생존권을 방어하는 것이다. 투자처럼 수익을 기대하는 것이 아니다. 반대로 투자는 보험료를 뺀 남는 돈에서만 해야 한다. 보험료로 나가는 돈까지 투자에 쓰면 정작 위험이 닥쳤을 때 대응할 수 없다.

현실적으로 생각해 보자. "내가 사고나 사망을 당하면 가족의 현금흐름은 어떻게 될까?" 이 질문에 답할 수 있을 정도의 보장만 있으면 된다. 그 이상의 보장은 불필요한 지출일 가능성이 높다.

보험은 정기적으로 점검해야 한다

보험은 한 번 가입하고 끝이 아니다. 인생의 변화에 따라 필요한 보장도 달라지기 때문이다. 결혼, 출산, 주택 구입, 승진 등 중요한 변화가 있을 때마다 보험을 재점검해야 한다.

예를 들어 자녀가 독립하면 사망보험 보장액을 줄일 수 있다. 대출을 다 갚으면 보장 규모를 축소할 수 있다. 반대로 가족이 늘어나거나 대출이 늘어나면 보장을 늘려야 할 수도 있다.

적어도 1~2년에 한 번씩은 보험을 점검하는 습관을 만들어야 한다. 보험료는 고정비가 아니다. 상황에 맞게 조절할 수 있는 변동비로 봐야 한다. 불필요한 보장은 과감히 정리하고, 필요한 보장은 적절히 유지하는 것이 중요하다.

똑똑한 보험 포트폴리오로 투자금 만들기

보험을 제대로 정리하면 두 가지 효과를 얻을 수 있다. 첫 번째는 안전이다. 불필요한 보장을 정리하고 꼭 필요한 보장에 집중하면 오히려 더 확실한 보호를 받을 수 있다. 두 번째는 여유다. 보험료를 줄인 만큼 투자할 수 있는 돈이 늘어난다.

나의 경우 보험의 보장을 분석하고 보험료 다이어트를 해서 그 돈으로 부동산 투자를 시작할 수 있었다. 지금 생각해 보면 그때 보험을 정리한 것이 투자 여력을 만드는 데 큰 도움이 되었다. 종잣돈을 만들기 위해서는 이런 고정 지출부터 철저히 점검해야 한다.

불필요한 지출을 줄이고 진짜 필요한 것에 집중하는 것, 이것이 바로 성공적인 투자의 첫걸음이다. 당신도 지금 당장 보험증권을 꺼내서 점검해 보라. 그 안에 투자 자금이 숨어 있을지도 모른다.

19

대출,
부자는 어떻게 활용하는가

대부분의 사람들이 대출에 대해 가지고 있는 생각은 빚은 나쁜 것이고 빨리 갚아야 한다는 것이다. 나도 대출과 카드 빚에 허덕이던 시절에는 똑같이 생각했다. 빚은 무조건 악이고, 하루빨리 갚아야 할 짐이라고 여겼다. 그저 이 모든 빚에서 벗어나고 싶다는 생각뿐이었다.

하지만 부동산 공부를 시작하면서 완전히 다른 관점을 접하게 되었다. 부자들은 대출을 완전히 다르게 바라본다는 것을 알게 된 것이다. 그들에게 대출은 자산을 늘리는 도구였다. 내 돈만으로는 할 수 없는 큰 투자를 가능하게 해주는 지렛대였다. 지금 내가 100개가 넘는 부동산등기를 보유할 수 있게 된 것도 이런 대출 전략을 배우고 실천했기 때문이다.

대출에 대한 고정관념을 버려라

대출이라고 하면 보통 '빚쟁이', '불안', '빚 갚는 인생' 같은 부정적인 이미지가 먼저 떠오른다. 하지만 실제 부자들은 대출을 자산 증식의 수단으로 적극 활용한다. 다만 아무 대출이나 받지는 않는다. 철저히 계산하고 분석해서 자산을 늘릴 수 있는 대출만 받는다.

부자들이 큰 투자를 할 때는 자신의 돈을 최대한 적게 묶으려고 한다. 대신 대출을 활용해서 남은 자금으로 또 다른 투자를 이어간다. 예를 들어 10억 원짜리 건물을 살 때 10억 원을 모두 현금으로 내는 것이 아니라, 3억 원만 자기 돈으로 내고 7억 원은 대출받는다. 그러면 남은 7억 원으로 또 다른 투자를 할 수 있다. 이렇게 해서 같은 돈으로 더 많은 자산을 만들어간다.

내가 첫 번째 경매 물건을 낙찰받았을 때도 마찬가지였다. 500만 원의 자기자본에 3천만 원을 대출받아서 3500만 원짜리 집을 가지게 되었다. 만약 현금으로만 사려고 했다면 3500만 원이 모일 때까지 몇 년을 더 기다려야 했을 것이다. 하지만 대출을 활용했기 때문에 바로 투자를 시작할 수 있었다.

좋은 빚과 나쁜 빚을 구분하라

모든 빚이 나쁜 것은 아니다. 빚에는 좋은 빚과 나쁜 빚이 있다. 이 둘을 구분하는 것이 부자가 되는 첫 번째 단계다.

좋은 빚이란 투자나 생산 등 미래 가치를 창출하는 빚이다. 빌린 돈으로 얻을 수익이 이자보다 높다면 그것은 좋은 빚이다. 부동산 투자 대출, 사업 자금, 학자금 같은 것들이 여기에 해당한다. 이런 빚은 시간이 지나면서 자산을 만들어낸다.

나쁜 빚은 단순한 소비나 과시성 구매를 위한 빚이다. 고가 명품을 사기 위한 카드 할부, 비싼 자동차 할부, 생활비 부족으로 받는 현금서비스 같은 것들이다. 이런 빚은 아무런 수익을 만들어내지 않으면서 이자만 계속 내야 한다.

내가 과거에 진 빚들은 대부분 나쁜 빚이었다. 카페 운영비가 부족하면 카드로 메우고, 생활비가 부족하면 현금서비스를 받았다. 이런 돈들은 아무런 자산을 만들어내지 않으면서 연 15~20%의 높은 이자만 계속 내야 했다. 그러니 점점 더 빚이 늘어날 수밖에 없었다.

반면 지금 내가 부동산 투자를 위해 받은 대출들은 모두 좋은 빚이다. 저금
리의 이자로 돈을 빌려서 높은 수익을 내고 있다. 그 차이만큼 내 자산이 매
년 늘어나고 있다. 부자들은 대출을 '자본의 비용'으로 보고, 이 비용보다 더
큰 부가가치를 창출할 때만 빚을 진다.

투자용 대출과 소비성 대출의 차이

부자들은 투자용 대출과 소비성 대출을 철저히 구분한다. 투자용 대출은 적극적으로 활용하지만, 소비성 대출은 최대한 피한다.

투자용 대출은 부동산 매입, 사업 확장, 주식 투자 같은 생산성 있는 분야에
사용되는 대출이다. 주택담보대출, 전세자금 대출, 사업자금 대출 같은 것들
이 여기에 해당한다. 이런 대출은 받은 돈으로 자산을 만들기 때문에 시간
이 지나면 그 자산이 대출을 갚아준다.

소비성 대출은 생활비 부족, 카드값, 자동차 할부 같은 단순 소비에 사용되
는 대출이다. 이런 대출은 아무런 자산을 만들어내지 않으면서 이자만 계속
내야 한다. 부자들은 이런 대출을 절대 받지 않거나, 받더라도 최대한 빨리
갚으려고 한다.

내가 여러 채의 부동산을 늘려갈 수 있었던 것도 투자용 대출만 활용했기
때문이다. 첫 번째 집의 전세 보증금과 대출로 레버리지를 활용해 두 번째
집을 사고, 두 번째 집을 담보로 세 번째 집을 사는 식이었다. 모든 대출이
월세 수입으로 충당되면서 오히려 약간의 현금흐름이 플러스가 되고 있다.

대출 심사 기준을 이해하고 활용하라

부자가 되기 위해서는 대출 심사 기준을 정확히 이해해야 한다. 은행이 어떤 기준으

로 대출을 승인하는지 알아야 그에 맞게 준비할 수 있기 때문이다.

LTV는 담보물 가치 대비 대출 비율이다. 예를 들어 10억 원짜리 집에 LTV 50%가 적용되면 최대 5억 원까지 대출받을 수 있다. 부동산 시장 상황이나 무주택자인지 유주택자인지에 따라 이 비율이 달라진다. 보통 무주택자가 더 높은 LTV를 적용받을 수 있다.

DTI는 연 소득 대비 주택담보대출 원리금 상환 비율이다. 예를 들어 연 소득이 1억 원이고 DTI 50%가 적용되면, 1년에 5천만 원까지 대출 원리금을 상환할 수 있다. 이를 월로 나누면 월 417만 원 정도가 된다.

DSR은 모든 대출의 원리금 상환 비율이다. 주택담보대출뿐만 아니라 신용대출, 학자금대출까지 모든 대출을 포함한다. 현재 가장 강력한 대출 규제 수단이며 일반적으로 40% 이내로 제한된다. 즉, 내 소득의 40% 이내에서만 모든 대출의 원리금을 상환할 수 있다는 뜻이다.

이런 기준들을 이해하면 내가 얼마까지 대출받을 수 있는지 미리 계산할 수 있다. 나도 투자할 때마다 이런 계산을 먼저 해 본다. 내 소득과 기존 대출을 고려했을 때 추가로 얼마까지 대출받을 수 있는지 파악하고, 그 범위 내에서 투자한다.

정부 정책이나 금융당국의 방침에 따라 LTV·DTI·DSR은 수시로 변경되니 부동산 공부는 꾸준히 해야 하고, 매일 아침 뉴스를 챙겨보는 것도 루틴으로 만들어야 한다. 또한 실제 대출은 금융기관의 심사 기준도 반영되므로 단순 수치 계산만으로는 부족하니 꼭 은행 창구에 가서 직접 상담을 받아보는 것을 추천한다. 부동산과 은행 가는 것을 두려워하지 말고 자주 방문할수록 부자가 되는 지름길이다.

갭투자와
전세 레버리지 전략

부자들이 가장 많이 사용하는 대출 전략 중 하나가 갭투자다. 갭투자란 전세 보증금과 담보대출을 조합해서 최소한의 자기자본으로 부동산을 매입하는 방식이다.

예를 들어 매매가 4억 원, 전세가 3억 5천만 원인 집이 있다고 하자. 이 집을 사려면 보통 4억 원이 필요하다고 생각하지만, 갭투자를 활용하면 5천만 원만 있어도 살 수 있다. 전세 보증금 3억 5천만 원을 전세자금 대출로 받고, 자기자본 5천만 원만 추가하면 되는 것이다.

이렇게 하면 5천만 원으로 4억 원짜리 자산을 소유할 수 있다. 레버리지 효과가 8배나 된다. 만약 이 집이 1년 후에 4억 4천만 원이 되면, 4천만 원의 시세차익을 얻게 된다. 자기자본 5천만 원 대비 80%의 수익률이다.

전세 레버리지도 비슷한 원리다. 보유한 부동산을 담보로 추가 대출을 받아서 또 다른 투자를 하는 것이다. 자기자본이 부족한 초보 투자자들도 이런 방식으로 자산을 늘려갈 수 있다.

물론 위험도 있다. 전세가가 하락하거나 금리가 상승하면 부담이 커진다. 공실이 생기면 월세 수입이 끊어질 수도 있다. 그래서 갭투자를 할 때는 철저한 분석과 충분한 **안전마진**이 필요하다.

더 알아보기 •

안전마진
원래의 가치 대비 내가 취득한 금액의 차이를 말한다. 부동산의 경우 시세보다 싸게 사는 것을 의미하며, 손실 가능성을 최소화하는 투자 안전장치이다.

현금흐름 중심의
상환 계획

대출을 받을 때 가장 중요한 것은 현금흐름이다. 대출 월 상환액이 임대 수입보다 적거나 비슷해야 안정적으로 자산을 늘릴 수 있다. 만약 대출 월 상환액이 월세보다 많으면 매달 적자가 발생해서 버티기 어려워진다.

내가 투자할 때 항상 지키는 원칙이 있다. '월세 − 대출 이자 − 관리비 ≥ 0'이 되어야 한다는 것이다. 최소한 적자는 나지 않아야 한다는 뜻이다. 이보다 조건이 나쁘면 아무리 좋은 물건이라도 사지 않는다.

또한 금리 변동 위험도 고려해야 한다. 대출받을 때는 금리가 낮았지만 나중에 오를 수 있다. 그래서 금리가 1~2% 오르더라도 버틸 수 있는지 미리 계산해 본다. 여유 자금도 충분히 확보해 둔다.

변동금리와 고정금리 중 어떤 것을 선택할지도 중요하다. 금리가 오를 것 같으면 고정금리를, 내려갈 것 같으면 변동금리를 선택한다. 확실하지 않을 때는 일부는 고정금리로, 일부는 변동금리로 나누어서 위험을 분산시킨다.

부자의 대출 마인드셋

부자들이 대출을 대하는 마인드셋은 일반인과 완전히 다르다. 일반인은 빚을 갚는 것에 집중하지만, 부자는 빚을 활용하는 것에 집중한다.

부자들은 빚을 지는 이유가 단순히 부자가 되기 위한 것이 아니라, 돈의 흐름과 자본 효율성을 이해하기 위한 것이라고 생각한다. 내 자본이 최소한만 묶이고, 남은 자금으로 계속해서 다른 투자를 할 수 있는 방식을 선호한다.

또한 항상 '이자가 수익보다 크지 않은가', '현금흐름이 안전하게 돌아가는가'를 기준으로 판단한다. 이 두 조건을 만족하면 대출을 적극적으로 활용하고, 그렇지 않으면 과감히 포기한다.

나도 지금은 이런 마인드셋으로 대출을 활용하고 있다. 내가 보유한 부동산 중 대부분이 대출을 활용해서 산 것들이다. 하지만 모든 대출이 월세로 충당되고 있고, 실질 현금흐름이 지속적으로 플러스가 되고 있다. 이렇게 되니 대출이 부담이 아니라 자산을 늘리는 강력한 도구가 된다.

재정 악화의 악순환 속에서 벗어나야겠다고 다짐하고 부동산 투자 공부를 시작하면서 내가 배운 가장 중요한 교훈 중 하나가 바로 이것이다. '빚=나쁨'이라는 단순한 공식을 버리고, 좋은 빚과 나쁜 빚을 구분해서 활용하라는 것이다. 좋은 빚은 자산 성장을 견인하는 강력한 무기가 될 수 있다.

대출을 생각할 때는 항상 이런 질문을 해 보라.
"내 자산이, 내 소득이 이 빚을 감당할 수 있는가?"
"이 빚은 내 실질 자산을 반드시 늘릴 수 있는가?"
이 두 질문에 확신 있게 답할 수 있을 때만 대출을 활용하라. 그것이 부자들의 진짜 대출 전략이다.

20

외로움도 감수해야 하는 투자자의 자세

부동산 투자를 시작하면서 느낀 것은 단순히 새로운 공부를 시작한 것이 아니라, 완전히 다른 세상에 발을 들여놓았다는 것이었다. 특히 이혼 후 혼자서 아이를 키우며 경제적 독립을 꿈꾸던 내게, 투자자의 길은 외롭지만 피할 수 없는 선택이었다.

상처가 되는 지인들의 조언

"애 키우기도 바쁠 텐데 괜한 욕심 부리지 마.", "안전하게 적금이나 넣지 왜 위험한 일을 해?"라는 조언 아닌 조언들이 쏟아졌다.

가장 상처받았던 것은 "아이 교육비도 제대로 못 댈 형편에 무슨 투자냐"와 같은 핀잔의 말을 들을 때였다. 정작 나는 아이의 미래를 위해 투자를 시작한 것인데, 사람들은 당장의 여유만 보고 판단했다. 한 달에 몇십만 원씩 학원비를 쓰는 것은 당연하게 여기면서, 같은 돈을 투자에 쓰는 것은 이상하게 봤다.

학부모 모임에서도 마찬가지였다. 다른 엄마들이 "요즘 사교육비가 너무 비싸서…"라며 푸념할 때, 나는 "그 돈으로 투자를 시작해 보는 게 어떨까요?"라고 말했다가 분위기를 얼어붙게 만든 적이 있다. 그 후로는 입을 다물었다. 내가 마치 아이보다 돈을 더 중요하게 여기는 이기적인 엄마로 비춰질까봐 두려웠다.

홀로 감당해야 하는 결정의 무게

밤늦게 경매 자료를 분석하고 있으면, 옆에서 자고 있는 아이를 보며 "내가 지금 제대로 하고 있는 걸까?"라는 의문이 들었다. 다른 엄마들처럼 아이 옆에서 책을 읽어주거나 숙제를 봐주는 대신, 부동산 공부에 매달리고 있는 내 모습이 때로는 이기적으로 느껴졌다.

다행히 친정 부모님과 남동생, 여동생은 내 투자를 지지해 주었다. 특히 부모님은 "딸이 혼자서도 잘 살 수 있는 방법을 찾는 것"이라며 응원해 주셨다. 남동생은 부동산 관련 법률 조언을, 여동생은 시장 분석에 도움을 주었다. 함께 일하는 동생들이 있어서 외롭지 않을 거라고 생각했는데, 막상 투자 결정을 내릴 때는 여전히 혼자였다.

가족들이 지지해 주기는 했지만, 실제 투자 경험이 없다 보니 구체적인 조언은 해줄 수 없었다. "언니가 알아서 잘 하겠지."라는 믿음은 고마웠지만, 때로는 더 큰 부담으로 다가왔다. 실패하면 나 혼자의 문제가 아니라 가족 전체에 영향을 미칠 수 있다는 생각에 압박감이 더 컸다.

혼자만의 공부법과 정보 습득

투자 정보를 얻기 위해 온라인 커뮤니티를 찾았지만, 대부분 남성 중심이었다. 군대 이야기나 회식 문화 같은 것들이 자연스럽게 나오는 분위기에서 여성인 내가 끼어들기는 쉽지 않았다. 특히 "와이프가 반대해서…"라는 이야기들을 들을 때마다 혼자서 모든 걸 결정해야 하는 내 상황이 더욱 외롭게 느껴졌다.

그래서 나만의 공부법을 만들었다. 아이가 잠든 후 새벽까지 혼자 공부하고, 주말에는 직접 부동산 현장을 답사하러 다녔다. 동생들과 함께 분석하고 토론하기도 했지만, 최종 결정은 언제나 내 몫이었다.

책과 인터넷 강의가 내 유일한 선생님이고 친구였다. 유명한 부동산 투자자들의 책을 읽으며 "나도 저렇게 될 수 있을까?"라는 생각을 했다. 때로는 "엄마는 왜 이렇게 바쁘게 살아?"라는 아이의 질문에 답하기 어려웠다. 하지만 나는 아이에게 보여주고 싶었다. 여자도, 이혼한 엄마도 스스로 경제적 독립을 이룰 수 있다는 것을. 누구에게 기대지 않고도 당당하게 살 수 있다는 것을.

첫 번째 투자에서 월세가 들어오기 시작했을 때, 아이에게 말했다. "엄마가 공부해서 우리가 매달 용돈을 받게 됐어." 아이는 처음에는 이해하지 못했지만, 점차 엄마가 하는 일의 의미를 깨닫기 시작했다.

지금은 아이가 엄마가 하는 일을 친구들에게 자랑스럽게 말한다고 한다. 그 말을 들었을 때 그동안의 외로움이 조금은 위로가 되었다. 그리고 나의 뒷모습을 그대로 보고 자라는 아이를 보면 이제는 외로움보다는 뿌듯함, 대견함이 먼저 올라온다. 아이의 경제 개념은 일반 또래 아이들보다 훨씬 뛰어나고 매주 엄마와 함께 마라톤 대회에 참여하고 있으며, 육체적 정신적으로 건강한 아이로 성장하고 있다.

외로움 뒤에 찾은 진짜 나

돌이켜보면 투자자로서의 외로움은 나를 더 강하게 만들었다. 남편에게 의존하던 시절에는 경험하지 못했던 독립성을 기를 수 있었다. 혼자서 결정하고, 혼자서 책임지는 것이 처음에는 두려웠지만, 나중에는 그것이 내 힘이 되었다.

특히 흔들렸던 자존감을 투자를 통해 회복할 수 있었다. 매달 들어오는 월세 수입과 늘어나는 부동산등기를 보면서 "나도 할 수 있구나." 하는 자신감을 얻었다. 아이 앞에서도 당당해질 수 있었다.

여전히 혼자서 결정해야 할 일들이 많고, 때로는 외롭다. 하지만 그 외로움이 나를 성장시켰다는 것을 안다. 아무도 가지 않은 길을 걸었기 때문에 지금의 결과가 있다.

만약 지금 혼자서 투자를 시작하려는 여성이 있다면, 특히 이혼 후 홀로 아이를 키우며 경제적 독립을 꿈꾸는 엄마가 있다면 말해 주고 싶다.
외롭지만 포기하지 마라.
그 외로움을 견디고 나면 누구도 빼앗을 수 없는 당신만의 자산과 자신감을 얻게 될 것이다.
나도 그 길을 걸어왔고, 당신도 충분히 할 수 있다!

6. 에어비앤비 인테리어

오픈 첫날부터 예약이 몰려 순식간에 마감!
화제의 에어비앤비 현장에서 그 이유 확인.

7. 부동산 현장 견학

시간은 줄이고 정확도는 높인 부동산 임장.
초보도 가능한 부동산 임장 완벽 가이드.

8. 슈퍼호스트의 공간 꾸미기

슈퍼호스트의 시선으로 알려주는 공간 꾸미기 꿀팁.
에어비앤비 수익 창출을 위해 확인해야 할 필수 사항.

9. 다주택자들의 비밀 전략

직접 발로 뛴 임장 현장 공개.
다주택자들을 위한 비밀 전략 알아보기.

10. 부동산 임장 총정리

임장 전 손품 팔기 어플, 현장 오전 오후 체크, 대중교통 타고 가기,
임장 체크리스트, 향후 개발 가치까지 부동산 임장 총정리.

나만의 투자금 로드맵 만들기

STEP 1 내 자산 상태 점검하기

구분	금액
예·적금 등 현금 자산	₩
주식·펀드 등 금융 상품	₩
부동산(시세 기준)	₩
부채(대출, 신용카드 등)	₩
순자산 (자산 - 부채)	₩

✔ **체크 포인트** 내가 지금 당장 투자에 쓸 수 있는 자금은 얼마인가? (비상금은 남겨두고, 투자 가능한 금액만 구분하자.)
소득은 매달 얼마가 들어오고, 얼마나 저축 가능한가?

STEP 2 투자 목표 설정하기

항목	나의 기준
투자 목적	(예: 내 집 마련 / 갭투자 / 월세 수익 등)
투자 지역	(예: 수도권 / 지방 중소도시 / 역세권 위주 등)
투자 시점	(예: 6개월 이내 / 1년 후 등)
희망 수익 방식	(시세차익 vs. 임대수익)
목표 수익률	(예: 연 5% / 시세차익 1억 등)

✔ **체크 포인트** 막연히 '돈을 벌자'가 아니라 왜 투자하는지, 어디에 투자할 건지 구체화해야 한다.
목적이 명확해야 대출, 상품 선택, 매수 타이밍도 명확해진다.

STEP 3 투자 여력 계산하기 (LTV, DSR 기준)

항목	수치
연 소득	₩　(예: 5,000만 원)
DSR 40% 기준 원리금 상환 한도	₩　(예: 연 2,000만 원, 월 약 167만 원)
현재 대출 보유액	₩
추가 대출 가능성 (DSR 고려)	₩
LTV 가능한 한도 (예: 70%)	₩

✔ **체크 포인트** 내 소득과 기존 대출을 기준으로 실제 대출 한도를 예측해야 한다.
DSR은 모든 대출 합산 기준, LTV는 부동산 담보 기준.
DSR 계산기를 활용하여 월 상환 가능 금액을 시뮬레이션해 보자.

STEP 4 투자금 시나리오 짜기 (갭투자 vs. 실투자금)

항목	금액
매매가	3억 원
전세가	2.3억 원
대출 가능액 (⑩: 70%)	2.1억 원
실제 투자금 (매매가 - 전세 - 대출)	600만 원

✓**체크 포인트**　전세가율 높은 지역에서 갭투자 → 소액으로 가능.
대출 규제, 금리 인상 등 리스크도 반드시 고려해야 함.
실거라면 중도금·잔금·세금 등 실비용까지 체크.

STEP 5 투자금 마련 전략 3단계

1단계 지출 통제 & 소비 줄이기	**2단계** 수입 늘리기	**3단계** 투자 습관 만들기
• 월 고정비 줄이기 (보험, 통신비 등) • 6개월간 소비 습관 리셋 프로젝트 • 가계부 앱 활용: 하루 만 원 습관 실천	• 퇴근 후 부수입 만들기 　(블로그, 콘텐츠 제작 등) • 내 노동이 돈이 되는 구조 만들기 • 남의 브랜드 대신 내 콘텐츠 자산 쌓기	• 매월 자동이체로 종잣돈 적립 • 투자 공부 병행: 　실매물, 경매 물건 분석 훈련 • 6개월 뒤 투자 실전 모의 훈련

STEP 6 내 투자금 달성 로드맵 쓰기

구분	목표 금액	달성 기한	전략
단기 (3개월)	₩	날짜:	저축 중심
중기 (6~12개월)	₩	날짜:	+ 부수입 실행
장기 (1~2년)	₩	날짜:	+ 부수입 실행

✓**체크 포인트**　단기·중기·장기 목표를 나누고, 행동 플랜을 구체화하자.
무조건 '빨리'보다는 안전하고 지속 가능한 투자금 마련이 핵심.

☆ **마무리 Tip**　투자금이 없어서 못하는 게 아니다. 계획이 없어서 못하는 것이다.
대출과 전세를 활용하면, 1000만 원 이하로도 투자 기회는 있다.

CAPITAL
GAINS TAX
%

5부

부동산 개념 제대로 잡기

21

아파트값만
유독 오르는 이유

부동산 투자를 시작하면서 가장 궁금했던 것 중 하나가 바로 이것이었다. "왜 같은 동네에 있는 집인데 아파트만 계속 오를까?" 부동산 공부와 투자를 계속하면서 깨달은 것은, 아파트가 오르는 이유는 단순히 인기가 많아서가 아니라는 점이다. 구조적으로 오를 수밖에 없는 여러 가지 조건들이 맞아떨어진 결과다. 이 구조를 이해하지 못하면 부동산 투자에서 계속 기회를 놓치게 된다.

아파트는 규격화된 상품이다

더 알아보기

아파트 평형별 전용면적 환산

아파트 전용면적 ㎡를 평으로 환산하면 1㎡는 약 0.3025평이며, 일반적으로 선용 59㎡는 25평형, 74㎡는 29~31평형, 84㎡는 32~35평형, 101㎡는 39~41평형으로 통용된다.

아파트가 다른 주택과 가장 다른 점은 '상품'으로서 표준화되어 있다는 것이다. 같은 단지, 같은 **평형**이면 거의 비슷한 구조와 상태를 갖고 있다. "자이 84㎡"라고 하면 부동산을 잘 모르는 사람도 대충 어떤 집인지, 가격은 어느 정도일지 짐작할 수 있다.

반면 빌라나 단독주택은 집마다 구조도 다르고 상태도 천차만별이다. 같은 평수라도 층수, 향, 리모델링 상태, 주차 여건 등에 따라 가격 차이가 크다. 그래서 매매할 때도 비교하기 어렵고, 시세 파악도 힘들다. 투자자 입장에서는 아파트가 훨씬 안전하고 예측 가능한 투자처인 셈이다.

내가 경매를 통해 여러 채의 부동산을 살 때도 마찬가지였다. 아파트는 시세 파악이 쉬워서 적정가격을 금방 계산할 수 있었다. 하지만 빌라나 단독주택은 현장을 여러 번 가 봐도 정확한 가치를 판단하기 어려운 경우가 많았다. 이런 투명성과 예측 가능성이 아파트로 자금이 몰리는 이유 중 하나다.

우리나라는 세계에서 아파트 거주 비율이 가장 높은 나라 중 하나다. 인구 10명 중 6명이 아파트에 산다. 이것은 단순한 주거 선택이 아니라 문화적 현상이다. 해외에서는 고급 주택 하면 정원이 있는 단독주택을 떠올리지만, 한국에서는 아파트가 '성공한 삶'의 상징이다.

결혼을 앞둔 신혼부부, 아이 교육을 생각하는 가정, 은퇴를 준비하는 부부 모두 아파트를 꿈꾼다. 아파트는 단순한 집이 아니라 자산이고, 노후 대비이며, 자녀 교육의 수단으로 여겨진다. 그래서 실거주 수요와 투자 수요가 동시에 아파트로 몰린다.

전세제도와 갭투자의 시너지

한국만의 독특한 전세제도도 아파트값 상승에 큰 영향을 미친다. 전세는 목돈을 맡기고 월세 없이 사는 제도인데, 이 전세금을 활용한 갭투자가 아파트 시장을 과열시켰다.

예를 들어 10억 원짜리 아파트의 전세가가 8억 원이라면, 투자자는 2억 원만 준비해도 그 집을 살 수 있다. 레버리지 효과가 5배나 되는 셈이다. 이런 구조 때문에 상대적으로 적은 자금으로도 아파트 투자가 가능해졌고, 그만큼 투자 수요가 몰렸다.

반면 빌라나 오피스텔은 전세 수요가 적고 전세가율도 낮다. 같은 갭투자 전략을 쓰기 어려운 구조다. 그래서 투자자들은 자연스럽게 아파트로 몰리게 된다. 내가 초기 투자를 할 때도 전세를 끼고 살 수 있는 물건들을 주로 찾았는데, 그런 조건을 만족하는 것은 대부분 아파트였다.

거의 모든 부동산 정책이 아파트를 중심으로 만들어진다는 점도 중요하다. 청약제도, 분양가상한제, 재건축 규제, 각종 세제, 대출 규제 등 주요 정책들의 기준이 모두 아파트다.

생애최초 주택 구입자 대출 우대 정책도 아파트가 주된 대상이고, 반대로 투기 과열을 막기 위한 규제도 아파트에 집중된다. 2026년에 개편된 청약제도도 마찬가지다. 신혼부부 특별공급, 신생아 우선 공급 등 모든 혜택이 아파트 분양에 맞춰져 있다.

정부의 관심이 아파트에 집중되다 보니 시장도 자연스럽게 아파트를 중심으로 돌아간다. 정책 변화에 따른 수혜나 타격도 아파트가 가장 크게 받는다. 그만큼 가격 변동성도 크고, 투자자들의 관심도 높다.

입지와 브랜드, 그리고 생활의 편의성

아파트는 대부분 교통, 교육, 상권이 좋은 곳에 위치한다. 지하철역 근처, 좋은 학군, 대형마트와 병원이 가까운 곳에 아파트 단지가 들어선다. 이런 입지적 장점이 아파트의 가치를 높이는 중요한 요소다.

여기에 브랜드 효과까지 더해진다. 래미안, 자이, e편한세상 같은 대형 건설사 브랜드는 품질에 대한 신뢰를 준다. 같은 조건이라도 브랜드 아파트는 더 비싸게 거래된다. 이런 브랜드 프리미엄은 빌라나 단독주택에서는 찾아보기 어려운 현상이다.

내가 투자할 때도 입지와 브랜드를 중요하게 고려했다. 아무리 저렴해도 교통이 불편하거나 주변 인프라가 부족한 곳은 피했다. 특히 아이 교육을 생각하는 가정에서는 학군이 좋은 아파트를 선호하기 때문에, 그런 곳의 아파트는 수요가 끊이지 않는다.

공급의 한계가 만드는 희소성

아파트는 새로 짓기까지 최소 2~3년이 걸린다. 땅을 매입하고 인허가를 받고, 설계와 시공, 분양을 거쳐 입주까지 완료되려면 시간도 오래 걸리고 자금도 많이 든다. 특히 서울이나 수도권처럼 땅이 부족한 지역에서는 신규 아파트 공급 자체가 어렵다.

아파트에 대한 수요는 꾸준히 많은데 공급은 느리거나 부족하다. 경제학의 기본 원리에 따라 자연스럽게 가격이 오를 수밖에 없는 구조다. 이런 수급 불균형은 아파트값 상승의 근본적인 원인이다.

실제로 2020년부터 2025년까지 서울 아파트는 가격이 평균 148% 올랐다. 84㎡ 기준으로 5.94억 원에서 14.7억 원으로 뛴 것이다.
반면 같은 기간 빌라나 단독주택은 10~30% 내외의 상승에 그쳤다. 이 엄청난 차이가 바로 구조적 요인들이 만들어낸 결과다.

아파트는 한국 최고의 투자 상품

결국 아파트는 단순한 집이 아니라 대한민국에서 가장 강력한 투자 자산이자 주거 상품이다. 규격화된 상품성, 문화적 선호도, 전세제도와의 시너지, 정부 정책의 중심, 우수한 입지와 브랜드, 그리고 공급의 제한성까지, 이 모든 요소가 복합적으로 작용해서 아파트만 유독 가격이 오르는 현상을 만들어낸다. 이 구조를 이해하는 것이 부동산 투자 성공의 핵심이라는 것을 나는 그간의 경험을 통해 깨달았다.
"왜 아파트만 오를까?"라는 질문의 답은 바로 여기에 있다. 이 구조를 이해하고 활용할 수 있다면, 당신도 부동산 투자에서 성공할 수 있을 것이다.

22

강남 아파트가
평당 1억이 넘는 진짜 이유

강남을 이해하면 대한민국 부동산 전체를 이해할 수 있다. 지금 내 지역이 오르는 이유도, 결국 강남에서부터 시작되었을 수 있다. 강남은 돈의 흐름과 정책의 흐름, 사람들의 심리가 만나는 교차점이다.

강남은
대한민국 부동산의 심장이다

강남 아파트가 평당 1억 원을 넘어선 것은 단순한 우연이 아니다. 강남이 비싼 이유에는 구조적이고 복합적인 배경이 있다. 강남을 이해하지 못하면 대한민국 부동산 투자에서 계속 기회를 놓치게 된다.

강남은 단순한 고가 주거지가 아니다. 강남은 우리나라 부동산 시장 전체의 방향을 결정짓는 '시그널 지역'이다. 강남에서 아파트값이 오르기 시작하면 전국이 연쇄적으로 따라 오르고, 반대로 강남이 침체되면 서울 전역, 수도권, 심지어 전국적으로 시장 분위기가 가라앉는 현상이 반복된다. 실제로 강남 3구(강남·서초·송파) 지역의 아파트 시가총액이 서울 전체의 43%에 달할 정도로 시장에 미치는 영향이 압도적이다.

의도된 개발로 탄생한
명품 입지

강남이 지금처럼 특별한 곳이 된 것은 1970년대 정부 주도의 계획적 개발 때문이다. 서울 강북의 인구 과밀을 해소하고자 영동지구 개발, 경부고속도로 건설, 한남대교 완공 등 의도적으로 인프라를 집중시킨 국책사업의 산물이 강남의 시작이다. 처음부터 '계획된 도시'로 탄생했고, 이런 명확한 방향성과 정책적 혜택이 강남을 '기획된 명품 입지'로 만든 첫 번째 이유다.

전국 최고 학군 8학군의 위력

강남권이 특별해진 결정적 계기는 바로 '8학군'이다. 강남·서초·송파를 포함한 이 지역은 대치동, 반포동, 잠실동 등 우수 학군이 밀집한 전국 최고의 교육 특구로 자리매김했다. 명문대 진학률이 가장 높고, 사교육 인프라도 대치동 학원가에 몰려 있다. 자녀 교육을 생각하는 많은 부모들이 강남 이주를 희망하는 현상이 지속되는 핵심 원인이 여기에 있다.

기업과 일자리의 중심지

삼성, 현대 등 국내 굴지의 대기업 본사와 500대 기업 중 100여 곳이 강남 3구에 모여 있다. 더불어 대형 로펌, 금융회사, 테헤란로·삼성동·역삼동 등 업무지구가 확장되면서 강남은 대한민국 경제의 요충지가 되었다. 고소득 일자리, 문화시설, 쇼핑, 의료까지 모든 고급 인프라가 응집된 완성형 생활권이 탄생한 것이다.

교통의 최강자, 미래 가치까지 반영

강남은 서울에서 가장 많은 지하철 노선과 도로망을 자랑할 뿐만 아니라 GTX A, 신분당선 연장, 위례신사선 등 향후 10년간 각종 교통 호재의 중심이다. 실제로 강남은 출퇴근 및 이동 시간이 타 지역보다 짧고, 서울·수도권 전역과의 접근성이 월등해 현재의 가치뿐만 아니라 미래 성장성도 동시에 보장한다.

공급의 한계가 만든 희소성

강남은 이미 고밀 개발이 끝난 지역으로, 재건축 외에는 사실상 신규 아파트 공급이 불가능하다. 녹지율, 고도 제한, 각종 법적 규제로 인해 '살고 싶어도 살 수 없는' 희소 지역이 되고 있다. 한정된 땅에 프리미엄 수요가 몰리는 구조로 인해 기존 아파트의 가치는 계속 올라갈 수밖에 없다.

사회적 지위와 심리적 프리미엄

"강남에 산다는 것"은 단순한 집 소유를 넘어 사회적으로 '성공'과 '사회적 지위'의 상징으로 여겨진다. 실제로 강남 아파트에 투자하는 사람들 중에는 실거주 목적뿐만 아니라 자산가치 보존, 사회적 브랜드로서의 꾸준한 수요 때문인 이들도 많다. 심리적으로 "강남만은 다르다."라는 신뢰가 굳게 자리 잡고 있어 기대 가격이 더 높게 형성된다. 같은 30평 아파트도 강남과 외곽의 가격은 3배 이상 차이가 날 정도다.

강남발 풍선효과와 정책의 집중

강남 아파트값 변화는 이른바 **'풍선효과'**로 마포·용산·성동구(마용성), 노원·도봉·강북구(노도강), 경기도까지 금세 확산된다. 정부의 모든 주요 부동산 정책(대출, 세제, 청약 등)도 사실상 강남을 중심으로 설계되고 조정된다. 따라서 강남은 **'시세 리더'**이자 '시장 지표' 역할을 하는 전국 시장의 기준이 되고 있다.

더 알아보기

부동산 풍선 효과
정부가 특정 지역의 집값을 잡기 위해 대출 규제, 세금 인상 등 고강도 정책을 펼칠 때, 억눌린 매수 수요가 규제를 피해 인접한 비규제 지역이나 대체 상품(오피스텔 등)으로 이동하여 해당 지역의 집값과 거래량이 급등하는 현상

시세 리더
부동산 시장에서 특정 지역의 가격 상승을 주도하거나, 가장 높은 시세를 형성하여 인근 단지들의 기준점이 되는 대장주 아파트를 의미한다.

현재도 계속되는 수급 불균형

현재 강남 아파트값이 평당 1억 원을 넘자 "과연 고점일까, 버블일까?"라는 논쟁이 있다. 하지만 구조적으로는 공급이 막혀 있고, 항상 수요가 공급을 앞지르기 때문에 실제로는 지금도 강남은 살 사람은 많고, 팔 사람은 적은 상황이다. '1억은 비싸다.'라는 생각보다 '지금은 아직 2억 전 단계'라는 흐름이 중요하

다. 고점 논란은 늘 있지만, 구조적으로는 오를 수밖에 없는 이유들이 사라지지 않고 있다.

강남은
하나의 현상이다

강남은 단순한 '지역'이 아닌 하나의 '현상'이다. 한국 사회의 돈, 정책, 집착, 심리가 교차하는 압축적 현상이다. 정책적 기획, 학군 프리미엄, 일자리, 교통, 희소성, 사회적 신뢰, 브랜드 등 모든 것이 복합적으로 작동하는 '복수의 이유'가 강남을 평당 1억 지역으로 만든 것이다.

강남을 이해하면 대한민국 부동산 전체를 이해할 수 있다. 지금 내 지역이 오르는 이유도, 결국 강남에서부터 시작되었을 수 있다. 강남은 돈의 흐름과 정책의 흐름, 사람들의 심리가 만나는 교차점이다.

'강남의 평당 1억은 단순 평균의 결과가 아니다. 2025년 현재 실제 실거래가로 압구정, 대치동 등지에서는 평당 2억 원에 육박하는 경우까지 등장하고 있다. 이처럼 강남은 대한민국 부동산의 '방향타'이자, 돈과 사회적 열망의 교차점이다.

강남의 초고가 현상은 우연이 아니라 수십 년간 누적된 정책(의도), 교육, 일자리, 교통, 구조적 희소성, 심리 프리미엄의 총합이 만들어낸 대한민국 부동산 현상의 상징이다. 이 구조를 이해하고 활용할 수 있다면, 부동산 투자에서 성공할 수 있는 기반을 마련할 수 있을 것이다.

23

오피스텔, 청약, 빌라...
어떤 것이 나에게 맞을까?

부동산 투자는 타이밍도 중요하지만 '누가 사느냐'에 따라 정답이 달라지는 게임이다. 남들이 오피스텔을 사든, 빌라를 사든, 청약을 기다리든 중요한 건 가장 내 조건에 맞는 선택을 하는 것이다. 나의 현재 상황과 미래 계획에 맞는 선택을 한다면, 어떤 선택이든 성공적인 첫걸음이 될 수 있다.

부동산에는 절대적인 정답이 없다

부동산을 처음 알아보기 시작한 사람이라면 누구나 한 번쯤 이런 고민을 한다. "나는 아파트를 살 수 있을까?", "청약을 기다려야 하나?", "오피스텔도 괜찮을까?", "빌라는 어떨까?" 하지만 인터넷이나 유튜브를 아무리 봐도 사람마다 말이 다르고, 정답은 보이지 않는다.

그 이유는 간단하다. 부동산에는 절대적인 정답이 없기 때문이다. 각자 처한 상황과 목적에 따라 '나에게 맞는' 선택이 다를 뿐이다. 100개가 넘는 부동산을 보유하면서 깨달은 것은, 어떤 유형의 부동산이든 장단점이 있으며, 중요한 것은 자신의 조건에 맞는 선택을 하는 것이라는 점이다.

오피스텔: 사회 초년생과 1인 가구의 현실적 대안

오피스텔은 주거와 업무를 동시에 할 수 있도록 지어진 건물로, 요즘에는 거의 대부분 주거용으로 사용된다. 특히 사회 초년생이나 혼자 사는 1인 가구에게는 현실적인 대안이 된다. 일반 아파트보다 분양가가 저렴하고, 대출도 가능하며, 바로 입주할 수 있는 경우가 많기 때문이다.

하지만 단점도 명확하다. 오피스텔은 법적으로는 주택이 아니기 때문에 청약 가점제 혜택을 받을 수 없다. 또한 세금 부담이 크다. 취득세, 재산세, 양도세가 일반 아파트보다 불리한 구조다. 게다가 오피스텔은 **전용률**이 낮아, 84㎡라고 하더라도 실제로 사용할 수 있는 면적은 훨씬 작게 느껴진다. 따라서 오피스텔은 당장 집이 필요하고, 청약에 불리하거나 무주택 유지가 어려운 사람에게 적합한 선택이다. 특히 1인 가구이거나 부부만 거주할 예정이라면 충분히 고려해 볼만한 옵션이다.

더 알아보기

전용률
계약면적 대비 전용면적의 비율로, 내가 계약한 면적 중에서 실제로 얼마나 많은 공간을 사용할 수 있는지를 보여주는 지표다. 전용률이 높을수록 공용면적이 적고, 실제로 사용할 수 있는 면적이 넓다고 볼 수 있다.

청약: 로또 같지만 전략이 필요한 선택

청약은 무주택자가 시세보다 저렴한 가격으로 아파트를 분양받을 수 있는 제도다. 그래서 흔히 '로또 청약'이라는 말이 나올 정도로 인기가 높다. 청약의 가장 큰 장점은 분양가가 시세보다 낮고, 당첨되면 향후 시세 차익을 기대할 수 있다는 점이다. 예를 들어 7억 원짜리 시세 아파트를 5억 원에 분양받았다면, 입주할 때 2억 원의 자산이 생긴 셈이다.

하지만 누구나 청약에 당첨되는 것은 아니다. 가점제라고 해서, 무주택 기간, 부양가족 수, 청약통장 가입 기간 등을 기준으로 점수를 계산하는데, 서울·수도권에서는 최소 60점 이상이 되어야 당첨 가능성이 생긴다. 또한 청약은 대부분 실거주 요건이 있기 때문에, 당첨되면 일정 기간 그 집에서 살아야 한다.

청약 당첨을 기대하기 어렵다면 굳이 기다리느니 다른 대안을 찾는 것도 좋은 전략이다. 지금 당장 집이 필요하거나, 청약 점수가 낮고 무주택 유지가 어려운 사람은 청약보다 실거래 매물을 검토하는 것이 현명할 수 있다.

빌라:
진입장벽은 낮지만 위험도 높은 선택

빌라(다세대주택)는 일반 아파트보다 상대적으로 저렴하고, 전세가율이 높아서 소액으로 투자하거나 거주하기에 진입장벽이 낮다. 특히 수도권 외곽이나 서울의 구도심 지역에서는 신축 빌라도 많이 나오기 때문에, 아파트는 부담스럽고 오피스텔은 좁게 느껴지는 사람들에게 대안이 된다.

하지만 빌라는 단점도 많다. 가격 상승 폭이 아파트보다 작고, **매매 유동성**도 낮아 나중에 팔기 어려울 수 있다. 또한 관리비 문제, 주차 공간 부족, 층간소음 등 주거 품질이 떨어지는 경우가 많다. 더 중요한 문제는, 불법 건축이나 전세사기 위험이 많다는 점이다.

실제로 빌라 투자를 할 때는 계약 전 등기부등본 확인, 근저당 조회, 실거래가 조회 등을 꼼꼼히 하지 않으면 큰 손해를 볼 수 있다. 빌라는 소액으로 진입하고 싶은 투자 초보자나, 일시적인 거주 공간이 필요한 사람에게 적합할 수 있지만, 사기나 하자 위험이 높기 때문에 반드시 전문가의 도움을 받거나 충분한 공부를 한 뒤에 접근해야 한다.

나에게 맞는 선택을 위한
체크 포인트

자신에게 맞는 선택을 하기 위해서는 나의 조건을 명확히 파악하는 것이 중요하다. 다음과 같은 질문을 스스로에게 던져보자.

첫째, 나는 지금 무주택자인가? 청약 가점은 몇 점인가?
둘째, 당장 입주할 집이 필요한가, 아니면 몇 년 뒤여도 괜찮은가?
셋째, 현재 가진 전세금이나 현금은 얼마나 되는가?
넷째, 내 소득과 DSR은 어느 수준인가?
다섯째, 나는 주거의 질을 중요시하는가, 아니면 자산 가치 상승이 중요한가?

이 질문에 대한 답을 찾다 보면, 나에게 어떤 주택 유형이 맞는지 자연스럽게 드러날 것이다.

감정이 아닌 데이터로 판단하라

내가 부동산 투자를 하면서 깨달은 것은, 결국 부동산 투자는 타이밍도 중요하지만 '누가 사느냐'에 따라 정답이 달라지는 게임이라는 점이다. 남들이 오피스텔을 사든, 빌라를 사든, 청약을 기다리든 중요한 건 가장 내 조건에 맞는 선택을 하는 것이다.

감정이 아닌 데이터로 판단하고, 지금 당장 집을 사는 것만이 능사는 아니라는 것을 기억해야 한다. 청약을 노리며 전략적 무주택을 유지하는 것도 투자이고, 소액으로 전세 끼고 빌라를 사서 연습해 보는 것도 투자다.

중요한 것은, 내가 지금 어떤 삶을 살고 있고 앞으로 어떻게 살고 싶은지를 아는 것이다. 그게 바로 '내 집 마련'이라는 목표를 실현하기 위한 진짜 출발점이다. 각각의 주택 유형이 가진 특성을 이해하고, 나의 현재 상황과 미래 계획에 맞는 선택을 한다면, 어떤 선택이든 성공적인 첫걸음이 될 수 있을 것이다.

24

부동산 세금,
알고 나면 무섭지 않다

많은 사람들이 세금 때문에 부동산 투자를 망설이거나 미루는 경우를 봤다. 하지만 세금을 정확히 모르고 겁내는 것보다는 기본 구조를 이해하고 미리 준비하는 것이 훨씬 현명한 접근이다.

왜 부동산 세금을 두려워하는가

부동산 투자를 시작하려는 사람들이 가장 먼저 걱정하는 것 중 하나가 바로 세금이다. 취득세, 재산세, 종합부동산세, 양도소득세 등 용어부터 어렵고, 주택 수나 보유 기간, 지역에 따라 세율이 천차만별로 달라진다. 하지만 현장에서 직접 부딪혀보니 부동산 세금은 원칙과 기준만 정확히 알면 충분히 예측 가능하고 관리할 수 있다는 게 명확해졌다.

부동산 세금의 4가지 핵심 구조

부동산 세금은 크게 네 가지로 구분된다. 이 네 가지만 제대로 알면 대부분의 혼란은 사라진다.

❶ **취득세**: 집을 '살 때' 내는 세금이다.

❷ **재산세**: 집을 '가지고 있을 때' 매년 내는 세금이다.

❸ **종합부동산세(종부세)**: 집값이 높거나 여러 채를 소유한 이들에게 추가로 부과되는 세금이다.

❹ 양도소득세(양도세): 집을 '팔 때' 이익이 나면 그 차익에 대해 내는 세금이다.

이 외에도 증여세, **등록면허세** 같은 부수적 항목이 있지만, 전체 부동산 투자의 핵심은 이 네 가지가 좌우한다.

집을 살 때: 취득세의 이해

취득세는 부동산을 취득할 때 한 번만 내는 세금이다. 1주택 실수요자는 기본적으로 1.1~1.3%의 세율이 적용된다. 하지만 조정대상지역에서 2주택 이상을 보유하거나 고가주택(공시가 6억 초과)을 구입할 때는 8~12%까지 올라간다.

무주택자에게는 상당한 취득세 혜택이 있다. 생애최초 주택 구입 시 3억 원 이하(수도권 4억 원 이하) 주택에 대해서는 취득세 50% 감면 혜택을 받을 수 있다. 신혼부부나 다자녀 가구는 추가 감면도 가능하다. 취득세는 등기 직후, 보통 잔금 지급 후 60일 이내에 개별적으로 납부해야 한다.

집을 가지고 있을 때: 재산세와 종부세

재산세는 매년 6월 1일 기준 공시가격으로 책정된다. 일반 주택은 공시가 6억 원(1세대 1주택 기준) 이하이면 재산세만 부과된다. 주택의 용도, 지역, 면적에 따라 세율이 차등 적용되며, 7월과 9월 2회에 걸쳐 분할 납부할 수 있다.

종합부동산세(종부세)는 고가주택이나 다주택 소유자에게 부과되는 추가 세금이다. 1주택자는 공시가격이 9억 원을 초과할 때만 과세 대상이 된다. 다주택자나 조정대상지역 보유자는 중과세율이 적용되며, 과거 최대 6%까지 부과되었으나 최근에는 일부 완화된 바 있다.

다만 장기 보유자나 고령자(60세 이상)에게는 세액공제 혜택이 있다. 최대

80%까지 공제가 가능하며, 가구 합산 기준이 적용되어 부부 공동명의 시 유리할 수 있다. 종부세는 12월에 일괄 고지되어 납부한다.

집을 팔 때: 양도소득세의 복잡함

양도소득세는 부동산을 매도할 때 발생한 차익에 대해 부과되는 세금이다. 1주택자가 실거주 조건을 만족하면 상당한 혜택을 받을 수 있다.

1주택자 비과세 조건은 다음과 같다. 2년 이상 보유해야 하며, 조정대상지역의 경우, 2017년 8월 3일 이후 취득분부터는 2년 이상 실거주 요건이 추가된다. 양도가액 12억 원까지는 비과세 혜택을 받는다. 12억 원을 초과한 양도차익에 대해서는 기본세율(6%~45%)이 적용되는 과세 대상이 되며, 누진세율 구조로 부과된다.

장기보유 특별공제는 최대 80%까지 가능하지만, 거주기간과 보유기간을 모두 충족해야 적용된다. 과거에는 2주택 이상 보유자에게 양도세 중과세율이 적용돼 최대 60% 이상 부과되기도 했으나, 2022년 이후 일시적으로 중과세율이 폐지되면서 현재는 기본세율이 적용된다(정책 변경 여부 수시 확인 필요). 다만 일시적 2주택의 경우 2년 내 기존 주택을 처분하면 중과세 면제 등의 예외 규정이 있다.

매매사업자 등록을 통한 절세 전략도 고려해 볼만하다. 일정 조건을 만족하면 매매사업자로 등록할 수 있는데, 이 경우 양도소득세 대신 사업소득세가 적용되어 세율이 6%~45%에서 최대 24%로 낮아질 수 있다. 특히 다주택자나 단기간 내 여러 차례 거래하는 경우에는 매매사업자 등록이 세금 부담을 크게 줄여줄 수 있다.

다만 매매사업자 등록 시에는 부가가치세, 사업자등록증 발급 등 추가적인 의무 사항이 따르므로 전체적인 손익을 따져보고 결정해야 한다.

양도소득세는 매도일(잔금/등기) 기준 2개월 이내에 관할 세무서에 신고하고 납부해야 한다. 매매사업자 등록을 고려한다면 매도 전 미리 준비하는 것이 중요하다.

세금 계획을 미리 세워라

부동산 세금은 준비와 계획만 잘 세우면 부담스럽지 않다. 가장 중요한 것은 1주택 중심의 장기보유 전략이 그 어떤 정책 변화에도 가장 유리하다는 점이다.

정부 세제 혜택이 집중되는 대상은 무주택자, 실거주자, 장기 보유자이다. 따라서 절세 전략은 세금을 깎아내는 것보다 미리 요건을 맞추는 데 초점을 둬야 한다.

실제로 투자를 하면서 경험한 바로는, 세금 때문에 투자 수익이 크게 줄어드는 경우는 생각보다 많지 않다. 오히려 세금 구조를 이해하지 못해서 불필요한 세금을 내거나, 세금이 무서워서 좋은 투자 기회를 놓치는 경우가 더 많다.

세금은 관리의 대상이다

부동산 투자의 최대 리스크가 세금이라면, 가장 손쉬운 해법은 공부와 준비다. 관련 정보만 정확히 알아두면 '세금 때문에 망한다'는 일은 사실상 드물며, 오히려 세금 체계를 도구처럼 활용할 수도 있다.

예를 들어, 1주택자 비과세 혜택을 최대한 활용하면서 단계적으로 포트폴리오를 늘려가거나, 종부세 과세표준을 고려해서 매입 시점과 규모를 조절하는 것도 가능하다.

부동산 세금은 절대 피할 수 없지만, 얼마든지 미리 대비하고 똑똑하게 관리할 수 있다. 세금이 두렵다고 투자를 미루지 말고, 정확한 지식을 바탕으로 현명한 투자 전략을 세우는 것이 중요하다.

모르고 무서워하지 말고, 배우고 물어보고 정면으로 돌파하길 바란다. 공부하는 만큼 아는 만큼 리스크 관리가 가능하다.

[핵심 용어 정리]_헷갈리는 부동산 개념 완전 정복
[기초 개념 용어]

용어	한 문장 정의	사례	주의할 점
매매가	부동산을 사고팔 때 거래 당사자가 약정한 가격	아파트를 5억 원에 사고팔면 매매가는 5억 원	매매가는 협의 가능하며 실거래가와 다를 수 있음.
전세가	세입자가 집주인에게 일시금으로 맡기고 거주하는 금액	4억 원 전세금으로 2년간 아파트 거주	전세가는 시장 상황에 따라 급변할 수 있음(역전세 위험).
실거래가	실제 계약 후 잔금 지급이 완료된 거래 금액	2024년 5월에 6억 원에 거래된 아파트 → 실거래가 6억	국토부 실거래가 신고 기준은 '잔금 지급일'
공시가격 (공시지가)	정부가 세금 부과 등을 위해 정한 부동산의 기준 가격	공시가 6억 원 기준으로 재산세 부과	실거래가보다 낮으며 매년 1회 변경됨(보통 3~4월 발표).
감정가	감정평가사가 평가한 부동산의 가치	경매에 나온 아파트의 감정가 4억 5천만 원	감정가는 시세와 다를 수 있으며, 경매 낙찰가는 더 낮을 수 있음.
시세	시장에서 일반적으로 형성된 가격대	이 아파트는 보통 5억~5.5억 정도 시세	시세는 실거래가 평균 + 호가 포함 → 고정된 수치가 아님.
전용면적 / 공급면적 / 계약면적	전용: 실제 사용하는 공간 / 공급: 복도·계단 포함 / 계약: 주차장까지 포함한 전체	전용 59㎡, 공급 84㎡, 계약 99㎡인 아파트	분양 광고는 대부분 공급면적 기준이므로 실제 내부는 좁게 느껴질 수 있음.
전용률	공급면적 중 실제 사용할 수 있는 공간(전용면적)의 비율	전용 59㎡ ÷ 공급 84㎡ = 전용률 약 70%	전용률이 높을수록 실내가 넓음. 오피스텔은 전용률 낮음 (50~60%).
분양가상한제	분양 아파트의 가격을 정부가 일정 기준 이하로 제한하는 제도	분양가상한제 적용 시 5억 원 아파트가 4억에 분양 가능	초기 진입 부담 낮지만 당첨 경쟁 치열. 전매제한도 길어질 수 있음.
청약통장 (청약저축, 예금, 종합저축)	분양 아파트 신청 시 필요하며 가입 기간·납입금 등으로 가점 산정	청약통장 10년, 매월 10만 원 납입 → 청약 가점에 반영	무주택자만 유지하는 것이 유리. 납입 중단하면 가점 영향.
가점제 / 추첨제	청약 당첨을 점수(가점제) 또는 추첨(추첨제) 방식으로 결정	서울 대부분 지역: 가점제 100%, 수도권 외곽: 추첨제 50%	가점제는 무주택 기간·부양가족 수·납입기간이 중요.
입주권	재개발·재건축 과정에서 철거된 원 소유자에게 주는 새 아파트 분양 자격	A 재개발 구역에 살던 사람 → 입주권 받아 새 아파트 입주	입주권도 주택 수로 간주하며 매매·상속 시 세금 주의.
분양권	분양 아파트에 청약 당첨되어 생긴 입주 자격	A 단지 분양권 당첨 후 1년 뒤 입주	전매 제한, 실거주 요건, 양도세 과세 여부 확인 필요.
전매제한	분양권·입주권을 일정 기간 동안 팔 수 없도록 제한한 제도	수도권 민간분양 아파트 전매제한 3년	전매제한 기간 중 매도하면 법적 제재 발생 가능.
실입주금	실제 내 통장에서 빠져나가는 비용(전세보증금·대출 제외)	5억 집 - 전세 3.5억 - 대출 1억 = 실입주금 5천만 원	중도금·취득세·중개비 등 추가비용 포함해 계산해야 정확함.
실투자금	투자를 위해 실제로 투입하는 내 돈	3억짜리 빌라, 전세 2.5억, 대출 3천 → 실투자금 2천만 원	'갭투자금'과 유사 개념이나, 리스크 포함해 판단 필요.
갭투자금	매매가와 전세가의 차이 → 투자자가 부담해야 하는 실질 자금	매매 5억 - 전세 4억 = 갭투자금 1억 원	역전세·공실 등 리스크 발생 시 손실 커질 수 있음.
중개보수 / 취득세 / 등기비용	부동산 거래 시 발생하는 부대비용 3종	매매 3억 아파트 거래 시 중개보수 약 0.4%, 취득세 약 1.1%, 등기비용 약 50만 원	세금은 신고 안 하면 과태료. 등기 지연 시 법적 권리 미확정 상태.

[핵심 용어 정리]_헷갈리는 부동산 개념 완전 정복
[금융/대출 관련 용어] — 대출 전 반드시 알아야 하는 개념들

용어	한 문장 정의	사례	주의할 점
LTV (Loan to Value)	담보물건(집)의 가격 대비 대출 가능한 비율	아파트 매매가 5억, LTV 70% → 최대 3.5억 대출 가능	무주택 여부, 주택 수, 지역(규제지역) 따라 비율 달라짐.
DTI (Debt to Income)	연 소득 대비 주택담보대출 원리금 상환 비율	연봉 6천만 원, DTI 40% → 연 2,400만 원까지 상환 가능	주택담보대출만 포함되며, 수도권 중심 규제에 주로 적용됨.
DSR (Debt Service Ratio)	연 소득 대비 모든 대출의 원리금 상환 비율	연봉 5천만 원, DSR 40% → 연 2천만 원 한도	신용대출, 전세자금 대출 등 전부 포함 → 가장 강력한 규제
담보대출	부동산을 담보로 잡고 받는 대출	아파트를 담보로 2억 대출 실행	담보가치 하락 시 대출 축소 가능, 근저당 설정 필요.
전세자금 대출	전셋집 입주를 위해 금융기관에서 받는 보증금 대출	전세금 2억 중 1.2억을 대출받아 계약	DSR 계산에 포함되며, 무주택 요건 또는 보증서 필요함.
신용대출	담보 없이 개인 신용으로만 받는 대출	직장인 연봉 5천 기준 신용대출 3천만 원 가능	금리가 높고 DSR 한도에 포함됨, 한도 초과 시 대출 제한.
변동금리	시장금리에 따라 주기적으로 변동되는 대출 금리	현재 금리 3%로 시작 → 향후 5% 이상으로 상승 가능	기준금리 인상기에는 이자 부담 급증 위험.
고정금리	일정 기간 동안 이자율이 고정된 대출 방식	5년 고정금리 4% 적용 시 5년간 동일 이자 납부	초기 금리가 높을 수 있으나 변동 위험 없음.
혼합금리	일정 기간 고정, 이후 변동으로 전환되는 금리 구조	3년 고정 후 변동금리 전환 상품 → 초반 안정성 확보	전환 시점의 시장금리에 따라 이후 부담 증가 가능.
중도상환수수료	약정된 만기 전에 대출을 갚을 때 발생하는 수수료	3년 만기 대출을 1년 만에 상환 → 잔액의 1% 부담	보통 3년 내 상환 시 적용. 상품마다 면제 조건 확인 필요.
상환 방식 - 원금 균등	원금을 동일하게 나누고, 이자는 줄어드는 방식	매달 원금 100만 원 + 이자 (점차 감소)	초기 부담은 크나 총 이자 비용이 적음.
상환 방식 - 원리금 균등	원금과 이자를 합쳐 매달 동일한 금액을 상환	매달 150만 원씩 20년 동안 고정납부	초기에는 이자 비중이 높아 원금 상환 속도가 느림.
상환 방식 - 만기일시	만기까지 이자만 내고 마지막에 원금을 한 번에 상환	2년간 이자만 내고 만기일에 5천만 원 원금 상환	단기 투자용에 유리하지만, 만기일 리스크 큼.
담보설정비	부동산 담보 대출 시 발생하는 근저당 설정 수수료	3억 대출 시 약 10~20만 원의 설정비 부담	보통 은행에서 대행, 등기소 비용과 별도임.
근저당	담보물건에 대출 채권 회수를 위해 설정하는 권리	아파트에 대출 2억 → 근저당 2.6억 설정	채무 전액 상환 후 등기 말소해야 소유권 완전 확보 가능.
한도 조회	내 소득과 신용을 바탕으로 받을 수 있는 대출 한도 예측	DSR 40%, 기존 대출 없을 때 한도 약 2억 확인	한도 조회는 신용 점수에 영향을 주지 않음(무심사 한도 기준 시).
대출 승인 기준	은행이나 금융기관이 대출을 실행할지 결정하는 내부 기준	연 소득, 직장 정보, 부채 현황, 신용 점수 등 종합 평가	부동산 물건 자체보다 신용도와 상환능력이 핵심.

[핵심 용어 정리]_헷갈리는 부동산 개념 완전 정복

[부동산 세금·규제 용어] — 사고 나면 무조건 맞닥뜨리는 말들

용어	한 문장 정의	사례	주의할 점
취득세	부동산을 취득할 때 단 한 번 납부하는 지방세	아파트 3억 원 구입 시 약 330만 원의 취득세 부과	주택 수·지역에 따라 최대 12%까지 중과 가능.
재산세	매년 6월 1일 기준으로 주택 보유자에게 부과되는 세금	공시가 5억 원 아파트 보유 시 연간 수십~수백만 원 부과	공시가 9억 원 초과 1주택자는 종부세 대상도 될 수 있음.
종합부동산세 (종부세)	고가주택 또는 다주택자에게 부과되는 보유세	1주택 공시가 10억 원이면 초과 1억 원에 대해 종부세 부과	1주택자는 9억 초과, 다주택자는 6억 초과 시 대상. 세액공제 활용 가능.
양도소득세	부동산을 팔아 생긴 차익 (양도차익)에 대해 부과되는 세금	3억에 산 집을 6억에 팔면 3억 차익에 세금 부과	1세대 1주택 비과세 조건 충족 시 면제 가능.
장기보유특별공제	장기 보유한 부동산을 매도 시 양도세를 줄여주는 제도	10년 보유+10년 실거주 → 80% 공제 적용 가능	1세대 1주택만 적용. 2주택자는 해당 없음.
1세대 1주택 비과세 조건	일정 요건을 충족하면 양도소득세가 면제되는 제도	2년 이상 보유(조정지역은 실거주 2년) + 12억 이하 양도가액 → 비과세	보유기간, 실거주 요건 반드시 충족해야 함.
조정대상지역 / 투기과열지구 / 청약 과열 지역	과열된 주택시장을 규제하기 위해 정부가 지정하는 지역 구분	서울 강남구: 투기과열지구 + 조정대상지역 + 청약 과열 지역	규제 지역은 대출, 전매, 세금, 청약 모두 불리. 투자 시 정책 확인 필수.
분리과세	일반 소득과 별도로 과세하는 방식	양도소득세는 종합소득과 분리되어 별도 과세	금융소득 2천만 원 이상은 종합과세 대상. 개념 혼동 주의.
중과세율	특정 조건에서 일반 세율보다 높은 세금을 부과하는 제도	2주택자 양도 시 양도세 20~30% 중과 적용	다주택자, 조정 지역 내 단기매매 등은 중과 대상이 될 수 있음.

[핵심 용어 정리]_헷갈리는 부동산 개념 완전 정복
[투자 실전 용어] — 실무에 들어가면 마주치는 용어들

용어	한 문장 정의	사례	주의할 점
갭투자	전세가를 활용해 매매가보다 적은 금액으로 부동산을 매입하는 투자 방식	매매가 5억, 전세가 4.3억 → 갭 7천만 원 투자	전세가 하락 시 '역전세' 위험 발생 가능.
실거주 요건 / 실거주 기간	세금 감면이나 청약 등 혜택을 받기 위해 일정 기간 실제 거주해야 하는 조건	조정지역 아파트, 2년 실거주 시 양도세 비과세 가능	등본만 옮겨선 안 되고 실제 거주해야 요건 충족.
전세가율	매매가 대비 전세가의 비율 (전세가 ÷ 매매가 × 100)	매매 5억, 전세 4억 → 전세가율 80%	전세가율 80% 이상은 갭투자에 유리하나 역전세 시 위험 증가.
역전세 위험	전세 만기 시 시세가 하락해 세입자에게 전세금을 돌려주지 못하는 상황	전세 4억 받았는데 만기 시 전세 시세가 3억으로 하락	임대인이 보증금을 못 돌려주는 '깡통전세' 위험으로 이어질 수 있음.
소액 투자	적은 금액으로 시작하는 부동산 투자 방식 (보통 1천만 원~5천만 원 이하)	빌라 갭투자, 상가 지분, 지방 아파트 등	수익률은 높을 수 있으나 유동성·리스크도 큼.
틈새시장	경쟁이 적고 아직 저평가된 시장 구간 또는 상품	역세권 소형 빌라, 준공 후 미분양 등	공급 부족·입지 애매한 지역은 실수요 적을 수 있음.
재건축	노후 아파트를 허물고 새 아파트로 짓는 정비사업	30년 된 강남 아파트 → 재건축 추진	안전진단, 조합 설립, 분담금 등 변수 많음.
재개발	주거 환경이 낙후된 지역을 새로 개발해 주택 공급	도심의 오래된 주택가 → 재개발 구역 지정 후 아파트 건립	원주민 이주, 세입자 분쟁 등 절차 복잡.
뉴타운	재개발·재건축을 포함한 대규모 도시 재생 프로젝트	마포구 성산동 일대 뉴타운 조성	사업 규모 크지만 개발 지연 위험 존재.
지분 쪼개기	부동산 1채를 여러 명이 지분으로 나눠 투자하는 방식	상가 1호실을 5명이 공동 소유	매매·세금·의사결정 시 분쟁 발생 가능.
공동투자	둘 이상이 자금을 모아 함께 투자하고 수익을 나누는 구조	오피스텔 매입 후 임대 수익 1/N 배분	투자 구조(계약서), 지분율, 수익 배분 기준 명확히 해야 함.
부동산펀드	여러 투자자로부터 자금을 모아 부동산에 간접 투자하는 금융 상품	리츠(REITs), 호텔·상가 운영 펀드 등	운용사 수익성, 투자처 안정성, 해지 조건 확인 필요.
빌라왕	갭투자로 빌라 수십~수백 채를 매입해 임대하는 사람	300채 이상 전세 끼고 보유한 임대인 → 전세금 미반환 사태 발생	허위 계약, 전세사기 가능성 높음. 실거주자·세입자 모두 피해.
전세사기	고의로 전세금을 돌려주지 않거나 시세 조작으로 피해를 유도하는 행위	공시가보다 높은 전세 계약으로 세입자 유인 → 돌려받지 못함	임대인 신용, 등기부 확인, 전세보증보험 필수.
깡통전세	집값보다 전세금이 더 높거나 거의 비슷해 보증금 회수가 어려운 상황	매매가 2억 5천, 전세가 2억 4천 → 세입자 손해 위험	전세보증금 반환보증 가입 권장. 임대인 재무 상태 중요.

등기부등본	부동산의 소유권·권리관계를 나타내는 공적 문서	매입 전 등기부 확인 → 근저당 설정 확인 가능	등기부등본 열람 없이 계약 시, 숨은 부채나 가압류 놓치기 쉬움.
근저당권	채권자가 담보물에 대해 우선적으로 돈을 회수할 수 있는 권리	아파트에 2억 대출 → 은행이 근저당권 설정	매매 전 반드시 말소 조건 명시. 설정된 근저당은 위험 신호.
소유권 이전	부동산의 소유자가 변경되어 등기부에 기록되는 절차	매매 계약 후 등기소에서 소유권 이전 등기 완료	등기 지연 시 법적 분쟁 발생 가능. 잔금일에 바로 등기해야 안전.
경매 / 공매	경매: 법원 집행 / 공매: 국세청·기관이 채권 회수 목적 매각	체납 세금으로 공매된 아파트 낙찰받음	권리 분석·점유자·유치권 여부 반드시 사전 검토 필요.
유치권	건물을 점유한 자가 공사대금 등을 받기 전까지 소유자에게 반환하지 않을 수 있는 권리	리모델링 대금 못 받은 업자가 건물 점유 → 낙찰자 입주 못함.	경매 시 가장 무서운 권리. 물건 점유자 확인 필수.

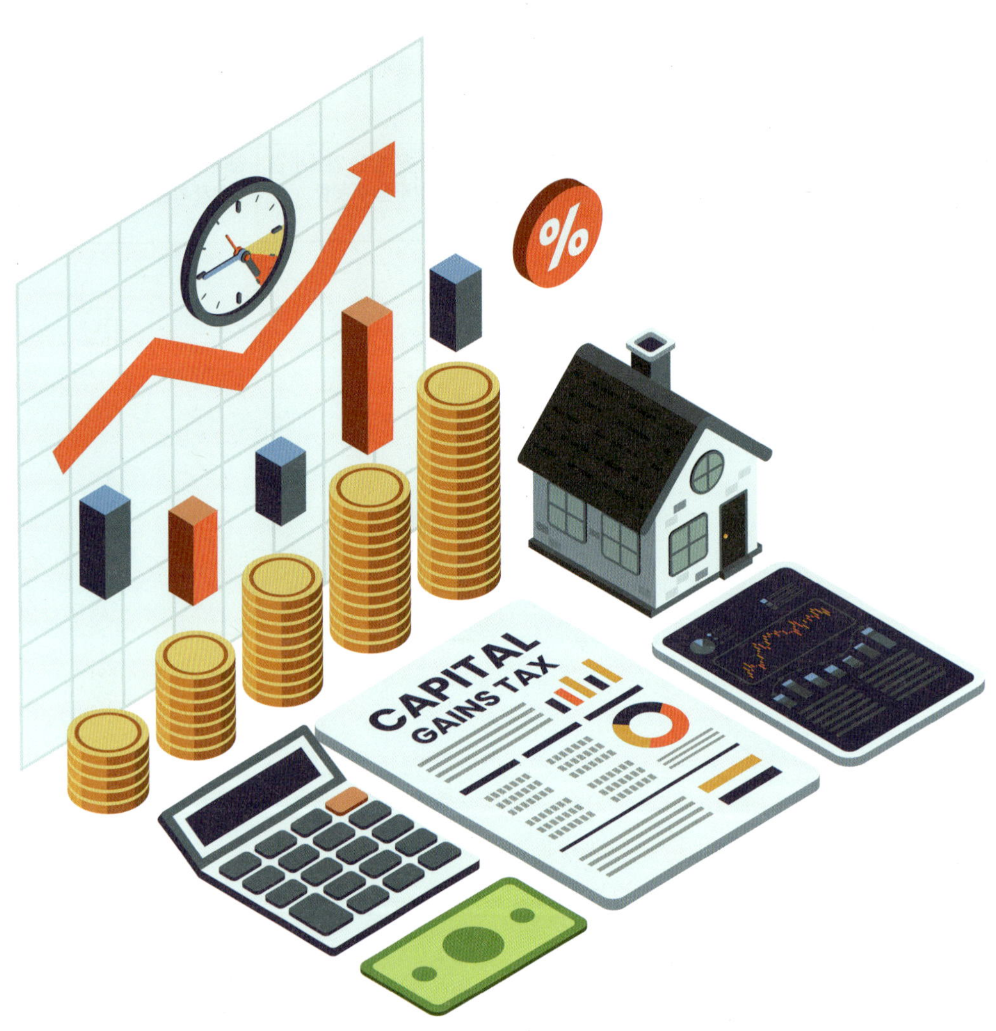
CAPITAL
GAINS TAX
%

6부

시장의 흐름을
꿰뚫어야 돈이 보인다

25

한국 부동산은
일본과 같은 길을 걸을까?

한국은 일본의 전철(잃어버린 30년)을 밟을 것인가? 전문가들은 한국이 일본과 같은 '장기 불황'에 빠질 가능성은 낮게 보지만, 특정 부문에서는 이미 일본화가 시작되었다고 진단하기도 한다. 중요한 사실은 일본이든, 한국이든 시장의 승자는 언제나 변화하는 시장의 흐름을 세밀하게 읽고 움직인다는 것이다.

더 알아보기

버블 붕괴
일본의 거품 경제가 1990년대 초반에 종료된 것을 의미한다. 그 뒤에 이어진 불황을 연도에 따라 잃어버린 10년, 잃어버린 20년, 잃어버린 30년 등으로 부르고 있다.

일본 버블 붕괴의 충격과 교훈

1990년대 초 일본이 겪은 '**버블 붕괴**'는 여전히 한국 투자자들에게 강력한 경고로 남아있다. 당시 도쿄 아파트 가격이 순식간에 반토막이 났고, 지방 부동산은 거래조차 되지 않을 정도로 얼어붙었다. 일본 사람들은 "땅이 좁으니까 집값은 계속 오를 수밖에 없다"고 믿었지만, 현실은 달랐다. 도쿄 도심의 최고급 아파트도 하루아침에 절반 가격으로 떨어졌고, 지방 도시의 주택들은 거의 무가치해졌다.

이런 충격 때문에 한국에서도 집값이 오를 때마다 "혹시 우리도 일본처럼 망하는 거 아닐까?" 하는 불안이 고개를 든다. 하지만 단순한 비교보다는 두 나라의 구조적 차이를 이해하는 것이 중요하다.

현재 일본과 한국의 시장 현황

현재 일본 부동산 시장은 극명한 '삼극화 현상'을 보이고 있다. 도쿄·오사카 같은 대도시는 두 자릿수 상승률을 기록하며 새로운 버블 논란까지 일고 있다. 하지만 전체적으로 보면 10~15%만 상승하고, 70%는 하락, 15~20%는 거의 무가치해진 상태다. 초저금리와 외국인 투자금 유입, 관광업 회복 등이 도심 고급 부동산 가격을 끌어올렸지만, 지방의 오래된 주택들은 팔리지도 않고 있다.

한국도 비슷한 양극화를 보인다. 서울 강남·용산 등 핵심 지역은 상승세를 이어가지만, 지방 중소 도시는 미분양이 쌓이고 있다. 한국 시장의 특징은 정책과 금리에 극도로 민감하다는 점이다. 금리 인하 소식만 나와도 매수세가 살아나고, 새로운 규제가 발표되면 거래량이 급감한다.

하지만 한국에는 고금리로 인한 대출 부담, **PF 부실 문제**, 지방 미분양 누적 등 위험 요인도 상존한다.

부동산 PF 부실
아파트 등 부동산 개발 프로젝트(PF)의 미래 수익을 담보로 빌린 돈을 시행사가 갚지 못하거나 이자가 연체되어 시행사, 시공사, 금융기관이 모두 위험에 빠지는 상황이다. 부동산 경기 침체, 미분양 증가, 공사비 상승으로 인해 대출금 상환이 어려워지면서 발생한다.

한국과 일본 두 나라의 결정적 차이점

한국이 일본과 똑같은 길을 걸을 가능성은 낮다. 세 가지 핵심 차이 때문이다.

첫째, 도시 집중도가 다르다.

일본은 지방 도시들이 상당한 규모를 가져 인구 분산이 뚜렷했다. 그래서 인구가 줄자 지방 부동산이 급격히 무너졌다. 반면 한국은 인구의 절반이 수도권에 몰려 있어 서울과 수도권의 수요 기반이 훨씬 견고하다.

둘째, 정책 대응이 다르다.

일본은 버블 붕괴 당시 정부 대응이 늦었지만, 한국은 지속적인 규제와 정책 조정으로 시장을 관리해 왔다. 효과의 논란은 있지만 완전한 붕괴는 막고 있다.

셋째, 투자 문화가 다르다.

일본은 부동산에 과도하게 쏠려 있었고 버블 붕괴 후 투자 심리가 장기간 위축되었다. 한국은 여전히 주택을 주거와 자산 증식 수단으로 동시에 인식하며, 실수요와 투자 수요가 복합적으로 작용한다.

지역별 차별화 전략의 중요성

일본 사례가 주는 가장 중요한 교훈은 '전체 평균에 속지 말라'는 것이다. 같은 나라 안에서도 지역과 자산에 따라 완전히 다른 결과가 나타난다. 도쿄 도심의 프리미엄 아파트는 지금도 상승하지만, 지방 농촌의 주택은 무가치해졌다.

한국도 마찬가지다. 서울 강남의 역세권 아파트와 지방 소도시의 빌라는 완전히 다른 시장이다. 앞으로는 지역, 입지, 교통, 인프라, 개발 계획 등을 종합적으로 고려해 투자 대상을 선택해야 한다.

부동산 경매 투자자라면 이런 시장 분화를 기회로 활용할 수 있다. 시장이 어려울 때 나오는 경매 물건 중에서도 입지가 좋고 장래성이 있는 물건을 골라내는 안목이 중요하다. 단순히 가격이 싸다고 좋은 투자가 아니다. 일본의 지방 부동산처럼 아무리 싸게 사도 나중에 처분하기 어려운 자산이 될 수 있기 때문이다.

미래를 대비하는 투자 전략

한국이 일본과 같은 길을 걸을지는 불확실하다. 하지만 분명한 것은 시장이 과거보다 훨씬 세분화할 것이라는 점이다. 전체 시장의 평균적인 움직임보다는 특정 지역, 특정 자산의 고유한 가치와 잠재력을 파악하는 것이 더욱 중요하다.

성공하는 투자자는 전체 흐름을 이해하면서도 개별 자산의 가치를 정확히 판단하는 사람이다. 일본이든 한국이든, 시장의 승자는 언제나 세밀하게 흐름을 읽고 움직인 사람들이었다.

따라서 "한국이 일본처럼 될 것이다." 또는 "절대 그렇지 않을 것이다."라는 극단적 판단보다는, 변화하는 시장 환경에서 가치를 유지하고 성장할 수 있는 자산을 찾아내는 능력을 기르는 것이 현명한 접근법이다. 시장의 양극화와 세분화가 심화할수록, 정확한 선택과 판단의 중요성은 더욱 커질 것이다.

26

인구 감소와
집값 폭락의 상관관계

한국 사회가 직면한 가장 큰 변화 중 하나는 바로 인구 감소다. 출산율은 세계 최저 수준으로 떨어졌고, 이미 인구가 줄어들기 시작했다. 그렇다면 인구 감소는 집값과 어떤 관계를 가질까? 많은 사람들이 단순히 "사람이 줄면 집도 남아돌 테니 가격이 떨어지지 않겠느냐"라고 생각한다. 하지만 현실은 그렇게 단순하지 않다.

인구가 줄면
집값도 반드시 떨어질까?

사람이 줄어든다고 해서 모든 지역의 집값이 똑같이 떨어지는 것은 아니다. 인구와 집값 사이에는 분명한 관련성이 있지만, 그 영향은 지역과 시기, 그리고 다른 여러 요인에 따라 크게 달라진다.

인구가 줄어든다는 것은 기본적으로 집을 사려는 사람이 줄어든다는 뜻이다. 특히 집을 주로 사는 연령층인 20대와 40대 사이의 젊은 사람들과 새로 결혼한 부부들이 줄어들면 시장 전체에서 집을 찾는 사람이 적어진다.

지방의 작은 도시들에서는 이런 현상이 이미 뚜렷하게 나타나고 있다. 아이들이 줄어서 학교들이 합쳐지고, 일자리가 부족해서 젊은 사람들이 서울이나 큰 도시로 떠나간다. 그러면 그 지역에 남은 집들은 팔리지 않아서 쌓이기만 하고, 가격도 점점 떨어진다. 실제로 지방의 작은 도시에서는 "새로 지었을 때보다 더 싸게 팔아도 사는 사람이 없다."라는 이야기가 흔하다.

인구가 줄고 있는데도 서울과 수도권의 집값은 여전히 떨어지지 않거나 심지어 오르기도 한다. 이런 현상이 일어나는 이유는 무엇일까?

첫 번째 이유는 가구 수의 변화다.

전체 인구는 줄어들어도 집이 필요한 가구의 숫자는 오히려 늘어날 수 있다. 혼자 사는 사람들이 늘어나고, 나이 든 분들도 혼자 사는 경우가 많아지며, 결혼하지 않거나 이혼하는 사람들도 늘어나고 있다. 즉, 사람은 줄어도 집을 필요로 하는 가구는 당분간 계속 늘어날 수 있다는 뜻이다.

두 번째 이유는 사람들이 모이는 곳이 달라서다.

수도권에는 여전히 좋은 일자리와 좋은 학교, 그리고 다양한 문화시설들이 몰려 있다. 지방에서 사람들이 떠나는 만큼 수도권으로 오는 사람들이 늘어난다. 하지만 수도권에서 새로 지어지는 집의 양은 이런 수요를 따라가지 못한다. 그래서 집을 원하는 사람은 많은데 집은 부족해서 가격이 유지되거나 오르게 된다.

세 번째 이유는 투자하려는 사람들의 수요다.

돈을 많이 가진 사람들에게 서울 강남이나 용산의 아파트는 단순히 살 곳이 아니라 '안전하게 돈을 지킬 수 있는 자산'이다. 인구가 줄어들어도 이런 좋은 위치의 집에 대한 수요는 계속 이어진다.

앞으로는
어떻게 될까?

단기적으로는 수도권을 중심으로 집값이 버틸 것 같지만, 장기적으로는 인구 감소의 영향이 점점 커질 가능성이 크다. 전문가들은 2039년 이후에는 집이 필요한 가구 수마저 줄어들기 시작할 것이라고 예측하고 있다. 그 시점부터는 수도권이라고 해도 집을 사려는 사람이 줄어들 수 있다.

지방은 훨씬 빨리 영향을 받을 것으로 보인다. 이미 인구가 줄어들고 젊은 사람들이 떠나가면서 지방 도시들의 집값 하락이 빨라지고 있다. 수도권은 상대적으로 늦게 영향을 받겠지만, 2040년 이후에는 서울 외곽 지역이나 수도권의 일부 지역도 인구 감소 때문에 집값이 조정될 가능성이 크다.

인구 외에 함께 고려해야 할 것들

집값은 인구 숫자만으로 결정되는 것이 아니다. 다양한 요인들이 함께 작용한다.

경제 상황이 나빠지거나 실업자가 늘어나고 가계 빚이 늘어나면 집을 사려는 사람이 더 줄어든다. 은행 대출을 받기 어려워지거나 이자율이 오르고, 정부에서 새로운 규제를 만들면 집값은 즉시 영향을 받는다.

새로 지어져서 들어갈 수 있는 아파트가 한꺼번에 많이 나오거나, 팔리지 않은 아파트가 쌓이면 집값은 떨어진다. 반대로 새로 지어지는 집이 부족하면 집값은 버틴다.

지역의 특성도 중요하다. 지하철이나 버스 같은 교통이 편리하고, 새로운 개발 계획이 있으며, 생활하기 편한 시설들이 많은 지역은 인구가 줄어도 버틸 수 있다. 즉, 인구 감소는 중요한 요소이지만, 다른 요인들과 함께 살펴봐야 정확한 판단을 할 수 있다.

정부가 해야 할 일들

인구 감소로 인한 집값 변화를 완화하기 위해서는 정부의 정책적 노력도 필요하다.

큰 집에 혼자 사는 나이 든 분들이 작은 집으로 쉽게 이사할 수 있도록 세금을 줄여주고 제도를 개선해야 한다. 이사하거나 집을 바꿀 때 드는 비용과 세금을 줄여서 사람들이 필요에 따라 쉽게 집을 바꿀 수 있도록 만들어야 한다.

젊은 사람들과 나이 든 분들 모두가 부담 없이 살 수 있는 안정적인 임대주택을 늘려야 한다. 사람이 너무 줄어든 지방 지역에는 사람을 다시 불러들이는 정책과 함께 새로 집을 짓는 것을 줄이고, 기존 집들을 고쳐 쓸 수 있도록 하는 정책이 필요하다.

단순하게 생각하면 안 된다

정리하면, 인구 감소가 집값에 영향을 주는 것은 사실이다. 하지만 그것이 곧바로 전국의 모든 집값이 크게 떨어진다는 뜻은 아니다. 지역마다, 시기마다 그 영향은 크게 다르다.

지방의 작은 도시들은 사람들이 빨리 떠나가고 집을 사려는 사람이 줄어서 일찍 집값이 떨어질 가능성이 크다. 수도권은 단기적으로는 가구 수가 늘어나고 새로 지어지는 집이 부족해서 버티겠지만, 장기적으로는 인구 감소의 영향을 피하기 어려울 것이다.

전체 시장을 보면 인구 외에도 이자율, 정부 정책, 경제 상황 등 여러 요인들이 동시에 작용한다.

부동산에 투자하려는 사람이라면 단순히 "한국 인구가 줄고 있으니까 집값은 반드시 떨어진다."라는 식으로 생각해서는 안 된다. 오히려 인구가 감소하는 큰 흐름 속에서 어떤 지역은 먼저 어려워지고, 어떤 지역은 더 오래 버틸지를 냉정하게 살펴봐야 한다.

인구 감소라는 변화 속에서도 가치를 유지하거나 오를 수 있는 지역과 자산을 찾아내는 것이 성공적인 부동산 투자의 핵심이다. 전체적인 흐름을 이해하되, 그 안에서 기회를 찾아내는 눈을 기르는 것이 중요하다.

27

규제, 부양책, 정권...
시장은 어떻게 반응할까?

규제는 시장의 속도를 조절하고, 공급 정책은 방향을 정하며, 정권 변화는 기대심리를 바꾼다. 대출 한도 몇 줄, 세제 문구 몇 줄, 재건축 절차의 한 단계가 개인의 투자 능력과 타이밍, 목표 수익률을 바꿀 수 있다.

부동산 시장을 움직이는 세 가지 힘

부동산 시장은 거대한 배와 같다고 생각하면 이해하기 쉽다. 금리와 대출 규제는 배의 속도를 조절하는 엔진이고, 공급 정책은 배가 향하는 항로다. 정권 교체는 선장이 바뀌는 일에 가깝다. 같은 바다를 항해하지만, 엔진 출력을 어느 정도로 올릴지, 어디로 방향을 꺾을지, 언제 속도를 늦출지의 선택이 달라진다.

한국 부동산은 이 세 가지 요인에 매우 민감하게 반응한다. 시장의 온도는 짧은 기간에도 크게 변동하는데, 이는 정책 하나하나가 수많은 사람들의 매수와 매도 결정에 직접적인 영향을 주기 때문이다.

규제 정책: 지갑의 두께를 조절하다

정부가 수도권을 중심으로 **주택담보대출** 한도를 줄인다면 시장은 어떻게 반응할까? 가장 먼저 나타나는 현상은 '막차 수요'다. 규제가 시작되기 전에 대출을 받

더 알아보기

주택담보대출
주택을 담보로 돈을 빌리는 대출

아 계약을 마치려는 사람들이 단기간 몰려든다. 마치 지하철 막차를 타려는 승객들처럼 말이다.

하지만 곧이어 매수 문의가 급격히 줄어든다. 대출 한도는 곧 지갑의 두께이기 때문이다. 지갑이 얇아지면 살 수 있는 집의 범위가 좁아지고, 특히 비싼 아파트는 거래가 멈춘다. 처음에는 집값이 그대로 유지되다가 거래가 끊기면서, 팔려는 사람들이 점점 가격을 낮추기 시작한다.

규제는 투자 목적의 집 구매를 억제하는 데는 분명 효과가 있다. 하지만 집이 부족하다는 근본적인 문제를 해결하지 못하면, 시장은 잠시 식었다가도 다시 달아오를 수 있다. 새로 짓는 아파트가 계속 줄어들면, 당장은 조용해 보여도 몇 년 후 들어갈 집이 부족해진다. 그때 금리가 내려가거나 규제가 완화되면 억눌렸던 수요가 한꺼번에 터져 나온다.

결국 규제는 시장의 속도를 늦추는 브레이크 역할을 하지만, 집이 부족한 근본 문제를 해결하지 않으면 다시 과열될 불씨는 남아있게 된다.

부양책: 기대는 빠르게, 효과는 천천히

정부가 재건축과 재개발 규제를 완화하고 대규모 아파트 공급 계획을 발표하면 시장은 즉시 반응한다. 강남이나 목동 같은 주요 재건축 지역에서는 사업이 빨라질 것이라는 기대가 커지고, 관련 뉴스들이 쏟아져 나온다.

하지만 여기에는 중요한 시간 차가 있다. 사람들의 기대는 바로 집값에 반영되지만, 실제로 새 아파트가 공급되려면 공사와 허가를 거쳐 수년이 걸린다. 그 사이에 건축 자재값이 오르거나, 금리가 올라가거나, 건설회사가 어려워지는 등 여러 변수가 사업을 흔들 수 있다.

부양책은 늘 "기대 - 현실 - 조정"의 3단계를 거친다. 처음에는 기대가 앞서서 가격을 끌어올리고, 시간이 지나면서 현실적인 제약들이 나타나며 속도가 조정된다. 사업이 실제로 진행되면 그제야 지역별로 온도 차이가 정리된다.

또 한 가지 주목할 점은 선별적 완화다. 정부가 실제로 집이 필요한 사람은 보호하면서 투기는 억제하려고 할 때, 대출 규제의 큰 틀은 유지하면서 공급 관련 절차나 인센티브만 손보는 경우가 많다. 이럴 때 시장의 반응은 특정 지역이나 특정 상품으로 쏠린다. 지하철역 근처나 도심 재정비 구역처럼 확실한 공급 신호가 있는 곳은 빠르게 강세를 보이지만, 공급 계획이 불확실하거나 수요가 약한 외곽이나 지방은 조용하다.

정권 변화: 방향성이 기대심리를 만든다

정권이 바뀌면 부동산 정책의 기본 방향이 바뀐다. 진보 성향의 정권은 주거 안정과 시장 안정을 강조하는 경향이 있고, 보수 성향의 정권은 규제 완화와 공급 촉진, 시장 자율성을 중시하는 경향이 있다.

문제는 불확실성의 기간이다. 선거 공약이 실제 법과 제도로 만들어지기까지는 시간이 필요하고, 그 사이 시장은 관망 모드에 들어간다. 청약을 기다릴지, 기존 아파트를 살지, 전세로 버틸지 같은 선택들이 미뤄진다. 정책의 윤곽이 확정되면 관망이 풀리면서 거래가 움직이는데, 이때도 방향성은 결국 금리, 대출, 공급 정책과 만나서 실제 가격에 반영된다.

정권 변화가 직접적으로 부동산 거품을 만들거나 터뜨리는 원인은 아니지만, 사람들의 기대심리를 통해 사고파는 타이밍을 바꾸는 힘이 크다. 재건축 규제 완화에 대한 기대가 커지면 해당 아파트의 가격이 먼저 움직이고, 세금 제도 변화 전망이 나오면 여러 집을 가진 사람들의 매도 타이밍이 당겨지거나 미뤄진다.

대출 규제와 높은 금리는 집값을 누르고 거래량을 줄인다. 서울과 인기 지역에서도 비싼 아파트의 거래가 줄어들고, 지방과 아파트가 아닌 주택들은 더 큰 압력을 받는다. 하지만 시장 전체가 무너지지는 않는다.

공급이 부족할 것으로 예상되는 지역, 재건축이 확실해진 구역, 지하철역 근처의 새 아파트들은 하락 폭이 비교적 작다. 시장은 크게 세 갈래로 나뉜다.

핵심 입지의 좋은 상품들은 잠시 숨을 고른 후 다시 수요가 붙는다. 중간 정도 입지는 관망 구간이 길어지며 보합이나 약한 하락이 반복된다. 조건이 좋지 않은 지역이나 상품들은 거래가 거의 끊기면서 실제 거래 가격이 한 단계 더 내려간다.

이 과정에서 투자자들은 "평균 가격"에 속기 쉽다. 평균은 여러 갈래의 흐름을 섞어 놓은 값이라 실제 내가 보는 매물의 체감과는 다르기 때문이다.

시나리오 1: 연착륙

금리가 점진적으로 안정되고, 공급 확대가 계획대로 진행되며, 대출 규제는 실제 필요한 사람 중심으로 미세 조정된다. 가격은 과열 없이 서서히 정상화되고, 거래량이 회복된다.

시나리오 2: 재과열

금리 급락, 정책 완화, 공급 지연이 동시에 나타나며 억눌린 수요가 급격히 풀린다. 청약과 재건축 기대 지역이 과열되고, 좋은 입지로의 쏠림이 극단화된다.

시나리오 3: 질척이는 조정

금리 하락 폭이 작고, 경기와 고용이 부진하며, 건설업계 부담이 길게 이

어진다. 실제 필요한 사람들은 관망하고 투자 수요는 줄어 거래가 거의
끊어진다.

정책을 읽는 습관

성공적인 부동산 투자를 위해서는 정책을 읽는 습관이 중요하다. 기준금리 발표부터 은행 대출금리 반영까지의 시차를 파악하고, 대출 총량이나 한도, DSR(총부채원리금상환비율) 변동을 체크해야 한다. 작은 규정 하나의 변경이 곧 실제 살 수 있는 능력의 변화이기 때문이다.

취득세
부동산을 살 때 국가에 내는 세금으로, 집을 '취득'했다는 이유로 한 번만 냄.

세제 일정표를 만들어 보유세, 양도세, **취득세** 개편 예고를 확인하고, 공급 계획을 입지별로 나누어 인허가부터 입주까지의 단계와 물량을 지도 위에 표시해 본다. 재건축과 재개발 절차에서 어느 부분이 막히고 열리는지에 따라 해당 지역의 가격 움직임이 달라진다.

무엇보다 거래량과 매물 재고를 함께 봐야 한다. 이는 가격보다 먼저 움직이는 선행 지표이기 때문이다. 그리고 과열이나 공포를 나타내는 표현들은 대개 이미 일어난 일을 뒤늦게 표현하는 경우가 많으므로, 심리 지수나 언론의 톤을 거꾸로 읽는 습관을 기르는 것이 도움이 된다.

정책을 읽는 눈이 시장을 읽는 눈

결론적으로 규제는 시장의 속도를 조절하고, 공급 정책은 방향을 정하며, 정권 변화는 기대심리를 바꾼다. 대출 한도 몇 줄, 세제 문구 몇 줄, 재건축 절차의 한 단계가 개인의 투자 능력과 타이밍, 목표 수익률을 바꿀 수 있다.

실제로 집이 필요한 사람이라면 자신의 생활 주기와 금리, 세제 일정을 맞추는 것이 우선이다. 전세나 월세와 매매 비용을 구체적인 숫자로 비교해서

"지금 사서 10년 보유"하는 전략이 유리한지, "1~2년 더 임대 후 매수"가 나은지 결정해야 한다.

투자자라면 핵심 입지의 핵심 상품 중심으로 신중하게 접근하는 것이 필요하다. 공급 부족과 정책 변화가 만나는 지점을 찾고, 대출 한도 안에서 현금 흐름과 보유 비용, 나중에 팔 때의 전략을 먼저 설계해야 한다.

정책을 읽는 눈이 곧 시장을 읽는 눈이다. 규제가 시장의 속도를 늦출 때는 체력을 기르고, 부양 신호가 보일 때는 입지와 상품을 신중하게 고르며, 정권 변화기에는 기대와 현실을 분리해서 보수적으로 움직이는 것이 현명하다.

28

'똑똑한 한 채',
여전히 유효한 전략일까?

한국 부동산 시장에서 "똑똑한 한 채"라는 표현은 이제 누구나 아는 말이 되었다. 하지만 막상 이 말의 정확한 뜻을 설명하려면 다시 한 번 생각해 봐야 하는 개념이기도 하다. 단순히 집을 한 채만 가진다는 의미가 아니라, 복잡한 부동산 시장 속에서 가장 핵심적이고 안전한 자산을 선택해 집중적으로 보유하는 전략을 말한다. 그렇다면 지금 이 전략은 여전히 유효할까? 아니면 과거의 것에 불과할까?

똑똑한 한 채란 무엇인가?

'똑똑한 한 채'란 투자 가치와 미래 성장 가능성이 가장 높은 지역의 집, 보통은 서울 강남권이나 마용성(마포, 용산, 성동)처럼 브랜드와 입지가 확실한 핵심 지역의 아파트를 한 채 보유하는 전략이다.

이 개념이 본격적으로 주목받기 시작한 것은 여러 집을 가진 사람들에 대한 세금이 급격히 강화되면서부터다. 종합부동산세나 양도세 같은 세금이 크게 늘어나자, 돈을 가진 사람들은 지방 아파트나 작은 집들을 정리하고 서울 핵심 지역의 좋은 아파트 한 채에 집중하기 시작했다. 세금 부담은 줄이면서도 자산 가치는 지키려는 자연스러운 선택이었다.

쉽게 말해, "여러 개의 보통 집보다는 하나의 특별한 집"을 선택하는 전략이라고 할 수 있다. 마치 여러 개의 싸구려 가방보다는 하나의 명품 가방을 사는 것과 비슷한 논리다.

똑똑한 한 채 전략의 가장 큰 장점은 가격 방어력이다. 강남, 용산, 마포처럼 사람들이 계속 살고 싶어 하는 지역의 아파트는 시장이 어려워져도 가격이 상대적으로 덜 떨어진다. 예를 들어 대치동의 유명한 아파트들은 경기가 나빠질 때도 다른 지역에 비해 가격이 덜 내려갔고, 시간이 지나면서 다시 올랐다.

또 다른 장점은 임대 수익이다. 현재 수도권의 전세와 월세 시장은 집이 부족해서 가격이 계속 오르고 있다. 서울 핵심 지역의 아파트를 가진 사람은 집값이 오르는 것뿐만 아니라 월세로도 안정적인 수입을 얻을 수 있다. 단순히 집값 상승만 기대하는 것이 아니라, 매달 들어오는 월세로 현금 흐름을 만들 수 있다는 점에서 투자 매력이 여전하다.

세 번째 장점은 관리의 편리함이다. 여러 집을 가지고 있으면 각각의 세금, 관리비, 수리비 등을 신경 써야 하지만, 한 채만 있으면 관리가 훨씬 쉽다. 특히 나이가 들수록 복잡한 것보다는 단순한 것을 선호하게 되는데, 이런 측면에서도 똑똑한 한 채는 매력적이다.

모든 전략이 그렇듯 똑똑한 한 채에도 한계가 있다.

첫째, 돈을 구하기가 어려워졌다는 점이다. 현재는 금리가 높고 대출 한도도 제한되어 있어서 비싼 아파트를 사기가 예전보다 훨씬 어렵다. 똑똑한 한 채를 사고 싶어도 돈을 빌리기가 쉽지 않은 상황이다.

둘째, 세금 부담이 늘어나고 있다. 한 집만 가져도 집값이 많이 올라서 공시가격이 높아지면 보유세 부담이 계속 늘어난다. 특히 은퇴를 앞둔 50~60대는 집값은 올랐지만 세금과 관리비, 대출 이자를 감당하기 벅찬 상황에 놓일 수 있다.

셋째, 모든 달걀을 한 바구니에 담는 위험이 있다. 모든 자산을 한 채의 집에 묶어두면 급하게 돈이 필요할 때 현금화하기 어렵고, 예상치 못한 경제 위기나 정책 변화가 닥칠 때 대처하기 힘들다. 전문가들이 주식, 채권, 현금 등 여러 종류의 자산을 함께 가지라고 권하는 이유가 여기에 있다.

넷째, 지역 집중의 위험도 있다. 아무리 좋은 지역이라고 해도 그 지역에만 문제가 생기면 큰 타격을 받을 수 있다. 예를 들어 해당 지역의 개발 계획이 취소되거나, 교통망에 문제가 생기거나, 학군이 바뀌는 등의 상황이 발생할 수 있다.

세대별로 다른 반응

40~60대는 여전히 똘똘한 한 채 전략을 선호한다. 살 곳을 확보하면서 동시에 노후를 준비한다는 두 가지 목적을 한 번에 달성할 수 있기 때문이다. 실제로 은퇴를 생각하는 세대는 "지방 아파트 여러 채보다 강남 아파트 한 채가 낫다."는 말에 쉽게 공감한다.

반면 20~30대는 조금 다른 접근을 한다. 이들은 '인서울' 전략을 강화하는 모습을 보인다. 치솟는 전세와 월세 때문에 상대적 박탈감을 느끼는 상황에서, 차라리 작은 평수라도 서울 안에 집을 사겠다는 생각이 강하다. 이 과정에서 인기 지역의 작은 아파트들이 오히려 큰 폭으로 올랐다.

여러 집을 가진 사람들에 대한 규제가 강화되면서 또 다른 현상도 나타났다. 지방 주택들이 매물로 나오면서 가격이 내려갔고, 그 돈이 서울 핵심 지역으로 몰렸다. 그 결과 지방과 수도권의 격차는 더욱 커졌다.

앞으로 똑똑한 한 채 전략을 성공적으로 사용하려면 몇 가지를 꼼꼼히 따져봐야 한다.

첫째, 입지와 미래 가치를 정확히 봐야 한다. 단순히 싸다고 무작정 사는 시대는 지났다. 지하철역에서 가까운지, 재개발이나 재건축 가능성이 있는지, 주변에 편의시설이 풍부한지, 학교나 병원이 가까운지 등을 꼼꼼히 따져봐야 한다. 또한 그 지역의 미래 발전 계획도 확인해야 한다.

둘째, 자산을 골고루 나눠 가져야 한다. 40~60대라면 똑똑한 한 채를 기본으로 하되, 주식이나 채권 같은 금융 자산과 현금도 함께 확보해서 위험을 줄여야 한다. 모든 자산을 부동산에만 집중하는 것은 위험하다.

셋째, 정책과 경제 상황 변화를 계속 지켜봐야 한다. 대출 규제, 보유세, 거래세는 물론 정부가 바뀌는 것까지 부동산 시장에 큰 영향을 준다. 따라서 중요한 정책 발표나 법 개정 일정을 달력에 표시해 두고 체크하는 습관이 필요하다.

넷째, 부동산에만 의존하지 말고 다양한 투자를 해야 한다. 주식, 채권, 해외 투자 등으로 투자처를 분산해서 안정성과 수익성을 동시에 추구해야 한다.

다섯째, 자신의 상황에 맞게 전략을 조정해야 한다. 나이, 소득, 가족 구성, 위험 감수 능력 등을 종합적으로 고려해서 자신만의 전략을 만들어야 한다.

여전히 유효하지만 조건이 있다

똘똘한 한 채 전략은 여전히 유효하다. 하지만 그 유효성은 과거처럼 "무조건 좋다"는 절대적인 해법이 아니라, 여러 조건을 만족했을 때만 효과가 있는 조건부 해법에 가깝다.

핵심 입지의 아파트는 여전히 가격 방어력이 강하고 안정적이다. 하지만 높은 금리, 늘어나는 세금, 변화하는 정책 등의 위험을 무시하고 맹목적으로 믿는 것은 위험하다.

현재와 미래의 투자자는 똘똘한 한 채를 중심으로 하되, 자산을 다양하게 분산하고 변화하는 정책과 시장 환경에 민감하게 대응해야 한다. 즉, 균형 잡힌 시각으로 똘똘한 한 채를 활용하는 것이 앞으로의 현명한 전략이라고 할 수 있다.

똘똘한 한 채는 여전히 강력한 전략이지만, 이제는 그것만으로는 충분하지 않은 시대가 되었다. 더 넓은 시야와 더 신중한 접근이 필요한 때다.

29

서울 외곽 vs. 경기도 중심지, 당신의 선택은?

현재 대한민국 부동산 시장에서 집을 어디에 둘 것인가는 여전히 중요한 문제다. 특히 실제로 살 집이 필요한 사람들과 투자하려는 사람들 모두에게 가장 큰 고민은 "서울 외곽에 집을 살 것인가, 아니면 경기도 중심지를 선택할 것인가"다.

서울 외곽과 경기도 중심지 두 지역 모두 분명한 장점과 단점이 있고, 정부 정책과 교통 개발, 지역 발전 계획이 복잡하게 얽혀 있어서 단순히 비교하기만으로는 답이 나오지 않는다. 마치 두 갈래 길에서 어느 쪽으로 가야 할지 망설이는 것과 같다.

서울 외곽: 안전하고 합리적인 선택

서울 외곽이라고 하면 주로 강서구, 노원구, 도봉구, 강북구 같은 서울의 경계 지역과 일산, 분당, 평촌, 중동 같은 1기 신도시를 포함한다.

서울 외곽의 가장 큰 장점은 가격이 합리적이라는 점이다. 서울 강남권 아파트는 여전히 일반 중산층이 접근하기에는 너무 비싸지만, 외곽 지역은 상대적으로 현실적인 가격대가 형성되어 있다. 새로 결혼한 부부나 젊은 맞벌이 부부가 실제로 노려볼 수 있는 선택지라는 점에서 매력적이다.

또한 최근 들어서 서울 외곽의 주거 환경이 빠르게 좋아지고 있다. 재개발과 재건축이 활발하게 진행되면서 오래된 아파트 단지가 새로운 아파트로 바뀌고, 공원과 학교, 편의시설들이 늘어나면서 생활하기가 점점 편해지고 있다. 예전처럼 "서울 외곽은 불편하다."라는 생각이 많이 사라지고, 안정적인 동네 분위기와 실제로 살려는 사람들의 수요가 늘어나고 있다.

가장 중요한 변화는 교통망이 확장되고 있다는 점이다. GTX-A, B, C 노선이 차례로 공사를 시작하면서 강북이나 강서에서 서울 중심부로 출퇴근하는 시간이 크게 줄어들 전망이다. 외곽에 살아도 도심에 가기가 편해지면서 생활권의 차이가 줄어들고 있다.

하지만 단점도 분명하다. 아직 생활에 필요한 시설들이 도심에 비해 부족한 곳들이 있고, 출퇴근 시간이 길어지는 경우가 있다. 또한 투자 측면에서 보면 급격한 가격 상승보다는 안정적인 흐름에 가깝기 때문에 큰 시세 차익을 노리기는 어렵다.

**경기도 중심지:
빠른 성장과 미래의 가능성**

경기도 중심지는 수원, 성남, 용인, 고양 같은 서울과 가까운 주요 도시들을 말한다. 이 지역은 다음과 같은 특징을 가지고 있다.

첫째, 개발 속도가 빠르다.

신도시 개발과 대규모 아파트 공급, 재건축과 재개발 사업이 활발하게 진행되면서 도시 자체가 성장하고 있다. 새로 지은 큰 아파트 단지들이 많이 들어서면서 주거 환경이 크게 좋아졌고, 생활에 편리한 시설들도 빠르게 늘어나고 있다.

GTX 노선과 지하철 연장, 고속도로망 확충으로 서울 도심과의 거리가 실제로 더 가까워졌다. 일산에서 서울역까지 30분 안에 갈 수 있게 되자 출퇴근하려는 사람들이 몰렸고, 이는 곧 집값 상승으로 이어졌다.

서울 도심에 비하면 여전히 합리적인 가격이며, 같은 돈으로 더 넓은 평수와 새로 지은 아파트를 구할 수 있다는 점이 매력적이다. 첫 집을 마련하려는 20~30대와 투자하려는 사람들이 경기도 중심지에 주목하는 이유가 바로 여기에 있다.

하지만 경기도 중심지는 너무 많은 공급과 교통 혼잡이라는 약점도 가지고 있다. 개발이 빠르게 진행되다 보니 특정 지역에는 짧은 시간에 아파트가 너무 많이 공급되었고, 분양권을 사고팔거나 단기 투자 목적의 수요가 몰리면서 가격 변동이 커졌다. 또한 인구가 많이 유입되면서 교통 체증이 심각해진 지역들도 있다.

두 지역의 직접적인 비교

가격 측면에서 보면, 서울 외곽은 서울 안에서는 저렴한 편이고, 경기도 중심지는 서울 전체에 비해 저렴하면서도 평수 선택의 폭이 넓다.

더 알아보기

재건축
오래된 아파트를 허물고 같은 자리에 새 아파트를 다시 짓는 것

재개발
낡은 동네 전체를 정비해서 도로·시설 포함 완전히 새롭게 만드는 것

개발 속도는 서울 외곽이 **재건축**과 **재개발** 중심으로 점진적으로 진행되는 반면, 경기도 중심지는 신도시와 대단지 중심으로 빠르게 개발되고 있다.

교통 인프라는 서울 외곽이 GTX와 지하철 확충이 진행 중이지만, 경기도 중심지는 이미 GTX와 고속도로 등 광역 교통망의 효과가 어느 정도 반영된 상태다.

생활 인프라는 서울 외곽이 점차 개선되면서 기존 구도심이 새롭게 단장되고 있고, 경기도 중심지는 최신 시설들이 확충되어 가족이 살기에 편리하다.

출퇴근 편의성은 서울 외곽이 도심 접근성이 개선되고 있지만 아직은 다소 불편한 반면, 경기도 중심지는 도심 접근성이 우수해서 출퇴근에 장점이 뚜렷하다.

투자 전망은 서울 외곽이 안정성과 실수요 중심이라 상승 폭이 제한적인 반면, 경기도 중심지는 성장성과 투자 수요가 높지만 변동성이 존재한다.

장기 안정성은 서울 외곽이 동네 공동체가 안정되어 있고 변동성이 작은 반면, 경기도 중심지는 신도시 과잉 공급 위험이 있고 투자자들의 심리에 민감하다.

목적에 따른 선택 가이드

실제로 살 집이 필요한 사람이라면 서울 외곽은 주거 안정성과 합리적인 가격, 개선되는 생활 여건 때문에 가족 단위로 살기에 적합하다. 직장이 멀지 않고 출퇴근 부담이 크지 않다면 안정적인 선택이 된다. 반면 경기도 중심지는 교통과 최신 시설이 뛰어나서, 직장이 서울 도심에 있거나 넓은 새 아파트를 원하는 가족에게 좋은 대안이다.

투자 목적이라면 경기도 중심지는 신도시 개발, GTX 효과, 인구 유입 등으로 단기간이나 중 기간 가격 상승을 노리기 좋은 곳이다. 하지만 변동성이 크고 너무 많은 공급으로 인한 위험이 있어서 투자 타이밍을 잘 잡아야 한다.
서울 외곽은 실제 수요를 바탕으로 하기 때문에 급격한 상승은 기대하기 어렵지만, 안정적인 임대 수익과 장기 보유 전략에는 유리하다.

가족 상황을 먼저 생각해 보자.

아이가 있는 가족이라면 학교와 학원, 놀이터 같은 교육 환경과 육아 시설을 중심으로 봐야 한다. 신혼부부라면 출퇴근 편의성과 미래 확장 가능성을 고려해야 한다.

직장 위치가 중요하다.

서울 도심에 직장이 있다면 경기도 중심지의 교통 장점이 클 수 있고, 서울 외곽 지역에 직장이 있다면 해당 지역 거주가 유리할 수 있다.

투자 성향을 파악하자.

안정적이고 느린 성장을 원한다면 서울 외곽이, 빠른 성장과 어느 정도의 위험을 감수할 수 있다면 경기도 중심지가 적합하다.

예산 규모를 현실적으로 계산해 보자. 같은 예산으로 어떤 조건의 집을 구할 수 있는지, 대출과 세금, 관리비까지 포함해서 실제 부담을 계산해 봐야 한다.

정답은 나의 상황 속에 있다

서울 외곽과 경기도 중심지의 선택은 단순히 어느 쪽이 더 좋다고 말할 수 있는 문제가 아니다. 두 지역은 서로 다른 강점과 약점을 가지고 있고, 선택의 기준은 결국 개인의 상황에 달려 있다.

서울 외곽은 가격 접근성과 안정성이 강점이다. 재개발과 재건축으로 조금씩 개선되는 주거 환경과 꾸준한 실수요 때문에 큰 폭의 하락 위험이 적다. 반면 경기도 중심지는 빠른 성장성과 미래 가치가 장점이다. 신도시와 교통 개선 효과는 여전히 강력한 상승 동력이지만, 그만큼 변동성도 크다.

현명한 선택을 위해서는 자신의 주거 목적, 가족 구성, 직장 위치, 투자 성향을 종합적으로 고려해야 한다. 안정적인 주거와 장기 보유를 원한다면 서울 외곽이, 성장성과 미래 가치를 중시한다면 경기도 중심지가 답이 될 수 있다.

어떤 선택을 하든 중요한 것은 남의 이야기에 휘둘리지 않고 자신의 현실적인 조건과 필요에 맞는 결정을 내리는 것이다. 집은 단순한 투자 대상이 아니라 삶의 터전이기 때문이다.

11. 수원 구축 아파트 낙찰 후기

53명 중 1등, 수원 아파트 경매 물건 낙찰!

입지도 최고, 가격도 최고의 결과를 만든 성공 사례 후기.

12. 진짜 고수의 과감한 도전

진짜 고수는 타이밍부터 다른 낙찰의 진실.

감정평가가 시작되는 신건부터 과감하게 도전.

13. 보증금 몰수 위기 피하는 방법

입찰서 작성법부터 꼭 알아야 할 주의 사항까지,

실수 없이 낙찰로 이어지는 핵심 꿀팁 공개.

14. 주소 보정과 셀프 전자소송

주소 보정 방법부터 나홀로 셀프 전자소송까지,

배워두면 인생에 큰 힘이 되는 실전 노하우.

15. 불황 속 빠른 매도 핵심 비결

부자사관학교 수강 4개월 만에 수익 3천만 원 실현.

불황 속에서도 빠르게 매도한 전략과 과정.

[시장 읽기 연습]
시세 흐름 따라잡기 워크시트

※ 이 워크시트는 "시장 흐름을 데이터로 읽는 훈련"을 돕기 위한 도구입니다.
정답을 찾기보다, 스스로 자료를 조사하고 기록하면서 자기만의 시장 해석 능력을 길러보는 것이 핵심입니다.

1. 큰 흐름 읽기 - 일본 vs. 한국

질문 1 일본 부동산 장기 침체와 한국의 상황에서 보이는 공통점 3가지

❶ ____

❷ ____

❸ ____

질문 2 한국이 일본과 다른 점은 무엇이라고 생각하나요?

____

2. 인구와 수요 체크하기

질문 1 내가 관심 있는 지역의 최근 5년 인구 변화는? ☐ 증가 ☐ 정체 ☐ 감소

질문 2 학생 수, 신혼부부, 고령화 등 중 집값에 영향을 줄 수 있는 요소는 무엇인가요?

____

3. 정책과 시장 반응

질문 1 최근 1년간 정부의 주요 규제나 부양책 2가지를 적어보세요.

❶ ____

❷ ____

질문 2 이 정책에 대한 시장의 반응은? (거래량, 심리, 가격)

____

4. '똘똘한 한 채' 점검

질문 1 현재 나에게 '똘똘한 한 채 전략'이 유효하다고 보나요? ☐ 예 ☐ 아니오

질문 2 그렇다면 어떤 조건에서 이 전략이 힘을 발휘할까요?

____

질문 3 반대로 이 전략의 위험 요인은 무엇일까요?

____

5. 지역 선택 연습

질문 1 "서울 외곽 vs. 경기도 중심지" 중 어디에 더 무게를 두겠습니까? ☐ 서울 외곽   ☐ 경기도 중심지

질문 2 그 이유를 4가지 기준으로 적어보세요.

교통: ____

직주근접: ____

인구 유입: ____

가격 흐름: ____

6. 시세 흐름 따라잡기 실습

1단계. 지역 선정 내가 투자하고 싶은 지역/단지: _______________________

2단계. 시세 확인 최근 1년 시세 범위: _______________________

최근 3개월 방향: ☐ 상승   ☐ 보합   ☐ 하락

3단계. 거래량과 매물 변화

거래량 변화: ____

매물량 변화: ____ ㅈ

4단계. 나의 시세 예측 (향후 6개월)

____

7. 나의 결론

지금 내가 취할 수 있는 가장 현명한 액션은?

☐ 매수   ☐ 매도   ☐ 관망   ☐ 리모델링   ☐ 전세 활용   ☐ 기타: _______________

선택한 이유: ____

CAPITAL
GAINS TAX

7부

초보자도 할 수 있는 경매 투자

경매,
생각보다 어렵지 않다

부동산 경매라는 단어를 들으면 대부분의 사람들은 "어렵다", "위험하다", "전문가가 아니면 손대기 어렵다"는 생각부터 든다. 법원이라는 딱딱한 장소에서 진행되고, 사건 번호나 물건 번호 같은 생소한 용어들이 나오다 보니 일반인들에게는 높은 벽처럼 느껴지는 것이 당연하다.

더 알아보기

경매
채무자가 빚을 갚지 못할 때 채권자의 신청에 따라 법원이 채무자의 부동산을 강제로 매각하여 그 대금으로 채권자의 돈을 돌려주는 절차

경매에 대한 첫인상을 바꿔보자

어렵다거나, 위험하다거나, 전문가가 아니면 손대기 어렵다는 식의 부동산 **경매**에 대한 선입견은 대부분 잘못된 정보나 과거의 이미지에서 비롯된 것이다. 현재의 부동산 경매는 누구나 참여할 수 있는 투명하고 공정한 거래 시스템이다. 오히려 일반적인 부동산 거래보다 더 명확한 규칙과 절차가 있어서 준비만 충분히 한다면 초보자도 안전하게 참여할 수 있다.

경매는 이미 대중화된 투자 방법

최근 경매 시장을 보면 참여자들의 면면이 많이 바뀌었다. 과거에는 부동산 전문가나 대형 투자자들이 주를 이뤘다면, 이제는 일반 직장인, 소상공인, 심지어 대학생까지 경매에 참여하고 있다.

얼마 전 경기도 수원의 한 아파트 경매에는 무려 53명이 응찰했다. 이들 중 상당수가 처음 경매에 참여하는 일반인들이었다. 이들은 유튜브나 온라인

강의를 통해 경매를 공부하고, 카페나 커뮤니티에서 정보를 공유하며 체계적으로 준비했다.

이런 현상은 경매에 대한 정보 접근성이 크게 개선되었음을 보여준다. 예전에는 소수의 전문가들만 알고 있던 경매 노하우를 이제는 누구나 배울 수 있게 되었고, 실제로 성공 사례들도 많이 공개되면서 경매에 대한 관심이 높아진 것이다.

경매의 가장 큰 장점: 투명성

경매의 가장 큰 장점은 투명성이다. 일반적인 부동산 거래에서는 실제 거래가격이나 조건들이 잘 공개되지 않는 경우가 많다. 하지만 경매는 모든 정보가 법원 홈페이지를 통해 공개된다.

물건의 위치, 크기, 감정가, 권리관계, 임차인 현황까지 모든 정보를 미리 확인할 수 있다. 또한 경매 당일에는 누가 얼마에 응찰했는지도 모두 공개되어 가격 형성 과정이 완전히 투명하다.

이런 투명성 때문에 오히려 경매가 일반 거래보다 더 안전할 수 있다. 숨겨진 조건이나 부당한 거래는 있을 수 없고, 모든 것이 법적 절차에 따라 진행되기 때문이다.

정보 접근성의 혁신적 변화

과거에는 경매 정보를 얻기 위해 법원에 직접 가야 했고, 관련 서류들도 일일이 열람

해야 했다. 하지만 이제는 집에서 컴퓨터나 스마트폰만으로도 모든 정보를 확인할 수 있다.

법원 경매 홈페이지에서는 전국의 모든 경매 물건을 검색할 수 있고, 각 물건의 상세 정보와 관련 서류들을 내려받을 수 있다. 또한 실시간으로 경매 현황을 확인할 수 있어 언제든지 최신 정보를 파악할 수 있다.

정보 접근성의 개선은 경매 시장의 문턱을 크게 낮췄다. 예전에는 정보를 얻는 것 자체가 어려웠지만, 이제는 누구나 쉽게 경매에 대해 공부하고 참여할 수 있게 되었다.

교육 기회의 확산

경매에 대한 교육 기회도 크게 늘어났다. 온라인 강의, 유튜브 채널, 카페나 커뮤니티, 오프라인 세미나 등 다양한 채널을 통해 경매를 배울 수 있다.

특히 실제 경매에 성공한 사람들이 자신의 경험을 공유하는 경우가 많아져서, 이론뿐만 아니라 실전 노하우까지 배울 수 있다. 또한 함께 공부하고 정보를 공유하는 스터디 그룹들도 활발하게 운영되고 있어서 혼자 공부하는 어려움을 줄일 수 있다.

교육 기회의 확산은 경매에 대한 진입장벽을 크게 낮췄다. 더 이상 경매는 소수 전문가들만의 영역이 아니라, 누구나 배우고 익힐 수 있는 투자 방법이 되었다.

성공 사례들이 주는 용기

실제로 경매를 통해 성공한 사례들이 많이 알려지면서 일반인들의 관심도 높아졌다. 직장인이 퇴근 후 경매 공부를 해서 내 집을 마련한 이야기, 소상공인이 경매를 통해 투자 수익을 올린 사례 등이 널리 알려지고 있다.

이런 성공 사례들의 공통점은 특별한 배경이나 능력이 있어서가 아니라, 체계적으로 공부하고 꾸준히 노력했다는 점이다. 이는 경매가 누구나 할 수 있는 일임을 보여주는 증거다.

물론 모든 사람이 성공하는 것은 아니지만, 올바른 방법으로 접근한다면 충분히 좋은 결과를 얻을 수 있다는 것이 여러 사례를 통해 입증되고 있다.

기술 발전이 가져온 편의성

기술의 발전도 경매 참여를 쉽게 만드는 요인 중 하나다. 이제는 굳이 법원에 직접 가지 않아도 온라인으로 입찰할 수 있고, 모든 서류도 전자적으로 처리할 수 있다.

또한 각종 부동산 정보 사이트와 연계되어 시세 분석이나 지역 정보 확인도 훨씬 쉬워졌다. 과거에는 발품을 팔아가며 직접 확인해야 했던 정보들을 이제는 클릭 몇 번으로 확인할 수 있다.

기술적 편의성은 경매 참여의 물리적, 시간적 부담을 크게 줄였다. 바쁜 직장인이라도 시간을 효율적으로 활용하여 경매에 참여할 수 있게 되었다.

경매만의 독특한 기회들

경매는 일반 시장에서는 찾기 어려운 독특한 기회들을 제공한다. 시세보다 저렴한 가격에 좋은 물건을 구할 수 있는 경우가 있고, 일반 시장에는 나오지 않는 특별한 입지의 부동산을 만날 수도 있다.

또한 경매는 매월 정기적으로 진행되어 꾸준히 새로운 기회가 생긴다. 일반 시장에서는 좋은 물건이 나오기를 기다려야 하지만, 경매에서는 계속해서 새로운 선택지가 제공된다.

이런 특성 때문에 경매는 단순히 부동산을 사는 방법이 아니라, 투자 기회를 찾는 하나의 시스템으로 활용할 수 있다.

체계적 접근이 성공의 열쇠

경매가 어렵지 않다고 해서 무작정 뛰어들어도 된다는 의미는 아니다. 오히려 체계적이고 신중한 접근이 더욱 중요하다.

먼저 경매의 기본 절차와 용어들을 정확히 이해해야 한다. 그리고 시장 분석과 물건 분석 능력을 기르고, 리스크 관리 방법을 익혀야 한다. 또한 실전에 뛰어들기 전에 충분한 모의훈련을 통해 경험을 쌓는 것이 좋다.
이런 체계적 접근을 통해서라면 경매는 결코 어렵거나 위험한 일이 아니다. 오히려 일반적인 투자보다 더 예측 가능하고 안전한 방법이 될 수 있다.

마음가짐의 변화가 필요하다

경매에 대한 인식 변화가 가장 중요하다. "어렵고 위험한 일"이라는 고정관념을 버리고, "배우고 익힐 수 있는 투자 방법"으로 접근해야 한다.

물론 아무런 준비 없이는 안 되지만, 충분히 공부하고 체계적으로 접근한다면 누구나 할 수 있는 일이다. 중요한 것은 두려움보다는 호기심을, 막연한 걱정보다는 구체적인 준비를 하는 것이다.

이제는 시작할 때

경매는 생각보다 어렵지 않다. 정보는 투명하게 공개되고, 교육 기회는 풍부하며, 성공 사례들도 많이 축적되어 있다. 기술의 발전으로 접근성도 크게 개선되었다.

이제 필요한 것은 체계적인 공부와 신중한 준비뿐이다. 경매에 대한 막연한 두려움을 버리고, 새로운 기회의 문을 열어보자. 경매는 준비된 자에게는 분명히 좋은 기회가 될 것이다.

31

초보자가 꼭 알아야 할 경매 절차

부동산 경매는 흔히 '하이 리스크 하이 리턴'이라고 하지만, 사실 그 리스크의 대부분은 '무지(모름)'에서 온다. 준비 없는 경매는 투자가 아니라 도박이 될 수 있다. 본격적으로 입찰장에 발을 들이기 전, 반드시 공부가 선행되어야 하는 이유다. 경매 절차는 복잡해 보이지만 하나씩 차근차근 따라가면 누구나 할 수 있다.

경매는 어떻게 시작되는가?

부동산 경매는 누군가가 돈을 빌렸는데 갚지 못했을 때 시작된다. 예를 들어 아파트를 담보로 은행에서 돈을 빌린 사람이 약속한 날짜에 돈을 갚지 못하면, 은행은 법원에 그 아파트를 경매로 팔아달라고 신청한다. 이를 '경매 신청'이라고 한다.

법원은 경매 신청을 받으면 해당 부동산에 대해 자세히 조사한다. 집의 크기, 위치, 상태는 물론이고 누가 살고 있는지, 다른 빚은 없는지까지 꼼꼼히 확인한다. 이런 조사 과정을 거쳐 경매가 공식적으로 시작된다.

경매 물건이 되면 법원은 이를 공고한다. 법원 홈페이지에 올리고, 해당 부동산이 있는 지역 법원 게시판에도 붙인다. 이때부터 누구나 이 정보를 볼 수 있고, 경매에 참여할 수 있다.

경매에 관심이 있다면 가장 먼저 해야 할 일은 정보를 확인하는 것이다. 법원 경매 홈페이지에 들어가면 전국의 모든 경매 물건을 볼 수 있다. 여기에는 물건의 기본 정보부터 상세한 내용까지 모두 공개되어 있다.

❶ **기본 정보 확인**: 물건의 위치, 크기, 용도(아파트, 단독주택, 상가 등)를 먼저 본다. 또한 언제 경매가 열리는지 날짜도 확인한다.

❷ **감정가 확인**: 법원에서 정한 기준 가격이다. 보통 시세보다 조금 낮게 책정되는 경우가 많다. 이 가격을 기준으로 경매가 진행된다.

❸ **권리관계 확인**: 누가 그 집에 살고 있는지, 전세나 월세 계약이 있는지, 다른 빚이 있는지 등을 확인한다. 이는 나중에 집을 넘겨받을 때 중요한 정보가 된다.

❹ **사진과 도면**: 집의 내부와 외부 모습, 평면도 등을 통해 실제 상태를 파악할 수 있다. 이런 정보들은 모두 무료로 볼 수 있고, 필요하면 자료를 내려받을 수도 있다.

현장 확인의
중요성

인터넷으로 정보를 확인했다면 다음 단계는 직접 현장에 가보는 것이다. 서류상의 정보와 실제 현장은 다를 수 있기 때문이다.

❶ **외부 환경 확인**: 주변 교통, 상가, 학교, 병원 등 생활에 필요한 시설들이 어디에 있는지 확인한다. 실제로 걸어서 지하철역까지 가보고, 주변 환경이 어떤지 느껴본다.

❷ **건물 상태 확인:** 아파트 외벽, 엘리베이터, 주차장 등 공용 시설의 상태를 본다. 관리가 잘 되고 있는지, 노후화는 어느 정도인지 파악한다.

❸ **집 내부 확인:** 가능하다면 집 안도 둘러본다. 법원에서 정한 날에 현황 조사를 할 때 함께 들어가거나, 거주자가 있다면 양해를 구해서 구경할 수도 있다.

❹ **주변 시세 확인:** 근처 부동산에 들러서 비슷한 조건의 아파트 가격이 어떻게 되는지 물어본다. 경매 가격이 적정한지 판단하는 데 도움이 된다.

현장 확인은 시간이 걸리는 일이지만, 실패를 줄이는 가장 확실한 방법이다.

입찰 준비하기

마음에 드는 물건을 찾았다면 **입찰** 준비를 해야 한다. 경매는 미리 정해진 날에 법원에서 열린다.

❶ **보증금 준비:** 경매에 참여하려면 보증금을 내야 한다. 보통 감정가의 10% 정도다. 예를 들어 감정가가 3억 원이라면 3천만 원 정도의 보증금이 필요하다. 이 돈은 현금이나 보증서로 낼 수 있다.

❷ **최고 입찰가 결정:** 얼마까지 쓸 수 있는지 미리 정해둔다. 감정가보다 높게 나갈 수도 있으니 여유 자금을 고려해서 상한선을 정한다.

❸ **서류 준비:** 신분증, 인감도장, 인감증명서 등 필요한 서류들을 미리 준비한다.

❹ **자금 계획**: 낙찰받으면 보증금을 제외한 나머지 돈을 일정 기간 안에 내야 한다. 이 돈을 어떻게 마련할지 미리 계획을 세운다.

경매 당일 진행 과정

경매 당일에는 법원에서 공개적으로 입찰이 진행된다.

❶ **법원 도착**: 경매 시작 시간보다 조금 일찍 도착해서 접수를 한다. 필요한 서류를 제출하고 보증금을 낸다.

❷ **경매 진행**: 법원 직원이 해당 물건에 대해 간단히 설명한다. 그 후 입찰이 시작된다. 참가자들이 각자 입찰가를 적어서 낸다.

❸ **개찰**: 모든 입찰표를 모은 후, 공개적으로 열어본다. 가장 높은 가격을 써낸 사람이 낙찰자가 된다.

❹ **낙찰 결정**: 낙찰자가 정해지면 현장에서 바로 발표한다. 낙찰받지 못한 사람들은 보증금을 돌려받는다.

이 모든 과정은 공개적으로 진행되어 누구나 볼 수 있고, 불공정한 일은 일어날 수 없다.

낙찰 후 해야 할 일들

낙찰받았다고 끝이 아니다. 실제로 그 집의 주인이 되려면 몇 가지 절차를 더 거쳐야 한다.

❶ **잔금 납부**: 보통 한 달 안에 나머지 돈을 모두 내야 한다. 이때 각종 세

금과 수수료도 함께 낸다.

❷ 소유권 이전: 돈을 다 내면 법원에서 소유권 이전 절차를 해준다. 이때부터 법적으로 그 집의 주인이 된다.

❸ 인수: 실제로 집을 넘겨받는다. 만약 누군가 살고 있다면 나가달라고 요청해야 한다. 이 과정에서 문제가 생기면 법원의 도움을 받을 수 있다.

❹ 등기: 등기소에서 자신의 이름으로 등기를 바꾼다. 이렇게 해야 완전히 자신의 집이 된다.

경매의 종류별 특징

경매에는 몇 가지 종류가 있고, 각각 특징이 다르다.

❶ 강제경매: 가장 일반적인 형태로, 돈을 갚지 못해서 진행되는 경매다. 대부분의 경매가 이에 해당한다.

❷ 임의경매: 집 주인이 스스로 경매를 신청한 경우다. 일반 매매보다 빨리 처리하고 싶을 때 선택한다.

❸ 공매: 세금을 내지 않아서 국가에서 진행하는 경매다. 절차는 비슷하지만 관련 기관이 다르다.

각 종류마다 세부적인 절차나 조건이 조금씩 다르므로, 참여하기 전에 정확히 확인해야 한다.

초보자가 주의해야 할 점들

경매에 처음 참여하는 사람들이 흔히 실수하는 것들이 있다.

❶ **서두르지 말기:** 첫 번째 물건에서 무조건 낙찰받으려고 하지 마라. 여러 물건을 보고 경험을 쌓은 후에 결정하는 것이 좋다.

❷ **감정에 휩쓸리지 않기:** 경매장에서는 경쟁 심리가 생길 수 있다. 미리 정한 예산을 넘어가지 않도록 주의한다.

❸ **권리관계 꼼꼼히 확인:** 임차인이나 다른 권리자가 있는지 반드시 확인한다. 나중에 문제가 될 수 있다.

❹ **추가 비용 계산:** 낙찰가 외에도 각종 세금, 수수료, 수리비 등이 들어간다. 이를 모두 계산해서 총비용을 파악한다.

❺ **전문가 도움 받기:** 복잡한 사안이나 고액 물건의 경우 부동산 전문가나 변호사의 도움을 받는 것이 좋다.

온라인 경매의 활용

최근에는 온라인으로도 경매에 참여할 수 있다. 굳이 법원에 직접 가지 않아도 집에서 입찰할 수 있어 편리하다.

더 알아보기

온라인 경매
세금 체납 등의 이유로 경매에 나온 물건을 인터넷으로 입찰해서 사는 방식

온라인 경매 시스템에 회원가입을 하고 인증 절차를 거치면, 컴퓨터나 스마트폰으로 입찰할 수 있다. 보증금도 온라인으로 납부할 수 있어 시간과 비용을 절약할 수 있다.

다만 온라인 경매도 오프라인과 동일한 법적 효력을 가지므로, 신중하게 참

여해야 한다. 실수로 잘못 입찰하면 취소하기 어려우니 주의 깊게 진행해야
한다.

경매에서 성공하려면 무엇보다 충분한 준비가 필요하다. 서두르지 않고 천천히 배워 나가면서 경험을 쌓는 것이 중요하다.

처음에는 적은 금액의 물건부터 시작해서 경매 절차에 익숙해지는 것이 좋다. 그리고 항상 여러 개의 후보를 두고 선택의 폭을 넓혀야 한다.

무엇보다 경매는 투자가 아니라 거래 방법의 하나라는 점을 기억해야 한다. 무리한 투자보다는 안전하고 확실한 거래에 집중하는 것이 현명하다.

경매는 복잡해 보이지만 절차를 하나씩 차근차근 따라가면 누구나 할 수 있다. 충분히 공부하고 신중하게 준비한다면, 경매를 통해 좋은 기회를 잡을 수 있을 것이다.

32

경매 투자로
내 인생이 바뀐 이유

내가 처음 경매에 관심을 갖게 된 것은 절박함 때문이었다. 그 전에 여러 개의 자영업을 운영하면서 겪었던 경제적 어려움은 정말 힘들었다. 카페부터 시작해서 치킨집, 작은 마트까지 여러 사업에 손을 뻗었지만 하나도 제대로 되지 않았다. 매출은 예상보다 적었고, 임대료와 인건비는 계속 나가야 했다.

절망의 시작점과 경매와의 만남

내가 가장 힘들었던 순간은 직원들 월급을 주지 못해서 미안해하며 고개를 숙였던 때다. 가족들에게도 미안했고, 무엇보다 나 자신이 초라했다. 이런 상황에서 벗어나고 싶었지만 방법을 알 수 없었다. 주변에서는 "사업은 원래 어려운 거야."라고 위로했지만, 현실적으로 돈이 없으면 아무것도 할 수 없었다.

상황이 극에 달했을 때, 나는 강릉 바닷가에서 개인회생 신청서를 작성하고 있었다. 그런데 그 순간 문득 이런 생각이 들었다.
'이대로 포기하면 정말 끝인가?'
그래서 개인회생 신청서를 찢어버리고 다시 일어설 방법을 찾기로 결심했다.

그러던 중 우연히 부동산 경매에 대해 알게 되었다. 한 지인이 경매로 집을 샀다는 이야기를 들으면서 관심을 갖기 시작했다. 처음에는 "나 같은 사람이 할 수 있을까?"라는 의구심이 들었지만, 더 이상 잃을 것도 없는 상황이었기 때문에 도전해 보기로 했다.

경매에 대해 알아보면서 가장 놀랐던 것은 생각보다 정보가 투명하게 공개되어 있다는 점이었다. 법원 홈페이지에서 모든 경매 물건을 볼 수 있었고, 각종 서류도 내려받을 수 있었다. 예전에는 이런 정보를 얻기 어려웠다고 하는데, 이제는 누구나 쉽게 접근할 수 있었다.

본격적으로 경매 공부를 시작했다. 온라인 강의도 듣고, 경매 관련 카페에서 다른 사람들의 경험담도 읽었다. 무엇보다 직접 여러 경매 현장에 가서 분위기를 익혔다. 처음에는 낯설었던 용어들도 점점 익숙해졌다.

충분히 준비한 후 드디어 첫 번째 도전에서 낙찰에 성공했다. 지금도 선명하게 기억나는 그 물건은 감정가 7천만 원짜리 집이었다. 나는 3천5백만 원에 응찰했다. 경매 당일, 여러 명이 응찰했는데 다행히 내가 가장 높은 가격을 써서 낙찰받을 수 있었다.

그 순간의 기쁨은 말로 표현하기 어려웠다. 그동안의 준비와 공부가 결실을 맺는 느낌이었다. 하지만 더 중요한 것은 그 과정에서 얻은 자신감이었다. "나도 해낼 수 있구나." 하는 생각이 들면서, 삶을 바라보는 관점 자체가 달라졌다.

체계적인 접근을 통해 성공 확률이 높아지면서 수익도 안정화되었다. 1년에 2~3건 정도의 경매에 참여해서 평균 20~30%의 수익률을 올릴 수 있었다. 이는 다른 투자 방법들과 비교해 봐도 상당히 좋은 성과였다.

더 중요한 것은 현금흐름이 개선되었다는 점이었다. 예전에는 매달 나가는 돈 때문에 스트레스를 받았는데, 이제는 안정적인 수입원이 생겼다. 경매로 취득한 부동산들을 임대주면서 월세 수입도 확보할 수 있었다.

이런 변화는 단순히 돈의 문제가 아니었다. 경제적 여유가 생기면서 가족과 보내는 시간도 늘어났고, 새로운 일에 도전할 용기도 생겼다. 무엇보다 미래에 대한 불안감이 줄어들면서 삶의 질이 크게 향상되었다.

경매가 가르쳐준 인생의 원리들

경매를 통해 돈을 벌었지만, 나는 돈보다 더 값진 것을 얻었다. 그것은 인생을 살아가는 원리들이었다.

❶ **철저한 준비의 중요성**: 경매에서 성공하려면 충분한 조사와 분석이 필요하다. 이는 인생의 다른 영역에서도 마찬가지다. 준비된 자에게 기회가 온다는 것을 몸소 체험했다.

❷ **인내심의 가치**: 좋은 물건은 기다려야 나타난다. 성급하게 서두르면 실수하기 쉽다. 인생도 마찬가지로 때를 기다릴 줄 아는 인내심이 필요하다.

❸ **리스크 관리의 필요성**: 모든 것을 한 곳에 걸어서는 안 된다. 분산 투자를 통해 위험을 관리하는 것처럼, 인생에서도 다양한 대안을 준비해야 한다.

❹ **지속적인 학습**: 부동산 시장은 계속 변한다. 새로운 정보를 받아들이고 기존의 방법을 개선해야 한다. 이는 다른 분야에서도 중요한 자세다.

❺ **네트워크의 힘**: 혼자서는 한계가 있다. 다른 사람들과 정보를 공유하고 협력할 때 더 좋은 결과를 얻을 수 있다.

경매로 성공한 후에 많은 사람들이 내게 조언을 구했다. 내가 그들에게 항상 강조하는 것은 경매는 '일확천금'의 수단이 아니라는 점이다. 체계적이고 꾸준한 노력이 필요한 분야다.

❶ 현실적인 기대치 설정: 처음부터 큰 수익을 기대하지 말고, 작은 성공부터 쌓아가는 것이 중요하다.

❷ 충분한 공부와 준비: 아무 준비 없이 덤비면 실패할 확률이 높다. 최소 6개월 이상은 공부하고 연습해야 한다.

❸ 여유 자금으로만 시작: 생활비나 급한 돈으로는 절대 하면 안 된다. 잃어도 큰 문제가 없는 여유 자금으로만 시작해야 한다.

❹ 멘토 찾기: 경험 있는 선배의 조언을 구하는 것이 실수를 줄이는 지름길이다.

❺ 꾸준함 유지: 한두 번의 실패로 포기하지 말고 꾸준히 지속하는 것이 중요하다.

새로운 시작점

경매 투자로 경제적 자유를 얻은 후, 이제는 이 경험을 다른 사람들과 나누는 일에 집중하고 있다. 부동산 경매 강사로 활동하면서 많은 사람들에게 경매의 기회를 알려주고 있다.

무엇보다 보람 있는 것은 내가 겪었던 어려움을 극복하고 새로운 삶을 시작하는 사람들을 만나는 일이다. 그들의 성공 스토리를 들을 때마다 내가 올바른 길을 걷고 있다는 확신이 든다.

경매는 단순한 투자 방법이 아니라 인생을 바꿀 수 있는 도구다. 하지만 그 도구를 제대로 사용하려면 올바른 마음가짐과 체계적인 접근이 필요하다. 준비된 자에게는 분명히 기회가 있을 것이다.

지금도 경매 투자는 계속하고 있지만, 예전처럼 생계를 위해서가 아니라 새로운 도전을 위해서다. 안정적인 수익원이 확보된 상태에서 하는 투자는 마음의 여유가 다르다.

또한 경매를 통해 얻은 경험과 노하우를 책으로 출간하고, 온라인 강의로도 만들어서 더 많은 사람들에게 도움을 주고 싶다. 나처럼 어려운 상황에서 새로운 기회를 찾고 있는 사람들에게 희망을 줄 수 있다면 그보다 좋은 일은 없을 것이다.

경매 투자로 내 인생이 바뀐 이유는 단순히 돈을 벌었기 때문이 아니다. 스스로에 대한 믿음을 되찾았고, 체계적으로 목표를 달성하는 방법을 배웠으며, 다른 사람들과 가치를 공유하는 기쁨을 알았기 때문이다. 이것이야말로 진정한 인생의 변화라고 할 수 있을 것이다.

33

권리 분석,
이 정도는 알고 들어가자

부동산 경매에서 권리 분석을 건너뛰는 것은 안개를 헤치며 절벽을 향해 전속력으로 달리는 것과 같다. 경매 초보자들이 가장 흔히 하는 착각이 "법원이 진행하니까 안전하겠지."라는 생각이지만, 법원은 물건을 팔아줄 뿐 그 물건에 숨겨진 '빚'까지 책임져주지는 않는다.

부동산 경매에 처음 발을 들이려는 사람들에게 가장 두려운 단어는 아마 '권리 분석'일 것이다. 왠지 법률 용어가 난무할 것 같고, 조금만 잘못 이해해도 큰돈을 잃을 것 같은 불안감이 앞선다. 하지만 권리 분석은 생각보다 단순하다. 기본 원칙만 이해하고, 몇 가지 확인 습관을 들이면 초보자도 충분히 안전하게 경매에 참여할 수 있다. 이 장에서는 권리 분석이 무엇인지, 왜 필요한지, 그리고 초보자가 반드시 알아야 할 최소한의 체크리스트를 서술형으로 정리했다.

권리 분석은 왜 중요한가?

경매는 채무자가 빚을 갚지 못해 법원이 대신 부동산을 팔아 채권자에게 돈을 돌려주는 절차다. 따라서 해당 부동산에는 이미 여러 권리관계가 얽혀 있을 수 있다. 은행이 돈을 빌려주면서 설정한 근저당, 세입자의 보증금, 세금 체납, 가압류나 압류 등이 대표적이다. 문제는 이 권리들 가운데 일부는 **낙찰자**가 집을 사면서 함께 떠안아야 할 수도 있다는 점이다.

더 알아보기

낙찰자
경매에서 가장 높은 가격을 써내 최종적으로 물건을 사게 된 사람예를 들어, 겉보기엔 저렴해 보이는 아파트를 낙찰받았는데 알고 보니 세입자가 대항력을 갖추고 있어 수천만 원의 보증금을 돌려줘야 하는 상황이 생길 수 있다. 혹은 관리비가 수백만 원 미납된 집을 인수하면서 추가 비용을 감당해야 할 수도 있다. 그래서 권리 분석은 단순히 "이 집을 얼마에 낙찰받을까?"를 정하는 과정이 아니라, "낙찰 이후 실제 부담해야 할 총비용이 얼마인가?"를 따져보는 안전장치이다.

등기부등본에서 출발하라

권리 분석의 출발점은 등기부등본이다. 여기에는 해당 부동산의 권리관계가 모두 기록되어 있다.

❶ **근저당권**: 은행 등 금융기관이 돈을 빌려주고 담보로 잡은 권리이다. **말소 기준 권리**보다 뒤에 설정된 근저당은 낙찰로 소멸하지만, 기준 권리보다 앞선 경우 낙찰자가 인수해야 할 수 있다.

더 알아보기

말소 기준 권리
(근)저당권, (가)압류, 경매개시결정등기 중 가장 먼저 등기된 권리로 여러 가지 권리에 대한 말소·인수의 기준이 되는 권리

❷ **가압류·압류**: 채권자가 채무자의 재산 처분을 막기 위해 걸어둔 장치이다. 대부분은 낙찰과 함께 소멸하지만, 말소 기준 권리보다 앞서 있으면 문제가 될 수 있다.

❸ **임차권**: 세입자가 전입신고와 확정일자를 갖췄다면 대항력과 **우선변제권**을 가진다. 낙찰자가 보증금을 돌려줘야 할 수도 있다.

더 알아보기

우선변제권
임차인이 확정일자(또는 대항여건)를 갖춘 순서에 따라 후순위 권리자보다 우선하여 보증금을 돌려받는 권리

❹ **법정지상권**: 토지와 건물이 다른 소유자에게 있을 경우 발생할 수 있는 권리이다. 이 경우 토지를 마음대로 활용하지 못하는 문제가 생길 수 있다.

초보자라면 모든 것을 완벽히 해석하려 하기보다, 말소 기준 권리를 찾고 그

앞뒤로 어떤 권리가 있는지를 구분하는 것부터 시작하면 된다. 기준보다 늦게 생긴 권리는 대부분 사라지고, 기준보다 앞선 권리는 낙찰자가 인수한다는 단순한 원칙만 알아도 큰 위험을 줄일 수 있다.

세입자 권리, 반드시 확인해야 한다

경매에서 가장 빈번하게 발생하는 리스크는 세입자 문제이다. 세입자가 단순히 살고만 있다고 해서 다 똑같은 것은 아니다. 전입신고일, 확정일자, 보증금 액수, 점유 여부에 따라 권리의 무게가 달라진다.

예를 들어, 보증금이 크고 대항력을 갖춘 세입자는 낙찰자에게 보증금을 요구할 수 있다. 반면 전입신고는 했지만 확정일자가 없는 세입자는 우선순위가 떨어져 배당에서 밀릴 수 있다. 또 겉보기엔 빈집처럼 보이는 아파트라도 주민등록상 전입이 남아 있으면 낙찰자가 불필요한 분쟁에 휘말릴 수 있다.

따라서 경매 초보자는 반드시 '등기부등본 + 주민등록등본(세대 열람) + 현장 확인' 세 가지를 함께 확인해야 한다. 이 과정을 통해 "내가 인수해야 할 보증금이 있는가?"를 정확히 따져보는 것이 권리 분석의 핵심이다.

관리비와 세금도 권리 분석의 일부다

많은 사람들이 등기부등본만 보면 권리 분석이 끝난 줄 알지만, 실제로는 그렇지 않다.

❶ **관리비:** 아파트나 빌라의 관리비 미납은 낙찰자가 인수하는 경우가 많다. 관리사무소에 확인해 보면 등기부에는 없는 미납 내역이 나오는 경우가 많다. 몇백만 원 단위일 수도 있고, 오래된 경우 천만 원이 넘는 관리비가 쌓여 있을 수도 있다.

❷ **세금 체납**: 국세·지방세가 체납된 경우도 조심해야 한다. 일정 요건에 따라 낙찰자가 인수할 수도 있기 때문에 반드시 확인이 필요하다.

즉, 권리 분석은 단순히 "등기부 읽기"가 아니라, 관리사무소와 세무 관련 기록까지 함께 확인해야 완성되는 작업이다.

현장 임장은 필수다

권리 분석에서 문서만큼 중요한 것이 현장 방문이다. 등기부에는 나타나지 않는 정보가 현장에는 많다. 실제로 사람이 거주하는지, 공실인지, 문이 굳게 닫혀 있는지, 이웃 주민들의 이야기는 어떤지 직접 확인해야 한다.

심지어 낙찰 후 명도(집을 비워내는 절차)가 순조로울지 여부도 현장 분위기를 통해 어느 정도 가늠할 수 있다.

초보자를 위한 권리 분석 체크리스트

❶ 등기부등본에서 말소 기준 권리를 찾는다.

❷ 그 앞뒤로 근저당, 가압류, 압류가 어떻게 걸려 있는지 확인한다.

❸ 주민등록등본을 통해 세입자의 전입일, 확정일자 여부를 확인한다.

❹ 관리사무소에서 관리비 미납 내역을 확인한다.

❺ 세무서나 구청에서 세금 체납 여부를 체크한다.

❻ 현장 방문을 통해 실제 거주자, 집 상태, 분위기를 확인한다.

권리 분석은 두려움이 아닌 안전장치

경매 초보자에게 권리 분석은 어려운 관문처럼 보인다. 그러나 핵심 원칙을 익히고, 문서 확인과 현장 조사를 병행한다면 충분히 해낼 수 있다. 권리 분석은 나를 위협하는 장벽이 아니라, 오히려 나를 지켜주는 안전벨트이다.

겉보기에는 저렴해 보이던 물건이 실제로는 수천만 원의 추가 비용을 떠안게 되는 위험을 미리 막아주는 것, 바로 그것이 권리 분석의 본질이다. 따라서 두려움 대신 안전장치로 받아들이고, 작은 습관부터 차근차근 쌓아간다면 누구든지 경매 시장에서 안전하게 첫발을 뗄 수 있을 것이다.

낙찰받은 후
무엇을 해야 하나요?

부동산 경매에서 낙찰을 받는 순간, 모든 절차가 끝난 것처럼 느껴지기 쉽다. 하지만 사실 낙찰은 시작일 뿐이다. 진짜 중요한 과정은 낙찰 이후부터이며, 이 단계를 얼마나 꼼꼼히 밟아가느냐가 투자 성패를 좌우한다. 낙찰 이후에는 소유권을 온전히 확보하고, 점유자를 내보내며, 세금을 정리하고, 실제 활용 단계로 넘어가야 한다.

낙찰 대금 납부: 소유권 확보의 첫걸음

낙찰자는 반드시 법원이 정한 기한 내에 잔금을 완납해야 한다. 일반적으로 낙찰일로부터 30일 이내가 납부 기한이다. 입찰 시 이미 최저가의 10%를 보증금으로 납부했으므로, 이를 제외한 나머지 잔금을 기한 내에 납부하면 된다.

이때 주의해야 할 점은 기한 내 미납 시 낙찰이 무효가 되고, 보증금도 몰수된다는 것이다. 단순히 기회를 잃는 정도가 아니라 손해까지 입게 되므로, 반드시 자금 계획을 세워두어야 한다.
낙찰 후에는 대출을 활용할 수도 있지만, 절차상 시간이 걸리므로 미리 금융기관과 협의해 두는 것이 안전하다.

소유권 이전 및 등기 절차

잔금을 모두 납부하면 법원에서 매각허가 결정이 내려지고, 이를 근거로 소유권 이전 등기를 신청할 수 있다. 소유권 이전 등기는 법원에서 발급받은 매각 허가 결정문, 인감증명서, 주민등록등본, 취득세 납부 영수증 등 필요한 서류를 갖추어 등기소에 제출하면 된다.

이 단계에서 반드시 납부해야 하는 것이 취득세다. 취득세는 낙찰가를 기준으로 산정되며, 보통 잔금 납부 후 60일 이내에 납부해야 한다. 취득세를 내지 않으면 등기가 불가능하므로, 세금까지 모두 처리해야 비로소 법적으로 완전한 소유권을 확보할 수 있다.

권리관계 정리와 인도명령 절차

더 알아보기

인도명령
낙찰받은 사람이 집을 비워달라고 법원에 요청해 점유자를 강제로 내보낼 수 있는 절차

소유권이 넘어왔다고 해서 바로 집을 사용할 수 있는 것은 아니다. 기존 점유자가 여전히 집에 거주하고 있을 수 있기 때문이다. 이 경우 법원에 **인도명령**을 신청해 점유자를 퇴거시킬 수 있다. 인도명령이 내려지면 점유자에게 퇴거 명령이 전달되고, 자발적으로 나오지 않으면 강제집행을 통해 내보낼 수 있다.

물론 점유자가 없는 공실이라면 이 과정은 생략된다. 하지만 실거주자가 있다면 협의와 협상 과정을 거쳐 원만히 해결하는 것이 시간과 비용을 줄이는 길이다. 실제 사례에서도 관리비와 이자 문제를 낙찰자가 조율해 주면서 명도가 원활히 이루어진 경우가 많았다. 따라서 낙찰 전부터 점유 상황을 파악해 두는 것이 무엇보다 중요하다.

세무 처리와 납부

경매로 취득한 부동산도 일반 매매와 동일하게 세금 의무가 따른다. 우선 취득세를 납부해야 하고, 이후 보유 기간 동안 재산세와 종합부동산세가 부과된다. 만약 일정 금액 이상을 초과하면 종합부동산세 대상자가 될 수 있으므로 세 부담을 미리 계산해 봐야 한다.

또한, 장기적으로 매도 시에는 양도소득세를 내야 한다. 양도차익, 보유 기

간, 거주 요건 등에 따라 세율이 달라지므로 세무사와 상담해 절세 전략을 세우는 것이 필요하다.

경매는 취득 단계에서 시세 차익을 얻는 경우가 많지만, 매도 단계에서 세금을 잘못 관리하면 수익의 상당 부분이 줄어들 수 있다.

부동산 활용과 관리

소유권 이전이 완료되고 점유 문제가 해결되면 비로소 부동산을 직접 활용하거나 수익화할 수 있다. 직접 거주할 수도 있고, 임대 사업을 시작할 수도 있다. 임대를 고려한다면 집 상태를 점검하고, 필요하다면 리모델링이나 수리를 통해 경쟁력을 높여야 한다.

또한 시장 상황에 따라 매도 전략을 세울 수도 있다. 공급과 수요, 금리 상황, 정책 변화를 고려해 최적의 시점에 매도하면 수익을 극대화할 수 있다. 낙찰 이후의 관리와 전략은 단순히 집을 보유하는 데 그치지 않고, 어떻게 활용하느냐에 따라 수익률이 크게 달라진다.

기타 주의 사항

경매 부동산은 일반 매매와 달리 특수한 권리관계가 얽혀 있을 수 있다. 따라서 낙찰 이후에도 예상치 못한 문제가 발생할 수 있다. 예를 들어 임차인의 대항력 문제, 숨겨진 세금 체납, 관리비 분쟁 등이 그것이다. 이럴 때는 전문가의 도움을 받아 문제를 조기에 해결하는 것이 좋다.

대출을 활용해 잔금을 마련했다면 이자와 원리금 상환 계획도 함께 세워야 한다. 단순히 집을 싸게 샀다는 이유만으로 안심하지 말고, 낙찰 이후의 재무 관리까지 고려해야 안정적인 투자가 된다.

낙찰은 끝이 아니라 시작이다. 잔금 완납, 소유권 이전 등기, 인도명령, 세무 처리, 부동산 관리까지 이어지는 일련의 과정을 철저히 진행해야만 비로소 경매 투자가 완성된다. 준비 없이 낙찰만 받아두면 추가 비용과 시간 손실로 이어질 수 있지만, 계획적으로 하나씩 단계를 밟아나간다면 경매는 누구에게나 성공적인 투자 수단이 될 수 있다.

낙찰 이후를 얼마나 꼼꼼히 준비하느냐가 경매의 진짜 승부처이다. 체계적인 계획과 전문가의 조언, 그리고 철저한 실행이야말로 낙찰자의 가장 큰 무기라는 것을 잊지 말자.

나만의 경매 분석 연습

※ 이 워크시트는 실제 물건을 보며 직접 써 내려갈수록 효과가 큽니다.
단순히 읽는 것에 그치지 말고, 사건 번호를 조회하고 등기부등본을 확인해 보면서 채워 넣어보세요.

1. 경매에 대한 나의 인식

질문 1 경매가 어렵다고 느끼는 이유는 무엇인가요?

____

질문 2 이 책에서 배운 내용을 바탕으로 바뀐 나의 생각은?

____

2. 경매 절차 체크리스트

경매의 큰 흐름을 이해하고, 직접 절차를 정리해 봅시다.

❶ 물건 검색 → ❷ 현장 답사 → ❸ 권리 분석 → ❹ 입찰 → ❺ 낙찰 → ❻ 잔금 납부 → ❼ 명도 → ❽ 소유권 이전

내가 놓치기 쉬운 단계는?

____

3. 나의 경매 투자 목적

내가 경매에 도전하려는 이유는 무엇인가요?

☐ 시세차익　☐ 안정적 임대수익　☐ 내 집 마련　☐ 재테크 경험　☐ 기타 ________________

구체적으로 적어보세요:

____

4. 권리 분석 기초 연습

아래 항목에 대해 스스로 확인해 보세요.

등기부등본 열람일: ________________　　소유자: ________________

근저당권자(채권자): ________________　　임차인 현황: ________________

배당 여부: ☐ 있음　☐ 없음

낙찰 시 인수해야 할 권리: ________________

5. 관심 물건 실습

관심 있는 물건 1건을 정하고 기록해 보세요.

사건번호: ________________________   소재지: ________________________

감정가: ________________________   최저가: ________________________

입찰일: ________________________

현장 답사 시 체크 사항: □ 건물 상태 □ 주변 시세 □ 교통 □ 생활 인프라 □ 공실 위험 □ 임차인 여부

6. 나의 낙찰 전략

입찰가 산정 공식: 시세(________________________) − 안전마진(%) = 나의 입찰가(________________________)

예상 수익 계산

매입 총액(낙찰가 + 취득세 등): ________________________

예상 매도/임대 수익: ________________________

예상 순이익: ________________________

7. 낙찰 후 액션플랜

낙찰 후 반드시 해야 할 주요 단계에 대해 작성해 봅시다.

잔금 납부 기한: ________________________   소유권 이전 등기: ________________________

명도 계획: ________________________

대출 실행 여부: ☐ 예 ☐ 아니오

세금 체크(취득세, 보유세 등): ________________________

7. 나의 실전 투자 결론

이번 분석을 통해 깨달은 점: ________________________

다음번에 보완할 점: ________________________

실제 행동으로 옮길 수 있는 첫 단계는?

____

CAPITAL
GAINS TAX
%

8부

계약부터 대출까지, 실전의 모든 것

부동산 계약의 기본 구조

부동산 공부를 시작하고, 실전 투자를 하면서 책을 읽고 유튜브를 봐도 가장 막막했던 건 바로 '계약'이었다. 부동산 사장님을 믿고 도장을 찍고 돈을 주고받는 단순한 절차처럼 보였지만, 막상 실전에서는 '이게 맞나? 믿을 수 있나?'라는 생각이 끊임없이 올라왔다.

돌이켜보면, 계약을 제대로 이해하지 못했다면 나는 큰 손실을 입었을 수도 있었다. 계약의 기본 구조를 모르면 불리한 조건에 끌려가거나, 심하면 돈을 잃는 상황까지 벌어질 수 있기 때문이다. 그래서 이번 장에서는 부동산 계약이 어떻게 흘러가는지, 각 단계에서 무엇을 주의해야 하는지 내 경험을 바탕으로 알려주려 한다.

부동산 계약, 크게 네 단계로 나뉜다

부동산 매매 계약은 크게 '가계약 → 본계약 → 중도금 → 잔금 및 소유권 이전'의 네 단계로 흘러간다. 여기에 특약 사항, 세금, 관리비 정산 같은 세부 사항들이 더해져서 전체 계약이 완성된다. 복잡해 보이지만, 하나하나 뜯어보면 생각보다 어렵지 않다. 각 단계가 어떤 의미를 가지고 있고, 어떤 위험이 숨어 있는지 차근차근 살펴보자.

❶ 가계약: 집을 '찜'하는 단계

가계약은 말 그대로 본계약을 맺기 전에 해당 부동산을 예약하는 성격을 가진다. 매수인이 보통 100만 원에서 1000만 원 정도의 금액을 매도인에게 먼저 걸고, 본계약 날짜를 확정하는 거다.

여기서 중요한 건, 가계약만으로는 계약이 완전히 성립되지 않는다는 사실이다. 예를 들어 매수자가 마음을 바꾸면 가계약금만 포기하고 계약을 깰 수 있다. 반대로 매도자도 팔기 싫어지면 가계약금의 두 배를 돌려주고 계약을 파기할 수 있다. 그래서 가계약은 '찜하기' 정도라고 보면 된다. 법적으로 강한 구속력을 갖지 않는다는 뜻이다. 초보자라면 가계약 상태에서 안심하지 말고 반드시 본계약까지 진행해야 한다는 걸 꼭 기억하자.

❷ 본계약: 계약의 본격적인 시작

본계약은 계약서에 매도인과 매수인이 정식으로 서명하고 도장을 찍는 절차다. 이 단계부터 계약은 법적 효력을 갖는다. 보통 매매 대금의 10%를 계약금으로 지불하며, 여기서부터는 일방적으로 마음을 바꿀 수 없다.

만약 매수인이 계약을 깨고 싶다면 계약금을 포기해야 하고, 매도인이 계약을 파기하려면 계약금의 배액, 그러니까 두 배를 배상해야 한다. 즉, 계약의 방향이 본격적으로 고정되는 시점이 바로 본계약이다.

본계약 단계에서 가장 중요한 건 특약 조항을 꼼꼼히 넣는 것이다. 근저당 말소, 관리비 정산, 포함되는 가전이나 가구 품목, 잔금일 조정 같은 것들이 모두 특약에서 결정된다. 여기서 제대로 합의하지 않으면 나중에 큰 분쟁이 생긴다.

❸ 중도금: 계약을 단단히 고정하는 장치

중도금은 계약을 더욱 견고하게 만드는 장치다. 매수인이 계약금 이후에 일정 금액을 중도금으로 지불하면, 이제 계약은 사실상 깨기 어려워진다. 매도인이 일방적으로 계약을 파기하려 해도 법적으로 거의 불가능하고, 매수인 역시 중도금을 포기하고 계약을 접는 건 큰 손실로 이어진다.

중도금의 비율은 보통 매매가의 20%에서 40% 선에서 정하는 경우가 많고, 자금 사정에 따라 조율할 수 있다. 중요한 점은 중도금이 들어가는 순간부터는 계약 이행 의무가 강하게 발생한다는 거다. 그래서 자금 계획을 확실히 세운 뒤에 중도금을 걸어야 한다.

매매 금액이 크지 않을 경우는 중도금 없이 바로 잔금 지급으로 넘어가기도 한다. 하지만 대부분의 부동산 계약을 할 때는 중도금 단계를 거치게 되고, 그때마다 대출 계획을 세밀하게 점검해야 한다. 한 번은 중도금을 내기 직전에 은행 대출이 예상보다 적게 나와서 당황한 적도 있었다. 다행히 지인에게 단기로 빌려서 해결했지만, 그때 자금 여력의 중요성을 뼈저리게 느꼈다.

❹ 잔금과 소유권 이전: 마지막 단계

마지막 단계는 잔금을 치르고 등기 이전 절차를 마무리하는 것이다. 이때부터 해당 부동산의 소유권이 완전히 매수인에게 넘어간다. 잔금일에는 통상적으로 다음 절차들이 동시에 진행된다.

먼저 매수인이 매도인에게 잔금을 송금한다. 그리고 매도인은 근저당권이나 임차보증금 같은 권리관계를 모두 정리한다. 중개인은 등기 이전에 필요한 서류를 준비하고, 매수인은 소유권 이전 등기 신청을 진행한다.

잔금일은 가급적 평일로 잡는 게 좋다. 은행의 자금 이체 한도, 대출 실행, 법원 등기소 업무 같은 것들이 모두 평일에 원활하게 돌아가기 때문이다. 또 세금 기준일인 6월 1일 전후로 잔금일을 어떻게 잡느냐에 따라 재산세와 종합부동산세의 부담 주체가 달라지니까 꼼꼼히 따져봐야한다.

나는 첫 잔금일이 정말 떨렸다. 대출 실행이 제대로 될지, 서류에 문제는 없을지 불안했다. 하지만 법무사와 중개인의 도움으로 무사히 마쳤고, 등기부등본에 내 이름이 올라갔을 때의 그 기분은 지금도 생생하다.

❺ 특약: 계약의 꽃

많은 초보자들이 간과하지만, 계약의 성패는 특약에서 갈린다. 특약은 말 그대로 매도인과 매수인이 추가로 합의한 내용을 적는 부분이다. 냉장고나 세탁기 같은 빌트인 가전을 포함할지, 수리를 누가 맡을지, 관리비 정산은 어떻게 할지와 같은 세부 사항을 명확히 기재해야 분쟁을 막을 수 있다.

예를 들어 신축 아파트의 경우, 매도자는 가전을 별도로 팔 생각이었는데, 매수자는 당연히 포함되는 줄 알았다가 큰 다툼이 생기기도 한다. 이런 상황은 특약에 "빌트인 가전 일체를 매수인이 인수한다."라는 문구 하나만 넣어도 깔끔하게 해결된다.

나도 한 번은 특약을 제대로 넣지 않아서 낭패를 본 적이 있다. 관리비 정산 방법을 명확히 하지 않아서 매도자와 실랑이를 벌였던 거다. 결국 내가 조금 더 부담하는 걸로 합의했지만, 그때 이후로는 특약을 작성할 때 훨씬 꼼꼼해졌다. 특약은 작은 갈등을 예방하고, 큰 손실을 막는 안전장치라는 걸 몸소 배웠다.

부동산 계약의 기본 구조를 이해하면 두려움이 사라지고, 오히려 계약이 든든한 보호막이 된다. 가계약 단계에서는 '찜하기' 정도로 가볍게, 본계약에서는 법적 구속력과 특약을 중시하고, 중도금에서는 계약의 안정성을, 잔금에서는 소유권 이전과 세금 문제를 꼼꼼히 챙기면 된다.

계약은 나의 재산을 지켜주는 장치이지, 결코 두려워할 대상이 아니다. 구조를 이해한 사람은 똑소리 나게 협상할 수 있고, 웃으면서 잔금까지 마무리할 수 있다. 나도 처음에는 부동산 계약서 한 장이 너무나 무서웠다. 하지만 100개가 넘는 부동산을 보유하기까지 수십 번의 계약을 경험했고, 이제는 자신 있게 누군가에게 가르쳐줄 수 있을 만큼 익숙해졌다.

초보자라면 우선 이러한 기본 구조부터 익히자. 그리고 이후에 세금, 대출, 법률 지식으로 영역을 넓혀가면 된다. 카드 빚에 허덕이던 내가 지금 이 자리까지 올 수 있었던 건, 포기하지 않고 한 걸음씩 배워나갔기 때문이다. 여러분도 할 수 있다. 계약의 기본만 제대로 이해해도, 부동산 투자의 절반은 성공한 거나 마찬가지다.

36 대출을 잘 받기 위한 전략

부동산 투자를 하거나 내 집 마련을 준비하는 사람들에게 가장 큰 고민은 무엇일까? 바로 대출이다. 집값은 높고, 내 자본은 한정되어 있기 때문에 결국 대출 없이는 거래가 불가능한 경우가 대부분이다.

정부의 대출 규제 방향을 숙지하라

정부는 집값이 과열될 때마다 대출을 가장 먼저 조인다. 왜냐하면 사람들의 '레버리지'가 줄어들면 집을 살 수 있는 힘이 약해지고, 그만큼 시장 열기가 가라앉기 때문이다.

최근에도 수도권과 규제 지역에서는 주택담보대출 한도를 6억 원으로 제한했고, 1주택자는 기존 주택을 처분해야 대출을 받을 수 있게 됐으며, 2주택 이상 보유자는 아예 주담대를 받을 수 없게 만들었다. 생활 안정 자금 대출도 1억 원까지만 허용한다.

"얼마까지 대출을 받을 수 있을까?"라는 질문보다 "정부가 어떤 방향으로 대출을 제한하고 있나?"를 먼저 읽어내야 한다는 것을 나는 경험을 통해 배우게 되었다. 그래야 현실에 맞는 전략을 세울 수 있다.

대출을 이야기할 때 빠지지 않는 용어가 있다. 바로 LTV와 DSR이다. 처음에는 나도 이 용어들이 너무 어렵게 느껴졌다. 하지만 알고 보니 생각보다 단순했다.

❶ LTV(Loan To Value)

집값 대비 대출 비율이다. 예를 들어 집값이 10억 원이고 LTV가 40%라면 최대 4억 원까지 대출받을 수 있다. 쉽게 말해 LTV는 "이 집을 담보로 얼마까지 빌려줄 수 있나?"를 정하는 기준이다.

❷ DSR(Debt Service Ratio)

연 소득 대비 대출 원리금 상환 비율이다. 예를 들어 연 소득이 5000만 원인데 원리금 상환이 2000만 원이라면 DSR은 40%다. 그러니까 DSR은 "당신 소득으로 이 대출을 갚을 수 있나?"를 따지는 기준이다.

정부는 집값이 오를 때 LTV를 낮추고, 가계 부채가 위험할 때 DSR 규제를 강화한다. 즉, 집값만 보고 대출을 계산하면 안 되고, 소득과 다른 대출까지 함께 고려해야 한다는 의미다.

잔금일과 세금까지
생각하는 자금 계획

대출 전략은 단순히 "얼마를 빌릴 수 있나?"에서 멈추면 안 된다. 언제, 어떻게 쓸 수 있느냐가 더 중요하다.

예를 들어 잔금일이 주말이라면, 은행이 닫혀 있어 송금에 문제가 생길 수 있다. 나도 한 번은 잔금일을 토요일로 잡았다가 큰 낭패를 볼 뻔했다. 다행히 금요일 오후에 미리 송금해서 해결했지만, 그 이후로는 무조건 평일로 잔금일을 잡는다.

또 재산세와 종합부동산세는 6월 1일 기준으로 부과된다. 그래서 잔금일을 6월 1일 전으로 잡을지 이후로 잡을지에 따라 세금 부담 주체가 달라진다. 이런 일정 관리가 허술하면 대출 실행이 지연되거나 세금 부담이 불필요하게 늘어날 수 있다.

따라서 계약할 때부터 잔금일과 대출 실행일을 평일과 세금 기준일에 맞추는 것이 현명하다. 별것 아닌 것 같지만, 이런 디테일이 투자 성공을 좌우한다.

중도금과 잔금, 균형이 중요하다!

아파트를 분양받거나 경매 낙찰을 받을 때는 보통 '계약금 → 중도금 → 잔금' 순서로 자금이 필요하다. 이때 대출이 언제, 어떤 조건으로 실행되는지 미리 알아야 한다.

예를 들어 계약금은 자기자본으로 내고, 중도금 대출은 건설사와 제휴된 은행을 통해 진행하는 경우가 많다. 하지만 정부가 중도금 대출까지 조이면 예상보다 큰 자기자본이 필요할 수 있다.

나도 이 부분에서 실수했다. 중도금 대출이 잘 나올 거라고 생각했는데, 막상 신청하니 한도가 예상의 절반밖에 안 나왔다. 급하게 지인들에게 손을 벌려야 했고, 그때 정말 마음고생이 심했다.

따라서 중도금 대출 여부, 이자율, 한도를 미리 확인해야 한다. 그리고 잔금 대출은 소유권 이전과 직결되므로 가장 중요한 대출이다. 중도금에 치중하다 잔금 대출이 막히면 계약 전체가 무너질 수 있다.

신용 관리가 곧 대출 전략이다

많은 사람들이 부동산 대출만 생각하지만, 은행은 신청자의 전체 금융 생활을 평가한다. 신용카드 연체, 과도한 마이너스통장과 신용대출 등은 모두 DSR에 반영된다.

부동산 대출을 계획한다면 최소 6개월 전부터는 신용 관리를 철저히 해야 한다. 불필요한 대출을 정리하고, 카드 사용을 줄이며, 소득 증빙을 확실히 하는 것이 중요하다. 실제로 같은 소득이라도 신용도에 따라 대출 금액과 금리가 달라진다는 점을 기억하자.

사업자 대출은 이제 어렵다

그동안 일부 투자자들은 주택 매매 사업자나 임대 사업자 등록을 통해 대출을 많이 받는 방법을 활용했다. 예전에는 규제의 사각지대가 있어서 경매는 낙찰가의 80~90%까지도 대출이 가능했다.

최근 규제로, 사업자 대출을 받아 부동산을 매입하는 것이 아예 봉쇄됐다. 수도권 주거용 부동산을 매입하는 경우, 사업자 대출은 원천 금지가 된 것이다. 다만 신규 주택을 건설하는 사업자라면 예외적으로 대출이 허용되기도 한다. 즉, 사업자를 통한 '레버리지 확대'는 이제 거의 불가능하다고 보는 게 맞다.

규제의 틈새를 읽어라

그렇다면 대출 전략은 끝난 걸까? 그렇지 않다. 규제가 심할수록 틈새 전략이 빛난다. 예를 들어 수도권 규제가 강력하면 지방 아파트에 투자하는 방법이 있다. 지방은 아직 대출 여력이 상대적으로 남아 있고, 낙찰가 대비 대출 비율도 높게 나오는 경우가 많다.

나도 수도권 규제가 심해졌을 때 지방으로 눈을 돌렸다. 지방의 물건을 여러 개 낙찰받았는데, 낙찰가의 80% 이상 대출이 나왔다. 수도권에서는 상상도 못 할 조건이었다.

또 소형 아파트나 저가 주택은 규제 영향을 덜 받는다. 6억 원 상한선을 의식한 소형 투자 전략이 유효한 이유다. 큰 집 한 채보다 작은 집 여러 채로 분산하는 것도 방법이다.

무리하지 마라, 그게 가장 중요하다

마지막으로 가장 강조하고 싶은 건, 대출은 무리하지 않는 범위에서 활용해야 한다는 점이다.

규제가 강화될수록 많은 사람들이 "이제 기회가 없다"며 영끌을 시도한다. 하지만 이는 가장 위험한 선택이다. 금리가 변동하거나, 집값이 예상대로 움직이지 않으면 쉽게 휘청인다.

나도 한 번은 욕심이 과했던 적이 있다. 좋은 물건이 나왔는데, 대출을 최대한 끌어다 샀다. 그런데 얼마 후 금리가 급등했다. 매달 나가는 이자가 예상의 두 배가 됐다. 월세 수익으로는 이자도 못 갚는 상황이 됐다. 결국 그 집을 손해 보고 팔았다.

그때 배웠다. 무리한 대출은 독이라는 것을. 이후로는 항상 여유를 두고 대출을 받는다. 소득 대비 감당할 수 있는 선에서, 최소한의 레버리지를 활용하는 것이 가장 안전한 길이다.

대출은 전략이다

대출은 단순히 돈을 빌리는 행위가 아니라, 내 자산을 키우는 도구이자 리스크 관리 수단이다. 정부 규제가 아무리 강력해도, 시장은 늘 빈틈을 만들어낸다. 중요한 건 규제가 나올 때마다 흔들리지 않고 "이 규제로 시장이 어디로 이

동할까?"를 읽어내는 것이다. 수도권이 막히면 지방으로, 고가 아파트가 막히면 중소형으로, 단타가 막히면 중장기로 시장이 이동한다.

카드 빚에 허덕이던 내가 지금 100여 개의 부동산을 보유할 수 있었던 건, 대출을 전략적으로 활용했기 때문이다. 처음에는 500만 원밖에 없었지만, 그 돈으로 레버리지를 만들었고, 그 레버리지가 다음 투자를 가능하게 했다.

대출은 두려워할 대상이 아니다. 제대로 이해하고 전략적으로 설계하면, 대출은 당신의 인생을 바꿀 수 있는 가장 강력한 도구가 된다. 나처럼 말이다.

37

전세보증금
안전하게 지키는 법

나는 월세도 살아보고 전세도 살아보았다. 직장에 다니면서부터는 매달 내는 월세 대신 전세로 옮겨서 월 지출을 줄이고 싶은 마음이 간절해졌다. 부모님에게 빌린 돈과 친구들에게 어렵게 얻은 돈을 모아 겨우 전세보증금을 마련했다. 그 돈은 내게 전 재산이었다.

전세보증금은 소중한 내 자산

나에게는 전 재산인 전세보증금은 이사하고 집주인이 보증금을 입금해 줄 때까지 불안한 마음이 계속 들었다. 혹시라도 사정이 여의치 않아서 반환일을 늦추거나, 연락 두절이 되거나, 반환 능력이 안 되는 사람이면 어쩌나 하는 불안함을 떨쳐버릴 수 없었다.

전세는 단순히 집을 구하는 게 아니라, 내 자산을 지키기 위한 싸움이라는 것을 알게 되었다. 다행히 전세사기 같은 험한 일은 당하지 않았지만, 계속 전전긍긍하며 내 전세보증금을 지키기 위해 이것저것 알아보고 관공서에 찾아다니면서 안전장치를 해놓았다.

계약 전, 이것만은 반드시 확인하라

전세 계약은 집을 보러 가는 순간부터 시작된다. 단순히 집 내부가 예쁜지, 햇빛이 잘 드는지만 볼 게 아니다. 계약의 안전성을 먼저 따져야 한다.

❶ 전세가율, 70%가 위험선이다.

전세가율이란 전세금이 매매가의 몇 퍼센트를 차지하는지를 보여주는 지표다. 일반적으로 전세가율이 70%를 넘으면 위험 신호다.

예를 들어 매매가가 3억 원인 집의 전세가가 2억 5천만 원이라면? 전세가율은 83%다. 이 경우 집값이 조금만 떨어져도 보증금을 돌려받기 어려워진다. 집주인이 집을 팔아도 대출과 전세금을 다 갚을 수 없기 때문이다.

아무리 조건이 좋아 보여도 전세가율이 높은 물건은 미련을 버려야 한다.

❷ 등기부등본, 하루에도 여러 번 확인하라.

등기부등본에는 소유자와 각종 권리관계가 기록되어 있다. 선순위 근저당권이나 가압류, 신탁 같은 건 보증금을 위협하는 위험 요소다.

특히 근저당이 많으면? 집주인이 대출을 갚지 못할 경우 경매가 진행되고, 세입자는 후 순위로 밀려날 수 있다.

중요한 건, 등기부등본은 한 번만 확인하면 안 된다는 거다. 계약 전에 확인하고, 잔금 지급 직후에도 다시 확인하고, 심지어 다음 날에도 또 확인해야 한다. 집주인이 잔금을 받은 직후 새로운 대출을 받아 근저당을 설정하는 경우가 있기 때문이다.

나는 지금도 투자할 때 등기부등본을 최소 서너 번은 본다. 한 번은 계약 당일 아침에 확인했는데, 전날 밤에 새로운 근저당이 설정된 걸 발견했다. 즉시 계약을 중단했고, 그 집은 나중에 경매로 넘어갔다. 꼼꼼한 확인이 나를 구한 거다.

❸ 집주인의 세금 체납도 확인하라.

예전에는 집주인의 동의가 있어야만 열람할 수 있었지만, 최근에는 세입자가 직접 세무서에서 확인할 수 있도록 제도가 바뀌고 있다.

체납 세금이 많다면? 경매 시 세금이 우선 변제되어 세입자가 보증금을 잃을 수 있다. 그러니까 집주인이 세금을 안 내고 있다면, 그 집은 위험하다는 신호다.

❹ 계약 체결, 특약이 나를 지킨다.

계약을 체결할 때는 단순히 계약서에 도장을 찍는 게 아니다. 나의 권리를 보장받기 위한 장치를 하나하나 챙겨야 한다.

❺ 임대인이 진짜 주인이 맞나?

계약자가 실제 소유자인지 반드시 확인해야 한다. 혹시 대리인이라면 위임장과 인감증명서를 갖추고 있는지도 체크해야 한다. 신분증 확인은 기본이다.

❻ 중개업소도 확인하라.

무등록 중개업소에서 계약하면? 사고가 나더라도 책임을 묻기 어렵다. 국가공간정보포털에서 간단히 조회할 수 있으니 반드시 확인해야 한다. 나는 무조건 중개업소 등록증을 먼저 본다. 그리고 중개사 자격증도 확인한다. 이건 기본 중의 기본이다.

❼ 특약, 여기에 내 안전이 달려 있다.

국토교통부에서 제공하는 주택임대차 표준계약서를 활용하면 권리 보장을 위한 특약을 쉽게 기재할 수 있다.

예를 들어 다음과 같은 특약을 넣는 거다. "잔금일 이후 근저당권 등 권리변동이 발생하면 계약은 무효로 하고, 임대인은 손해배상 한다." 이런 문구 하나가 나를 지킨다.

또 필요하다면 '전세권 설정 등기'에 동의한다는 특약도 추가할 수 있다. 전세권 설정은 비용이 들지만, 임차인이 직접 경매를 신청할 수 있는 강력한 권리다. 위험한 상황에서 정말 유용하다.

계약서를 작성했다고 끝난 게 아니다. 계약 직후에는 반드시 임대차 신고제를 이행해야 한다. 계약 후 30일 이내에 주민센터나 온라인(주택임대차 신고 시스템)을 통해 신고할 수 있다. 이 신고를 통해 임차인의 권리가 공식적으로 인정되고, 추후 법적 분쟁이 발생했을 때 증거가 된다.

나도 처음에는 이걸 몰랐다. 그냥 계약서만 쓰면 되는 줄 알았다. 신고를 해야 내 권리가 제대로 보호받을 수 있다.

또 계약 이후에도 등기부등본을 재확인해야 한다. 집주인이 새로운 대출을 받아 근저당을 설정하는 경우가 있기 때문이다. 잔금일 전후로 반드시 확인하고, 권리변동이 없는지 체크해야 한다.

이사 후, 이것만은 꼭 하라

마지막 단계는 잔금을 치르고 이사를 한 후의 절차다.

❶ 전입신고와 확정일자

전입신고와 확정일자는 반드시 받아야 한다. 전입신고는 대항력을, 확정일자는 우선변제권을 의미한다.

전입신고를 하면 새로운 집주인이 나타나더라도 임차권을 주장할 수 있고, 확정일자를 받아두면 경매 시 후 순위 채권자보다 앞서 보증금을 돌려받을 수 있다. 이러한 두 절차는 주민센터에서 한 번에 처리할 수 있다. 이사한 날 바로 가서 처리하자. 미루면 안 된다.

❷ 전세보증금 반환 보증보험

집주인이 파산하거나 경매로 집이 넘어가도 보증금을 안전하게 돌려받을 수 있도록 보증기관이 대신 지급해 준다.

주택도시보증공사(HUG), 한국주택금융공사, SGI서울보증 등에서 가입할 수 있다. 다만 불법 건축물이나 전세가율이 지나치게 높은 경우는 가입이 불가능하다. 그래서 계약 전 단계에서 전세가율을 확인하는 게 중요한 거다.

나는 임차인에게 이 보험을 꼭 들라고 권한다. 물론 비용이 들지만, 수억 원의 보증금을 지키는 데 비하면 작은 돈이다.

❸ 임차권등기명령

만약 계약 만료 시 보증금을 돌려받지 못하고 전출을 해야 하는 상황이 오면? 반드시 **임차권등기명령**을 신청해야 한다.

임차권등기를 해두면 전출을 하더라도 대항력을 잃지 않는다. 나중에 보증금을 돌려받을 권리를 유지할 수 있다는 뜻이다.

내 지인 중 한 명이 이걸 몰라서 큰 손해를 봤다. 보증금을 못 받고 전출했는데, 임차권등기를 하지 않아서 권리를 잃어버린 거다. 지금도 소송 중이지만, 돌려받기는 어려울 것 같다.

❹ 전세는 금융 거래다

전세는 여전히 많은 사람들이 선택하는 주거 방식이다. 하지만 그만큼 위험도 크다. 특히 수억 원에 이르는 보증금이 걸려 있는 만큼, 작은 부주의가 평생의 재산 손실로 이어질 수 있다.

전세 계약은 단순히 "집을 구한다"는 개념이 아니라, 나의 자산을 지키기 위한 금융 거래라는 것을 반드시 기억해 두자.

앞서 설명한, '전세보증금 안전하게 지키는 법'을 간단히 정리하면 다음과 같다.

첫째, 전세가율 확인 – 70% 이상은 위험

둘째, 등기부등본 철저 검토 – 여러 번 확인

셋째, 계약서 특약 기재 – 내 권리를 명확히

넷째, 전입신고·확정일자·보증보험 – 이사 당일 바로

이 네 단계만 꼼꼼히 챙기면 대부분의 전세사기와 깡통전세 피해는 막을 수 있다.

우리의 소중한 전세보증금을 안전하게 지키는 길은 결코 어렵지 않다. 다만 작은 수고를 아끼지 않고, 기본 원칙을 반드시 지키는 습관이 필요할 뿐이다.

38

임대차보호법, 제대로 이해하기

집을 매매하면 소유자는 법원에 소유권이전 등기를 해서 누구나 법적으로 주인이 누구인지 확인할 수 있다. 그런데 전세나 월세로 집을 빌려 사는 임차인은 등기에 이름이 오르지 않는다. 과거에는 이 때문에 세입자가 법적 보호를 받지 못해 보증금을 잃는 일이 많았다. 이런 문제를 해결하기 위해 1981년 주택임대차보호법이 만들어졌다.

주택임대차보호법
세입자의 보증금과 거주를 보호해주는 법으로, 계약 기간과 우선변제권 등을 보장해줌.

주택임대차보호법은 민법만으로는 보호받기 어려운 임차인을 위한 특별법이다. 쉽게 말해 세입자가 집을 잃지 않고 보증금을 돌려받을 수 있게 만든 법이다. 이 법은 크게 세 가지 핵심 권리를 중심으로 이해할 수 있다. 바로 대항력, 우선변제권, 최우선변제권이다.

대항력이란 무엇인가

대항력은 집주인이 바뀌어도 계약 기간 동안 그대로 살 수 있고, 보증금 반환도 새 집주인에게 요구할 수 있는 권리다. 제3자에게 임대차 관계를 주장할 수 있는 힘을 말한다.

대항력을 갖추려면 두 가지 요건이 필요하다. 첫째, 실제로 입주해서 거주해야 하고, 둘째, 전입신고를 마쳐야 한다. 이 두 가지 요건을 충족하면 다음 날 0시부터 대항력이 발생한다.

예를 들어 오늘 전입신고를 했는데 내일 집주인이 집을 팔았다면, 세입자는 여전히 그 집에서 살 권리가 있고 보증금도 새 집주인에게 요구할 수 있다. 집주인이 바뀌었다는 이유로 쫓겨나지 않는다는 뜻이다.

주의할 점은 순위다. 전입신고와 입주를 하기 전에 집주인이 은행에서 근저당 대출을 받았다면, 임차인은 은행보다 후 순위가 되어 보증금을 돌려받기 어려워질 수 있다. 따라서 전입신고와 동시에 바로 확정일자를 받는 것이 안전하다.

우선변제권으로 보증금을 지킨다

우선변제권은 집이 경매나 공매로 넘어갔을 때 다른 채권자들보다 보증금을 먼저 변제받을 수 있는 권리다. 이 권리를 가지려면 대항력 요건인 입주와 전입신고에 더해 확정일자를 갖추어야 한다.

확정일자는 계약서를 가지고 주민센터에서 도장을 받는 것이다. 이 도장은 계약이 언제 체결되었는지를 공식적으로 증명해 준다. 확정일자가 있으면 경매 절차에서 배당을 신청할 수 있고, 보증금을 순위에 따라 돌려받을 수 있다.

보증금 1억 원에 전세를 살던 세입자가 확정일자를 받아두었다면, 집이 경매로 넘어가더라도 후 순위 채권자보다 먼저 1억 원을 배당받을 수 있다. 확정일자는 세입자에게 경매 배당에서 순위를 정하는 기준이 되는 중요한 장치다.

최우선변제권, 소액 임차인의 안전망

최우선변제권은 소액 임차인을 위한 특별한 보호 장치다. 보증금이 일정 금액 이하인 세입자에게는 다른 어떤 권리보다 먼저 일정액을 보장해 주는 제도다.

서울의 경우 보증금이 1억 5천만 원 이하인 세입자는 그중 5천만 원까지 최우선으로 보호된다. 집이 경매로 넘어가더라도 최소한 5천만 원은 안전하게 돌려받을 수 있다는 뜻이다. 지역마다 기준 금액이 다르므로 해당 지역의 보증금 기준을 확인해야 한다.

최우선변제권을 받으려면 두 가지 요건이 필요하다. 전입신고와 실제 거주로 대항력을 갖추어야 하고, 경매개시결정 등기 전에 요건을 충족해야 한다. 이 제도는 보증금이 적은 서민들을 보호하기 위한 최소한의 안전망이다.

계약 갱신으로 안정적인 거주 확보

주택임대차보호법은 임차인이 안정적으로 거주할 수 있도록 계약 갱신 제도도 보장하고 있다. 크게 세 가지 방법이 있다.

❶ 묵시적 갱신

계약 만료 전 임대인과 임차인 모두 별도 의사 표시가 없으면 자동으로 2년 연장되는 제도다. 임차인은 언제든 해지 통보 후 3개월 뒤 나갈 수 있다. 별도로 계약서를 새로 작성하지 않아도 자동으로 연장되기 때문에 편리하다.

❷ 재계약

임대인과 임차인이 합의해 조건을 변경하면서 새로 계약하는 방식이다. 보증금을 올리거나 월세로 전환하는 경우가 여기에 해당한다. 보증금이 증액되면 증액분에 대해 확정일자를 다시 받아야 한다는 점을 명심해야 한다.

임차인이 한 번에 한해 계약 갱신을 요구할 수 있는 권리이다. 임대인은 정당한 사유가 없으면 이러한 임차인의 요구를 거절할 수 없다. 이 경우 계약이 2년 연장되며 임대료는 5% 이내로만 인상 가능하다. 이 제도 덕분에 임차인은 집주인의 일방적인 결정으로 쫓겨나지 않고 안정적으로 거주할 수 있다.

강화된 세입자 보호

최근 정부는 전세사기 피해가 늘어나자 임대차보호법과 관련 제도를 보완했다. 대표적으로 집주인 동의 없이도 세입자가 세금 체납 여부를 열람할 수 있도록 했다. 예전에는 집주인 동의가 필요했지만 이제는 세무서에서 직접 확인할 수 있다.

또 전세금이 국세보다 우선 변제되도록 바뀌었다. 과거에는 세금이 먼저 변제됐지만 이제는 세입자 보증금이 우선이다. 이는 세입자의 보증금 안전을 더 강력하게 지켜주는 장치다.

세입자가 반드시 지켜야 할 것들

세입자가 자신을 보호하기 위해 반드시 실천해야 할 사항들이 있다.

계약 전에는 등기부등본을 확인해서 근저당이나 가압류가 있는지 살펴야 한다. 전세가율도 확인해야 하는데, 전세가율이 70%를 넘으면 위험 신호로 봐야 한다. 집주인의 세금 체납 여부도 세무서에서 확인할 수 있으니 반드시 체크해야 한다.

계약 후에는 전입신고와 확정일자를 즉시 진행해야 한다. 이사한 날 바로 주민센터에 가서 처리하는 것이 가장 안전하다. 임대차 신고는 계약 후 30일 이내에 주민센터나 온라인으로 해야 한다.

전세보증금 반환 보증보험에 가입하는 것도 중요하다. 주택도시보증공사나 한국주택금융공사 등에서 가입할 수 있으며, 집주인이 파산하거나 경매로 집이 넘어가도 보증금을 보호받을 수 있다.

계약서 작성 시에는 특약 조항을 꼼꼼히 넣어야 한다. 잔금일 이후 추가 근저당 설정을 금지하는 조항이나, 관리비 정산 방법 등을 명확히 기재하면 분쟁을 예방할 수 있다.

주택임대차보호법은 세입자의 삶과 직결되는 최소한의 안전망이다. 대항력, 우선변제권, 최우선변제권이라는 세 가지 핵심 권리를 이해하고 활용해야 한다. 계약 갱신 제도도 본인의 상황에 맞게 현명하게 선택해야 한다. 이 법의 핵심은 한 가지다. 임차인이 안심하고 살 수 있도록 하는 것. 따라서 임대인과 임차인 모두 법의 취지를 이해하고 성실히 지켜 나갈 때, 불필요한 분쟁은 줄어들고 주거 안정은 강화될 수 있다.

39

좋은 중개사를 고르는 5가지 기준

집을 구할 때 가장 중요한 파트너는 바로 공인중개사다. 부동산 계약은 단순히 집을 보고 계약서를 쓰는 일이 아니다. 매물의 상태 확인, 권리관계 검토, 집주인과 세입자 사이의 협의, 계약서 작성과 특약 기재까지 모두 중개사의 손을 거친다.

좋은 중개사를 만나는 것은 내 돈을 지키는 첫걸음이다. 그런데 같은 단지, 같은 동네에도 부동산 사무소는 많다. 그중 어떤 곳을 선택해야 나에게 든든한 조력자가 될 수 있을까? 지금부터 "좋은 중개사를 고르는 5가지 기준"을 살펴보자.

보유 매물과 지역 전문성

첫 번째 기준은 그 중개사가 얼마나 많은 매물을 보유하고 있는지, 그리고 해당 지역에 얼마나 전문성을 가지고 있는가이다.

네이버 부동산에 들어가 보면 중개사무소별 보유 매물 수를 확인할 수 있다. 어떤 곳은 전세 2건, 매매 3건 정도만 가지고 있지만, 어떤 곳은 수십 건의 매물을 보유하고 있기도 하다. 보유 매물이 많다는 것은 단순히 물건이 많다는 의미를 넘어선다. 그만큼 오랫동안 지역에서 자리를 지켜왔고, 집주인들과 신뢰 관계를 맺고 있다는 뜻이다. 단골손님이 많을 가능성도 높다.

또한 좋은 중개사는 해당 단지와 지역에 대한 설명이 풍부하다. "이 아파트는 남향이라 겨울에도 햇빛이 잘 들어옵니다", "주차가 저녁에는 조금 힘든데, 곧 확장 공사가 예정되어 있어요", "바로 옆에 초등학교가 있어서 학부모 선호도가 높습니다" 등 세세한 설명이 따라온다. 이런 브리핑을 들으면 단순히 집만 보는 것이 아니라 동네 생활까지 미리 체험하는 느낌이 든다. 이런 중개사가 바로 좋은 중개사다.

설명 의무를 성실히 이행하는가

두 번째 기준은 '설명 의무'를 제대로 지키는가이다. 공인중개사는 법적으로 '중개대상물 확인·설명서'를 작성하고, 계약자에게 중요한 내용을 설명할 의무가 있다.

예를 들어, 매물에 하자가 있는지, 누수가 있었는지, 집주인이 세금을 체납하고 있지는 않은지, 등기부등본에 근저당권은 얼마나 설정되어 있는지 등을 설명해야 한다. 하지만 현실에서는 이 부분을 대충 넘어가는 경우가 많다.

좋은 중개사는 이런 과정을 절대 건너뛰지 않는다. 계약 전에 꼼꼼하게 등기부등본을 보여주고, 권리관계도 설명한다. 하자가 있으면 미리 알려주고, 그 부분을 계약서 특약에 어떻게 넣을지까지 조언해 준다. 설명을 귀찮아하거나 "그냥 다 괜찮습니다."라며 얼버무린다면 그런 곳은 피하는 게 낫다. 왜냐하면 계약 후 문제가 발생하는 경우 중개사가 법적 책임을 져야 하는 상황도 생기지만, 실제로는 세입자와 집주인이 가장 큰 피해를 입기 때문이다.

적극성과 협상력

세 번째 기준은 적극성과 협상력이다. 좋은 중개사는 집을 보여줄 때 "그냥 보세요." 하고 방치하지 않는다. "이 방은 다른 동보다 구조가 넓습니다", "이 집은 최근에 도배와 장판을 새로 했습니다", "주방은 조금 낡았지만 협의하면 집주인이 수리해 줄 수 있습니다" 등 집을 구체적으로 설명해 준다. 또 누수 흔적이나 하자 부분이 있으면 임대인에게 직접 물어봐 주거나, 수리 가능 여부를 협의해 주기도 한다.

무엇보다 중요한 것은 협상력이다. 보증금, 월세, 관리비, 잔금일 같은 조건은 중개사가 어떻게 조율하느냐에 따라 수백만 원이 달라질 수 있다. 좋은 중개사는 집주인 눈치만 보지 않는다. "세입자 입장에서는 관리비가 부담되니 조금 조정해 주시죠", "전세가율이 높아 위험할 수 있으니 보증보험 가입 조건을 넣는 게 좋습니다" 같은 말로 내 편에서 협상해 주는 사람이 필요하다.

투명한 태도와 신뢰감

네 번째 기준은 투명한 태도와 신뢰감이다. 부동산 계약은 돈이 오가는 일이다 보니, 신뢰가 무엇보다 중요하다.

만약 중개사가 특정 매물만 집요하게 권한다면 의심해 봐야 한다. 왜냐하면 일부 집주인들은 중개사에게 수수료를 더 얹어 주기도 한다. 그러면 중개사는 임차인 입장에서는 크게 메리트 없는 집이라도 억지로 권할 수 있다.

또 좋은 중개사는 내가 질문했을 때 돌려 말하지 않고 명확하게 답해 준다. "이 집은 관리비가 얼마나 나오나요?", "집주인에게 세금 체납은 없나요?", "근저당이 설정되어 있는데 안전한가요?" 같은 질문에 구체적으로 답하지 못하거나, "괜찮습니다, 문제없습니다"로만 일관한다면 신뢰할 수 없다.

반대로 좋은 중개사는 "이 부분은 제가 확인해 보고 다시 알려드리겠습니다."라고 솔직하게 말한다. 모든 걸 다 알 수는 없지만, 모르는 걸 인정하고 확인해 주는 태도가 오히려 더 신뢰를 준다.

사후 관리와
책임감

다섯 번째 기준은 사후 관리와 책임감이다. 계약이 끝났다고 해서 중개사의 역할이 끝나는 것이 아니다. 오히려 계약 후 문제가 생겼을 때, 중개사가 어떻게 대처하느냐가 진짜 실력을 가른다.

예를 들어, 잔금 후에 집 안에서 하자가 발견되거나, 관리비 정산 문제로 집주인과 갈등이 생길 수 있다. 이런 상황에서 "저는 중개만 했으니 두 분이 알아서 하세요."라며 발을 빼는 중개사도 있다. 하지만 좋은 중개사는 끝까지 책임감을 가지고 조율한다. 임차인과 임대인 사이에서 감정싸움이 되지 않도록 중간에서 중재해 주고, 문제 해결을 위해 필요한 서류를 챙겨주거나 법적 절차까지 안내한다.

또한 좋은 중개사는 장기적으로 관계를 이어간다. 계약이 끝나도 "관리비 정산 잘 됐나요?", "잔금 치른 후 불편한 점 없으신가요?" 하고 확인 전화를 주기도 한다. 이런 중개사는 단순한 거래 상대가 아니라, 평생의 파트너가 될 수 있다.

집을 구하는 일은 인생에서 가장 큰돈이 오가는 중요한 결정이다. 그리고 그 길잡이가 되어 줄 사람은 결국 중개사다. 매물만 보여주는 사람이 아니라, 내 편에서 권리관계를 확인해 주고, 협상해 주고, 계약 후 문제까지 책임져 주는 사람이 좋은 중개사다.

좋은 중개사가
안전한 거래를 만든다

집을 구하는 일은 인생에서 큰돈이 오가는 중요한 결정이다. 그 길잡이가 되어 줄 사람은 중개사다. 단순히 매물만 보여주는 사람이 아니라, 권리관계를 확인해 주고 협상해 주고 계약 후 문제까지 책임져 주는 사람이 좋은 중개사다.

앞서 살펴본 바와 같이 좋은 중개사를 고르는 다섯 가지 기준은 보유 매물과 지역 전문성, 설명 의무 성실 이행, 적극성과 협상력, 투명한 태도와 신뢰감, 사후 관리와 책임감이다. 이 다섯 가지를 기억하고 여러 중개사를 비교해 본다면 불필요한 분쟁을 줄이고 안전한 거래를 할 수 있을 것이다.

중개사무소를 방문할 때는 한 곳만 보지 말고 최소 두세 곳을 비교하는 것이 좋다. 같은 매물이라도 중개사에 따라 설명 방식과 협상 능력이 다르다. 시간을 들여 좋은 중개사를 찾는 것이 결국 내 재산을 지키는 길이다.

16. 명도 후 뒷이야기

낙찰은 끝이 아니라 시작. 낙찰 후 과정부터 명도,
인도명령까지 실제 사례를 통해 들여다보기.

17. 기일입찰표 작성법 총정리

입찰 시 필요한 서류, 준비물, 기일입찰표 작성법.
법원에서 무효 처리될 수 있는 경매 에피소드.

18. 빌라 도로 지분 경매

빌라 도로 공유 지분 낙찰 수익 창출 방법.
실제 낙찰 사례로 수익 구조 풀어 보기.

19. 재개발 구역 빌라 임장

재개발 구역 빌라 임장 제대로 하는 방법.
입찰부터 낙찰까지 실제 구역과 함께 살펴보기.

20. 부동산 가치 하락 시 주목해야 할 포인트

흔들리는 시장에서도 여전히 주목해야 할 포인트.
충분한 가치를 가진 곳, 그 이유 자세히 설명.

[계약 실전 체크리스트]
나의 자산 지키기

※ 계약은 단순한 절차가 아니라, 당신의 자산을 지키는 장치입니다.
  각 단계별로 다음 표를 따라 체크하며 실천하면 초보자도 실전에서 실수 없이 진행할 수 있습니다.

1. 계약 전 준비 - 정보 확인 & 리스크 점검

체크 항목	내용 및 주의 포인트
☐ 등기부등본 확인	말소기준권리·근저당·가압류·소유자 일치 여부를 확인한다.
☐ 전세가율 점검	매매가 대비 전세금 비율이 70%를 넘으면 위험하다.
☐ 대항력 있는 임차인 여부	전입신고 및 확정일자 여부를 반드시 확인한다.
☐ 세금 체납 조회	세무서에서 집주인 체납 여부 확인 가능. 체납 시 우선 변제 위험 있음.
☐ 중개업소 등록 확인	국토부 공인중개사 조회 시스템에서 등록 여부 확인.
☐ 실제 점유자 확인	현장 임장을 통해 거주자와 사용 현황을 반드시 확인한다.
☐ 건물 하자 점검	누수, 전기, 배수, 난방, 주차 등 기본 상태를 사진으로 기록해 둔다.
☐ 매도 사유 파악	급매·상속·이사 등 이유가 명확한지 체크한다.

2. 가계약 단계 - '찜'에서 '계약'으로

체크 항목	내용 및 주의 포인트
☐ 가계약금 입금 계좌	반드시 매도인 명의 계좌로 송금한다.(대리인 계좌 금지)
☐ 가계약서 작성	본계약 일정과 계약금 비율을 명시한다.
☐ 위약 규정 이해	가계약금 포기 또는 배액 배상 조건을 숙지한다.
☐ 매도인 신분증 확인	실소유자 본인인지 반드시 대면 확인한다.

※ 주의: 가계약은 법적 구속력이 약하다. 본계약 체결 전까지 '예약' 수준임을 인식하자.

3. 본계약 단계 - 법적 효력의 시작

체크 항목	내용 및 주의 포인트
☐ 계약서 원본 3부	매도인·매수인·중개인 각 1부씩 보관한다.
☐ 계약금 10% 송금	계약 당일 송금 후, 영수증을 첨부해 보관한다.
☐ 특약 조항 기재	근저당 말소, 가전 포함, 잔금일 조정 등을 구체적으로 명시한다.
☐ 인감증명서 확인	매도인의 실인감 사용 여부를 반드시 확인한다.
☐ 중개대상물 확인설명서	중개사로부터 서면 설명서를 받고 서명한다.
☐ 계약 당일 등기부 재확인	계약일 오전 기준 최신본 확인 필수.

※ 특약 예시: "잔금일 이후 추가 근저당 설정 시 계약은 무효로 한다." "빌트인 가전 일체는 매매대금에 포함한다."

4. 중도금 단계 - 계약을 단단히 고정하는 시기

체크 항목	내용 및 주의 포인트
☐ 중도금 비율	보통 매매가의 20~40% 수준에서 조율한다.
☐ 대출 실행일 확인	은행 승인 일정·평일 여부를 반드시 확인한다.
☐ 자금계획 점검	자기자본·대출·보증금 조달 계획을 세부 일정별로 점검한다.
☐ 이자 부담 계산	대출이자율·납입일·이자 총액을 미리 계산한다.
☐ 권리 말소 진행 상황	근저당 말소 확인서 또는 서면 약속서를 확보한다.

※주의: 중도금 송금 이후에는 해제 불가. 대출 승인 전에는 절대 송금하지 않는다.

5. 잔금 및 소유권 이전 단계 - 계약의 완성

체크 항목	내용 및 주의 포인트
☐ 잔금일 일정 조율	반드시 평일에 설정한다. (은행·법무사 업무일)
☐ 잔금 송금 전 등기부 재확인	새로운 권리 설정 여부를 재점검한다.
☐ 대출 실행 확인	대출 실행 시간·송금 순서를 확인한다.
☐ 등기 서류 준비	인감증명서·등기필증·위임장·주민등록초본 등을 준비한다.
☐ 법무사 확인	소유권 이전 등기 신청 완료 여부를 반드시 확인한다.
☐ 세금 기준일 체크	6월 1일 전후 잔금 시 세금 부담 주체가 달라진다.
☐ 관리비·공과금 정산	중개인 입회하에 정산서를 작성한다.

※팁: 등기부등본에 내 이름이 올라가는 순간이 거래의 진짜 완성이다.

6. 사후 관리 단계 - 세금·보증·등기 후 점검

체크 항목	내용 및 주의 포인트
☐ 취득세 납부	잔금 후 60일 이내 납부한다. (기한 초과 시 가산세 발생)
☐ 등기완료증 수령	법무사로부터 등기필증·등기부등본 원본을 수령한다.
☐ 부동산세 신고	재산세·종부세 기준일(6월 1일)을 확인한다.
☐ 전입신고·확정일자	실입주자는 즉시 진행해 대항력을 확보한다.
☐ 보증보험 가입	전세보증금 반환보증 등 필요 시 가입한다.
☐ 거래 내역 보관	계약서·입금증·등기부등본을 파일로 영구 보관한다.

7. 자기 점검 질문

질문	내 답변	
계약의 4단계 구조(가계약-본계약-중도금-잔금)를 명확히 이해하고 있는가?	☐ 예	☐ 아니오
계약서의 특약을 직접 검토하고 수정할 수 있는가?	☐ 예	☐ 아니오
등기부등본, 세금 기준일, 대출 실행일의 관계를 알고 있는가?	☐ 예	☐ 아니오
거래 후에도 관리비, 세금, 등기 여부를 직접 확인하고 있는가?	☐ 예	☐ 아니오

부동산 계약은 '운'이 아니라 '준비'입니다.

서류를 한 번 더 확인하고, 날짜를 하루 더 고민하고, 특약을 한 줄 더 적는 사람만이 돈을 지킬 수 있습니다.

서명하기 전, 이 체크리스트를 반드시 한 번 더 펼쳐보세요!

CAPITAL
GAINS TAX
%

9부

실전!
지금 당장 시작할 수 있는 투자

40

실거래가
확인하고 분석하는 법

.부동산을 거래할 때 가장 많이 들을 수 있는 말 중 하나가 "실거래가 확인해 보셨어요?"라는 질문이다. 실거래가는 말 그대로 실제로 거래된 가격을 뜻하는데, 이 정보가 중요한 이유는 단순하다. 아무리 주변 시세가 높게 잡혀 있어도 실제로 그 가격에 거래된 내역이 없다면 허공에 떠도는 숫자에 불과하기 때문이다.

집을 사거나 팔거나, 혹은 전세 계약을 맺을 때 반드시 실거래가를 확인하고 분석해야 안전한 결정을 내릴 수 있다. 이번 장에서는 실거래가를 확인하는 구체적인 방법과, 그 데이터를 어떻게 분석해야 하는지 이해하기 쉽게 정리해 보려 한다.

실거래가란 무엇인가?

실거래가는 부동산 매매나 전세·월세 계약이 실제로 체결되었을 때 관할 구청에 신고된 금액을 말한다. 부동산 거래 신고법에 따라 계약 체결일로부터 30일 이내에 신고해야 하며, 이 데이터는 국토교통부 시스템을 통해 국민에게 공개된다. 따라서 실거래가는 '소문'이나 '호가(집주인이 원하는 가격)'가 아니라, 법적으로 신고된 객관적인 거래 내역이라는 점에서 신뢰할 수 있다.

예를 들어, A 아파트 전용 84㎡가 11억 원에 거래되었다면, 이 거래의 계약일·거래 금액·층수·거래 유형 등이 모두 국토교통부 실거래가 공개시스템에 기록된다. 이 시스템을 통해 전세라면 보증금과 월세를, 오피스텔이라면 임대 형태까지 확인할 수 있다. 결국 실거래가는 현재 시장에서 돈이 실제로 오간 증거라고 할 수 있다.

실거래가 확인 방법

가장 대표적인 실거래가 조회 방법은 국토교통부에서 운영하는 '실거래가 공개시스템'을 활용하는 것이다.

인터넷 검색창에 '국토교통부 실거래가 공개시스템'을 입력한다. 접속 후 부동산 유형(아파트, 연립·다세대, 단독·다가구, 오피스텔, 토지 등)을 선택한다.

시·도 → 구·군 → 동 → 단지를 입력하면 최근 거래 내역이 표로 나타난다. 매매의 경우 계약일, 거래금액, 층수까지 확인 가능하며, 전·월세는 보증금과 월세가 표시된다.

이 외에도 민간 사이트인 아실(아파트 실거래가), 호갱노노 같은 플랫폼을 활용하면 한층 더 상세한 정보를 얻을 수 있다. 국토부 시스템이 동 단위까지만 보여 주는 데 비해, 아실은 동과 층까지 구체적으로 표시해 준다. 이를 활용하면 같은 아파트 단지 안에서도 어느 동, 어느 층이 상대적으로 더 비싸거나 저렴하게 거래되었는지 비교할 수 있다.

실거래가 분석의 핵심 포인트

실거래가를 단순히 확인하는 데서 멈추지 말고, 반드시 분석해야 한다. 분석은 크게 세 가지 질문으로 나눠 볼 수 있다.

❶ 최근 거래 추세는 어떤가?

실거래가는 계약일 기준으로 공개되므로, 특정 단지의 거래 빈도와 추세를 살펴보는 게 중요하다. 예를 들어 최근 3개월 동안 꾸준히 거래가 이어졌다면 그 단지는 수요가 꾸준한 지역일 가능성이 크다. 반대로 거래가 몇 달 동안 뜸하다가 단발적으로 성사되었다면 시장에서 소화되기 어려운 단지일 수 있다.

❷ 층수·동별 가격 차이를 비교했는가?

같은 아파트라도 층이나 동 위치에 따라 가격이 달라진다. 예를 들어 남향 고층은 11억 원에 거래되었는데, 저층은 10억 5천만 원에 거래되었다면, 층수에 따른 가격 차이가 약 5천만 원이라는 점을 알 수 있다. 이 차이는 나중에 매도할 때 협상 기준이 된다.

❸ 시세와의 차이는 얼마나 되는가?

시세는 현재 예상 거래 가격, 실거래가는 실제 계약 가격이다. 만약 KB부동산 시세가 12억 원인데, 최근 실거래가는 11억 원이라면 시장에서는 시세보다 낮게 거래가 이루어지고 있다는 뜻이다. 이는 매수자 입장에서는 협상 여지가 크다는 신호이고, 매도자 입장에서는 가격을 다소 낮춰야 거래가 성사된다는 의미다.

실거래가 데이터를 활용하는 방법

❶ 매수자의 입장

집을 살 때는 실거래가를 바탕으로 적정 매입가를 산정해야 한다. 예를 들어 비슷한 평형대가 최근 10억 5천만 원~11억 원에 거래되었다면, 호가가 11억 5천만 원이라고 해도 협상 과정에서 근거를 제시할 수 있다. "최근 거래 내역을 보니 11억 원 이하로 거래된 사례가 많습니다."라는 식으로 말하면 설득력이 생긴다.

❷ 매도자의 입장

집을 팔 때는 실거래가를 확인해 매도 호가를 정해야 한다. 예를 들어 같은 평형이 최근 10억 원에 거래되었는데, 무리하게 12억 원에 내놓으면 장기간 매물이 소진되지 않을 수 있다. 실거래가를 기준으로 ±5% 범위에서 호가를 설정하는 것이 현실적이다.

❸ 전세·월세 계약 시

최근 전세 사기 문제가 많아지면서 전세 계약에서는 실거래가 확인이 필수다. 같은 면적, 같은 단지의 전세 보증금이 얼마인지 확인하면 깡통전세 위험을 줄일 수 있다. 예를 들어 집값이 3억 원인데 전세가 2억 8천만 원이라면 전세가율이 93%에 달한다. 이 경우 집값이 조금만 떨어져도 보증금을 돌려받기 어렵다. 따라서 실거래가 조회를 통해 전세가율을 반드시 계산해야 한다.

실수하지 않기 위한 팁

❶ 계약일과 잔금일을 혼동하지 말 것

실거래가는 계약일 기준으로 신고된다. 잔금일이 아니라는 점을 기억해야 한다.

❷ 해제·취소 여부 확인

실거래가 공개시스템에는 빨간 줄로 표시된 거래가 있는데, 이는 해제·취소된 건이다. 단순히 가격만 보고 착각하지 않도록 주의한다.

❸ 최소 6개월 데이터 비교

한두 건만 보고 단정 짓지 말고, 최근 6개월 이상 거래 추이를 보면서 평균선을 파악해야 한다.

국토부 시스템은 공식적이지만 동·호 수 정보가 부족하다. 아실, 호갱노노 등을 함께 확인하면 더 정밀한 분석이 가능하다.

부동산 거래에서 실거래가는 말 그대로 현장의 진짜 가격이다. 시세가 아무리 높아도, 광고 호가가 아무리 화려해도, 결국 계약이 성사된 가격이 시장을 말해 준다. 따라서 부동산 거래를 준비한다면 국토교통부 실거래가 공개 시스템을 습관처럼 확인해야 하고, 데이터를 비교 분석해 합리적인 기준선을 잡아야 한다. 그렇게 해야만 불필요한 호가 경쟁에 휘말리지 않고, 안전하면서도 현명한 결정을 내릴 수 있다.

41 로또 청약과 줍줍의 세계

로또 청약이라는 말을 들어본 적이 있을 것이다. 수도권이나 서울에서 새 아파트 분양이 나올 때마다 엄청난 경쟁률이 붙고, 당첨만 되면 억 단위의 시세 차익을 얻었다는 이야기가 심심치 않게 들린다. 줍줍이라는 신조어도 있다.

부동산 투자에 관심을 갖다 보면 '청약'과 관련한 여러 용어를 접하게 되는데, 그 가운데 가장 자극적인 용어가 '로또 청약'과 '줍줍'이 아닐까 싶다. 주택 청약 시장에서 이 두 가지 현상은 무엇을 의미하고, 어떻게 접근해야 할까? 로또 청약과 줍줍의 개념, 실제 사례, 그리고 현실적인 접근법을 알아보자.

로또 청약이란 무엇인가?

로또 청약은 복권처럼 당첨만 되면 큰 이익을 얻을 수 있는 청약을 말한다. 정부가 분양가를 규제하는 지역, 즉 투기과열지구나 분양가상한제 적용 지역에서는 새 아파트의 분양가가 시세보다 낮게 책정된다.

주변 아파트 시세가 15억 원인데 분양가상한제 때문에 새 아파트는 9억 원에 분양이 나온다고 가정해 보자. 단순 계산으로만 해도 당첨되면 6억 원의 차익이 생긴다. 이런 기회에 사람들이 몰리지 않을 수 없고, 청약 경쟁률은 수백 대 1까지 치솟는다. 마치 복권 당첨처럼 운이 좋아야 한다는 의미에서 로또 청약이라는 이름이 붙었다.

실제로 서울 강남, 서초, 송파 등 강남 3구 아파트 분양은 대표적인 로또 청약 사례다. 반포 메이플 자이 같은 경우 분양가가 12억 원대였지만, 주변 시세는 20억 원을 넘었다. 당첨만 되어도 최소 8억 원 이상 이익이 예상되니 수십만 명이 몰려들었다. 경쟁률은 수백 대 1을 기록했고, 삼대가 덕을 쌓아야 당첨된다는 우스갯소리까지 나왔다.

<table>
<tr><td>

**줍줍이란
무엇인가?**

</td><td>

'줍줍'은 줍는다는 말에서 나온 신조어로, 정식 청약에서 미분양이나 취소분이 나왔

</td></tr>
</table>

을 때 다시 공급되는 물량을 말한다. 보통 무순위 청약이라고 부르며, 순위 제한이나 가점 계산 없이 누구나 신청할 수 있는 경우가 많다.

줍줍 물량이 생기는 이유는 여러 가지다. 당첨자가 계약금을 내지 못하거나, 자격 요건을 충족하지 못해 당첨이 취소되거나, 갑자기 개인 사정이 생겨 계약을 포기한 경우다. 이럴 때 빈자리가 생기고, 이를 다시 일반인에게 공급하는 것이 줍줍이다.

줍줍은 특히 청약 가점이 낮은 20대와 30대에게 인기다. 본청약은 가점이 높은 무주택자, 다자녀 가구, 장기 청약통장 보유자에게 유리하다. 하지만 줍줍은 무순위라서 가점 경쟁이 없으니 운만 따라주면 당첨 가능성이 있다.

<table>
<tr><td>

**로또 청약과
줍줍의 차이**

</td><td>

로또 청약은 본청약으로, 가점제와 추첨제 등 엄격한 제도를 거쳐 신청한다. 당첨만

</td></tr>
</table>

되면 큰 시세 차익을 얻을 수 있다. 경쟁률이 치열한 정식 무대라고 할 수

있다.

줍줍은 본청약에서 빠진 물량을 다시 공급하는 것이다. 자격 제한이 덜하거나 없는 경우도 있어 막차 기회라고 불린다. 예상치 못한 기회가 남아있어 뜻밖의 당첨을 노릴 수 있는 무대다.

간단히 정리하면 '로또 청약'은 싼값에 새 아파트를 살 수 있는 황금 티켓이고, '줍줍'은 남들이 놓친 기회를 주워 담는 막차 기회다.

줍줍은 분명 매력적인 기회지만 주의할 점도 있다.

❶ 자금력이 필요하다.

줍줍은 대체로 입주가 임박했거나 이미 입주한 단지의 잔여 물량이다. 따라서 계약금, 중도금, 잔금을 빠르게 마련해야 한다. 본청약처럼 2년 이상의 여유가 없다.

❷ 세금 부담이 있다.

분양권 전매 시 양도 세율이 높아 단기간 시세 차익을 노리면 세금으로 대부분이 빠져나갈 수 있다. 단순히 차익만 계산하면 안 되고, 세금까지 고려해야 한다.

❸ 하자 가능성이 있다.

남은 물량은 조망, 층수, 향 등에서 선호도가 떨어지는 경우가 많다. 왜 남았는지 이유를 냉정하게 살펴봐야 한다.

줍줍은 기회이기도 하지만 위험을 감수해야 한다는 점을 기억해야 한다.

로또 청약과 줍줍 모두 운과 준비가 동시에 필요하다. 청약통장을 오래 준비해 가점을 높여야 하고, 당첨되었을 때는 계약금과 잔금을 치를 수 있는 자금력도 있어야 한다. 단순히 공짜 돈처럼 보이지만, 실제로는 철저한 준비와 계획이 있어야 진짜 내 집 마련으로 이어진다.

청약을 꾸준히 준비하면서 기회를 노리되, 줍줍 공고가 나오면 자격을 꼼꼼히 확인한 뒤 도전해 볼 수 있다. 동시에 다른 방법인 경매나 기존 아파트 매수도 함께 공부해야 한다. 청약만 바라보며 기다리기보다는 여러 경로를 통해 내 집 마련의 길을 찾는 태도가 필요하다.

중요한 것은 현실적인 기대치를 갖는 것이다. 모든 사람이 당첨되는 것은 아니다. 대부분은 당첨에 실패하고 실망한다. 로또 청약에 당첨되기를 기다리는 동안 다른 기회를 놓치지 않도록 해야 한다.

로또 청약에 도전하려면 청약 제도의 기본을 이해해야 한다.

청약통장은 주택청약종합저축으로 통합되었고, 매월 일정 금액을 납입하면 가점이 쌓인다. 가점은 무주택 기간, 부양가족 수, 청약통장 가입 기간 등으로 계산된다. 가점이 높을수록 당첨 확률이 올라간다.

청약은 크게 가점제와 추첨제로 나뉜다. 가점제는 가점이 높은 순서대로 당첨되고, 추첨제는 무작위로 선정된다. 분양 단지마다 가점제와 추첨제 비율이 다르므로 공고문을 꼼꼼히 확인해야 한다.

특별공급도 있다. 신혼부부, 생애 최초, 다자녀, 노부모 부양 등 특정 조건을 충족하면 일반공급보다 먼저 청약할 수 있다. 특별공급은 경쟁률이 상대적으로 낮은 경우가 있어 자격이 된다면 적극 활용해야 한다.

준비된 사람에게 기회가 온다

로또 청약과 줍줍은 단순히 돈을 벌 수 있는 기회를 넘어, 부동산 시장이 어떻게 움직이고 정부 정책이 어떤 영향을 주는지 보여주는 상징적인 사례다. 당첨만 되면 큰 이익이 따라오지만, 그만큼 경쟁도 치열하고 위험도 따른다.

결국 중요한 것은 준비된 사람만이 그 기회를 자기 것으로 만들 수 있다는 사실이다. 청약 제도를 꾸준히 공부하고, 필요한 자금을 계획적으로 마련하며, 내가 살고 싶은 지역의 시세를 꾸준히 살펴본다면 언젠가는 기회가 찾아올 수 있다.

청약통장을 개설하고 꾸준히 납입하는 것부터 시작하자. 청약 공고를 주기적으로 확인하고, 줍줍 정보도 놓치지 말아야 한다. 하지만 청약에만 의존하지 말고 다른 방법도 함께 준비하는 것이 현명하다. 여러 가지 방법을 알고 준비하는 사람이 결국 내 집 마련에 성공한다.

42

내 예산으로 가능한 소액 투자 전략

많은 사람들이 부동산 투자를 시작하고 싶어 한다. 하지만 현실은 녹록지 않다. 아파트 한 채를 사려면 몇억 원이 필요한데, 내 통장에 있는 돈은 몇천만 원도 안 된다면 과연 부동산 투자가 가능할까?

돈이 얼마 없는데 부동산 투자를 할 수 있을까? 결론부터 말하면 가능하다. 다만 접근 방법과 전략을 다르게 가져가야 한다. 내 예산이 적더라도 시작할 수 있는 소액 투자 전략을 단계별로 살펴보자.

소액 투자 전략이 필요한 이유

부동산 가격은 오르락내리락 하지만 일반적으로는 장기적으로 상승하는 경향이 있다. 그래서 빨리 시작한 사람이 유리하다는 말이 많다. 그러나 많은 초보 투자자는 돈이 없어서 시작할 수 없다는 생각에 아예 첫걸음을 떼지 못한다.

사실 중요한 것은 돈의 크기가 아니라 어떻게 전략을 세우느냐다. 적은 돈으로도 투자 기회를 찾을 수 있고, 이를 발판 삼아 조금씩 자산을 불려 갈 수 있다. 소액으로 시작하면 실패했을 때의 타격도 작기 때문에 경험을 쌓기에도 좋다.

전세를 활용한 갭투자

소액 투자 전략 중 가장 대표적인 것이 갭투자다. 갭투자는 매매가와 전세가의 차이가 작은 지역에서 가능하다.

아파트 매매가가 2억 원이고 전세가가 1억 8천만 원이라고 가정해 보자. 갭은 2천만 원이다. 이 경우 투자자는 2천만 원만 있으면 세입자의 전세 보증금을 끼고 아파트를 매수할 수 있다. 물론 취득세와 중개수수료 같은 추가 비용은 발생하지만, 수억 원이 필요한 일반 매매보다 훨씬 적은 돈으로 내 집을 마련하거나 투자할 수 있다.

갭투자를 할 때는 반드시 전세가율과 세입자 보증금 반환 리스크를 고려해야 한다. 전세가율은 전세금을 매매가로 나눈 비율이다. 전세가율이 너무 높으면 역전세가 발생할 위험이 있고, 세입자에게 보증금을 돌려줄 돈이 없으면 곤란해진다. 따라서 갭투자는 안정적인 수요가 있는 지역에서만 시도해야 한다.

소형 아파트와 빌라 투자

예산이 많지 않다면 대형 아파트보다는 소형 아파트, 빌라, 오피스텔 같은 중소형 주택을 고려하는 것이 좋다. 특히 빌라는 아파트보다 가격이 저렴하고 소액으로도 접근할 수 있다.

소형 주택은 1인 가구나 신혼부부의 수요가 꾸준하다. 역세권이나 대학가 주변이라면 임대 수요도 안정적이다. 또한 소형 주택은 거래가 상대적으로 활발해서 필요할 때 매도하기도 수월한 편이다.

다만 빌라는 아파트에 비해 시세 상승 속도가 더딜 수 있고 거래가 잘 안 되는 경우가 있다. 따라서 빌라 투자는 교통 호재가 있거나 재개발 가능성이 있는 지역 위주로 살펴보는 것이 좋다. 건물의 노후도와 관리 상태도 꼼꼼히 확인해야 한다.

토지 지분 투자

토지는 보통 큰돈이 필요하다고 생각하기 쉽지만, 지분을 나누어 매수하는 방법도 있다. 1억 원짜리 토지를 4명이 지분으로 나누어 매입하면 2500만 원만으로도 투자가 가능하다.

지분 투자의 장점은 적은 돈으로 토지 시장에 참여할 수 있다는 것이다. 토지는 건물과 달리 감가상각이 없어 장기적으로 가치를 유지하는 경향이 있다. 개발 호재가 있는 지역이라면 큰 수익을 기대할 수도 있다.

지분 투자의 단점은 지분 정리 과정이 복잡할 수 있다는 점이다. 다른 지분 소유자와 협의가 잘 되어야 하고, 경우에 따라 경매로 정리해야 하는 상황도 생길 수 있다. 따라서 초보자는 신중하게 접근해야 한다. 가능하면 잘 아는 사람들과 함께 투자하는 것이 안전하다.

공실이 적은 상가와 오피스텔 소액 투자

오피스텔이나 소형 상가 중 일부는 소액으로도 진입할 수 있다. 특히 대학가 주변, 역세권, 오피스 밀집 지역 같은 곳은 월세 수요가 꾸준하다. 몇천만 원대 소액으로 전세나 월세 투자 상품을 찾을 수도 있다.

상가와 오피스텔 투자의 장점은 매달 월세 수입이 발생한다는 것이다. 주택과 달리 임대소득세 부담이 있지만, 안정적인 현금 흐름을 만들 수 있다.

반드시 임대 수익률을 계산해야 한다. 단순히 월세가 나온다고 좋은 것이 아니라 취득세, 관리비, 대출이자 등을 제하고도 실제 수익이 남는지를 확인해야 한다. 상가의 경우 공실 위험도 고려해야 한다. 유동 인구가 많은 위치인지, 주변에 경쟁업종이 많지 않은지 살펴봐야 한다.

경매 투자로 접근하기

경매는 시장 시세보다 저렴하게 부동산을 살 수 있는 대표적인 방법이다. 시세가 1억 원인 아파트가 경매에 나왔을 때 7천만 원에 낙찰받을 수도 있다. 이렇게 하면 적은 자금으로도 내 집 마련이나 투자가 가능하다.

경매는 법원에서 진행되기 때문에 법적으로 안전하다. 또한 명도 과정에서 법원의 도움을 받을 수 있어 일반 거래보다 안전한 측면도 있다.

하지만 경매는 권리 분석, 낙찰 후 인도 문제, 법적 절차 등 초보자가 혼자 하기에는 어려운 부분이 많다. 따라서 경매 공부를 충분히 하고, 전문가와 함께 참여하거나 스터디를 통해 경험을 쌓는 것이 필요하다. 처음에는 소액 물건부터 시작해서 경험을 쌓는 것이 좋다.

리츠와 부동산 펀드

만약 직접 부동산을 사는 것이 부담스럽다면 **리츠**나 부동산 펀드 같은 간접 투자도 방법이다. 리츠는 부동산투자회사로, 적은 돈으로도 부동산 시장에 참여할 수 있게 해 준다. 10만 원, 100만 원 단위로도 투자할 수 있어 부동산의 안정성과 주식의 유동성을 동시에 경험할 수 있다.

리츠는 여러 부동산에 분산 투자하기 때문에 위험을 줄일 수 있다. 또한 배당 수익도 기대할 수 있다. 주식처럼 사고팔 수 있어 현금화도 쉽다.

다만 리츠나 펀드는 실제 부동산을 소유하는 것이 아니므로 가격 변동에 따라 원금 손실 가능성이 있다는 점을 알아두어야 한다. 부동산 시장이 침체되면 리츠 가격도 함께 떨어진다.

소액 투자라고 해서 대충 접근하면 안 된다. 다음 원칙을 꼭 기억해야 한다.

❶ 실수요와 수요 기반을 확인해야 한다.

아무리 싸게 사도 사람이 살지 않는 곳은 무용지물이다. 역세권인지, 학교나 직장이 가까운지, 생활 편의시설이 있는지 살펴봐야 한다.

❷ 수익률을 꼼꼼히 따져야 한다.

월세, 관리비, 세금까지 계산해야 진짜 수익이 보인다. 단순히 시세 차익만 보고 투자하면 예상치 못한 비용으로 손해를 볼 수 있다.

❸ 무리한 대출을 하지 말아야 한다.

작은 투자에서 큰 빚을 지면 이자 부담이 더 커진다. 소액 투자의 장점은 부담이 적다는 것인데, 과도한 대출로 그 장점을 잃어버리면 안 된다.

❹ 출구 전략을 세워야 한다.

언제 팔고 어떻게 현금화할지를 미리 정해야 한다. 장기 보유할 것인지, 단기 매도할 것인지 목표를 명확히 하고 시작해야 한다.

소액 투자 전략은 작은 씨앗을 심어 큰 나무로 키우는 과정과 같다. 처음에는 몇천만 원으로 시작하지만, 성공적인 투자가 쌓이면 그 경험과 자산이 나중에 큰 기회로 이어진다.

중요한 것은 시작을 미루지 않고 작은 것부터 시도해 보는 것이다. 부동산 투자는 항상 위험이 따른다. 그러나 공부와 준비, 그리고 신중한 선택이 있다면 적은 돈으로도 충분히 길을 열 수 있다.

돈이 없어서 못 한다는 말보다는 내 예산에 맞는 전략을 찾아보자는 태도로 접근해 보자. 그것이야말로 부동산 투자 첫걸음의 진짜 의미다. 소액으로 시작해서 경험을 쌓고, 그 경험을 바탕으로 점차 투자 규모를 키워가는 것이 현명한 방법이다.

43

리모델링, 재건축, 재개발의 기본 이해

아파트나 주택에 살다 보면 시간이 지나면서 건물이 낡아간다. 벽지의 색이 바래고, 배관이 녹슬고, 주차 공간은 부족해진다. 이럴 때 단순히 도배나 장판만 새로 바꾸는 것이 아니라 건물 자체를 새롭게 고치거나 다시 지어야 할 필요가 생긴다. 그래서 등장하는 개념이 바로 리모델링, 재건축, 재개발이다.

리모델링, 재건축, 재개발 이 세 가지는 비슷해 보이지만 전혀 다르다.
각각의 차이를 쉽게 이해할 수 있도록 살펴보자.

리모델링, 집을 고쳐 쓰다

리모델링은 말 그대로 집을 고쳐 쓰는 것이다. 이미 지어진 건물을 부수지 않고 내부 구조나 외관을 바꿔서 다시 사용하는 방식이다.

20년 된 아파트가 있다고 가정해 보자. 벽지는 오래되고, 주방 구조가 불편하며, 화장실 배관도 낡았다. 그렇다고 아파트를 다 부수고 새로 지을 수는 없다. 이럴 때 기존 뼈대, 즉 구조체는 그대로 두고 내부를 바꾸는 것이 리모델링이다.

리모델링의 장점은 비용이 비교적 적게 든다는 점이다. 건물을 완전히 허물지 않으니 공사 기간도 짧다. 거주자들이 다른 곳으로 이사 가지 않고 공사를 진행할 수도 있다. 다만 건물의 구조적 한계 때문에 아파트 크기를 크게 늘릴 수는 없고, 건축법의 규제를 많이 받는다.

최근에는 리모델링으로 엘리베이터를 설치하거나 주차장을 확장하고 발코 니를 확장해서 오래된 아파트의 가치를 높이는 사례가 많다. 특히 입지가 좋은 지역의 오래된 아파트들이 리모델링을 통해 새롭게 태어나고 있다.

리모델링은 기존 건물의 기본 틀을 유지하면서 낡은 부분만 개선하는 방식 이기 때문에 환경적으로도 유리하다. 건물을 완전히 철거하지 않아 폐기물 이 적게 나오고, 기존 구조물을 활용하기 때문에 자원 절약 효과도 있다.

재건축, 낡은 아파트를 다시 짓다

재건축은 오래되고 안전에 문제가 있는 아 파트를 부수고 새로 짓는 것이다. 사람들 이 가장 많이 듣는 단어가 바로 재건축이다.

1980년대에 지어진 아파트 단지가 있다고 해 보자. 층수가 낮고 주차 공간 도 부족하며 건물 자체가 오래되어 안전에도 문제가 있다. 이런 경우 기존 아파트를 철거하고 새로 아파트 단지를 짓는 것이 재건축이다.

재건축은 리모델링보다 훨씬 큰 규모의 사업이다. 낡은 아파트가 새 아파트 로 바뀌기 때문에 집값 상승 효과가 크다. 5층짜리 낮은 아파트가 30층 이 상의 고층 아파트로 바뀌고, 한 단지의 가구 수도 늘어난다. 그래서 재건축 아파트에 투자하는 사람들이 많다.

하지만 재건축은 아무나 할 수 있는 게 아니다. 정부 규제가 많고 안전진단 을 통과해야 한다. 일정 연식, 예를 들어 건축 이후 30년 이상 지나야 가능 하고, 조합 설립부터 사업 승인, 관리처분계획, 이주와 철거, 일반분양, 입주 등의 복잡한 절차를 거쳐야 한다.

안전진단에서 일정 점수 이하를 받아야 재건축이 가능한데, 정부 정책에 따라 이 기준이 계속 바뀐다. 또한 초과 이익 환수제라는 제도가 있어서 재건축으로 얻은 이익이 일정 금액을 넘으면 정부에 일부를 내야 한다. 이런 규제들 때문에 재건축 추진이 쉽지 않은 경우가 많다.

재개발, 동네 전체를 새로 바꾸다

재개발은 낡은 주택과 기반 시설이 많은 동네 전체를 새로 바꾸는 것이다.

서울의 오래된 달동네나 낡은 주택가를 떠올려 보자. 골목은 좁고, 하수도 시설도 낡았으며, 주차장은 턱없이 부족하다. 이런 동네는 집 몇 채만 고쳐서는 문제가 해결되지 않는다. 이럴 때 동네 전체를 철거하고 아파트 단지, 도로, 공원, 학교 등으로 새롭게 바꾸는 것이 바로 재개발이다.

재개발은 단순히 집만 바꾸는 게 아니라 도로, 상하수도, 공원 같은 기반 시설까지 새로 정비한다는 점에서 재건축과 다르다. 그래서 비용도 많이 들고 사업 기간도 길다. 하지만 동네 전체의 모습이 달라지기 때문에 생활 환경 개선 효과는 크다.

재개발 지역은 대부분 단독주택이나 다가구주택, 빌라 등이 밀집된 낡은 주거지다. 이런 지역의 주민들이 모여 조합을 만들고, 건설사와 함께 사업을 진행한다. 기존 주민들은 새로 지어진 아파트의 일부를 받고, 나머지는 일반 분양으로 판매해서 사업비를 충당한다.

재개발은 동네 전체가 바뀌기 때문에 주변 상권도 함께 변화한다. 낡은 골목길이 넓은 도로로 바뀌고, 작은 슈퍼마켓이 대형마트나 백화점으로 바뀌기도 한다. 하지만 기존의 정겨운 동네 분위기가 사라진다는 아쉬움도 있다.

변화를 이해하는 것이 부동산 공부의 시작

투자자의 관점에서 리모델링, 재건축, 재개발은 모두 기회가 될 수 있지만, 수익 구조와 위험 요인이 다르다. 리모델링은 안정적이고 비교적 단기적이다. 재건축은 수익은 크지만 규제가 많아 불확실성도 크다. 재개발은 장기적이지만 성공하면 동네 전체가 바뀐다.

생활자의 관점에서는 내 집의 미래 가치, 생활 환경 개선, 세입자로서의 거주 안정성까지 직결된다. 결국 이 세 가지 개념을 제대로 이해하는 것이야말로 부동산을 바라보는 첫 번째 기본이자, 불필요한 혼란과 손해를 줄이는 지혜가 될 것이다.

리모델링, 재건축, 재개발은 모두 낡은 주거 환경을 개선한다는 공통점이 있다. 그러나 규모와 방법, 그리고 투자 효과는 다르다. 리모델링은 집을 고쳐 쓰는 수준, 재건축은 아파트를 새로 짓는 수준, 재개발은 동네 전체를 바꾸는 수준이라고 정리할 수 있다.

이 개념들을 알고 있으면 집을 살 때나 임대차 계약을 할 때 훨씬 이해가 쉽다. 아파트 단지를 다니면서 여기는 재건축 추진 중이라거나 이 동네는 재개발 구역이라서 10년 뒤에는 아파트가 들어선다는 이야기를 이해할 수 있다.

부동산 투자는 거창한 것이 아니다. 주변의 변화를 이해하는 것에서부터 시작한다. 리모델링, 재건축, 재개발의 차이를 알았다면, 이제는 어떤 상황에서 어떤 선택이 필요한지도 눈에 들어올 것이다. 그것이 바로 부동산 공부의 첫 걸음이다.

44

초보자도 실현 가능한 투자 사례 분석

초보자도 적은 돈으로 부동산 투자를 시작할 수 있다. 다만 적은 돈이니까 괜찮다는 안일한 생각은 위험하다. 성공한 투자 사례는 철저한 준비와 검증을 통해 이뤄지고, 실패 사례는 무리한 기대와 방심에서 비롯된다.

부동산 투자는 거액이 있어야만 가능한 일처럼 보인다. 하지만 실제로는 자본이 많지 않은 초보자도 충분히 시작할 수 있는 현실적인 방법들이 존재한다. 중요한 것은 작은 돈으로도 실행 가능한 전략을 이해하고, 성공과 실패 사례에서 교훈을 얻어 자신에게 맞는 길을 찾는 것이다. 실제 투자 사례들을 통해 초보자도 실현 가능한 전략들을 살펴보자.

소액 갭투자로 시작하는 첫걸음

초보자가 가장 쉽게 접할 수 있는 전략 중 하나가 갭투자다. 갭투자는 매매가와 전세가의 차이, 즉 갭만큼만 자기자본을 투입하는 방식이다.

수도권 외곽의 소형 아파트가 1억 원에 매물로 나왔고 전세 시세가 9천만 원이라면 실제 투자금은 1천만 원이면 된다. 여기에 취득세와 중개수수료 등을 포함해도 1,500만 원 정도면 충분하다. 전세 보증금을 끼고 매입하기 때문에 자기자본 부담은 적고, 나중에 집값이 오르면 시세 차익도 기대할 수 있다.

갭투자의 장점은 소액으로 부동산을 소유할 수 있다는 점이다. 또한 세입자가 전세로 살기 때문에 관리 부담도 적다. 하지만 주의할 점은 분명하다. 역전세 위험과 보증금 반환 문제가 발생할 수 있다.

전세 수요가 줄어들면 임차인을 구하기 어려워지고, 새 임차인을 구하더라도 전세가가 떨어질 수 있다. 예를 들어 2년 후 전세가가 8천만 원으로 내려간다면 1천만 원을 추가로 마련해야 기존 세입자에게 보증금을 돌려줄 수 있다. 결국 집주인이 보증금을 돌려주지 못해 큰 손실로 이어질 수도 있다.

따라서 갭투자를 할 때는 지역 전세가율, 인근 수요, 임차인 신용도를 반드시 확인해야 한다. 전세가율이 80%를 넘는 지역은 피하는 것이 안전하고, 전세 수요가 꾸준한 역세권이나 학군 지역을 선택하는 것이 좋다.

청약과 줍줍, 당첨이 관건이다

초보자에게 매력적인 또 다른 방법은 청약, 특히 무순위 청약 이른바 줍줍이다. 분양가가 5억 원인데 주변 시세가 7억 원인 아파트라면 당첨만으로 2억 원의 차익이 생긴다. 큰 자산을 단숨에 만들 수 있는 기회다.

청약통장을 일찍 만들어 가점을 쌓아두면 본청약에서 당첨 확률을 높일 수 있다. 줍줍은 가점이 없어도 도전할 수 있어서 20대와 30대에게 인기가 많다. 실제로 줍줍으로 당첨돼 수천만 원의 차익을 얻은 사례들이 많다.

그러나 청약은 확률 게임이다. 당첨 가능성이 낮고, 경쟁률이 수백 대 1을 넘는 경우도 흔하다. 설령 당첨되더라도 계약금과 잔금을 마련하지 못하면 기회가 날아가 버린다. 청약에 당첨되면 계약금으로 분양가의 10% 정도를 내야 하고, 이후 중도금과 잔금을 마련해야 한다.

따라서 평소에 꾸준히 자금을 준비하고 청약 정보를 챙기는 습관이 필요하다. 분양 공고를 주기적으로 확인하고, 자신의 자격 조건을 미리 파악해 두어야 한다. 청약은 당첨되면 좋은 기회지만, 당첨만 기다리며 다른 투자 기회를 놓치는 것은 현명하지 않다.

경매 투자로 현금흐름 만들기

경매 시장도 초보자에게 열려 있다. 경매는 시세보다 저렴하게 부동산을 살 수 있는 방법이다.

소형 빌라를 경매로 7천만 원에 낙찰받고 전세 8천만 원을 세팅해 무자본으로 안정적인 임대수익을 만든 사례가 있다. 초기 비용은 취득세와 명도 비용 정도만 들고, 전세금으로 낙찰금을 충당할 수 있다. 꾸준히 전세 임대료가 들어오기 때문에 현금흐름 확보에 좋다.

경매의 장점은 시세보다 싸게 살 수 있다는 점이다. 일반 거래로는 구하기 어려운 가격에 부동산을 취득할 수 있다. 또한 법원 절차를 통해 진행되기 때문에 법적으로 안전하다.

하지만 권리 분석이 핵심이다. 선순위 임차인이나 근저당권을 제대로 파악하지 못하면 낭패를 볼 수 있다. 예를 들어 선순위 임차인이 있는데 이를 모르고 낙찰받으면 그 세입자에게 보증금을 먼저 돌려줘야 한다. 또한 명도 과정에서 점유자가 나가지 않으면 시간과 비용이 추가로 든다.

따라서 기본적인 권리 분석 공부와 전문가 조언을 병행하는 것이 필수다. 처음에는 권리관계가 깨끗한 소액 물건부터 시작하는 것이 안전하다. 경매 스터디나 교육 프로그램을 통해 경험을 쌓은 후 본격적으로 시작하는 것을 권한다.

리모델링 투자로
가치 높이기

낡은 빌라나 소형 주택을 저렴하게 사서 간단한 리모델링으로 가치를 올리는 방법도 있다. 1억 원에 매입한 빌라를 1천만 원 정도 투자해 인테리어를 새로 하고, 전세 1억 2천만 원으로 맞추면 자연스럽게 투자금 회수가 가능하다.

리모델링 투자는 도배, 장판, 조명, 화장실 개선 같은 간단한 작업만으로도 효과를 볼 수 있다. 특히 오래되었지만 입지가 좋은 빌라는 리모델링으로 가치를 크게 높일 수 있다.

다만 모든 지역에서 통하는 방법은 아니다. 임대 수요가 충분한 지역에서만 효과를 볼 수 있으며, 과도한 리모델링 비용은 오히려 손해로 이어질 수 있다. 대학가 주변이나 역세권처럼 원룸 수요가 많은 지역이 적합하다.

리모델링 비용은 철저히 계산해야 한다. 1천만 원을 투자해서 전세가가 2천만 원 오르면 성공이지만, 1천만 원을 투자해도 전세가가 그대로라면 손해다. 시공업체를 잘 선택하는 것도 중요하다. 믿을 수 있는 업체를 통해 합리적인 비용으로 깔끔하게 작업하는 것이 핵심이다.

초보자가 가장 많이 하는
실수

초보자가 가장 많이 하는 실수는 무리한 대출을 일으키는 것, 개발 호재만 믿고 투자하는 것, 전세 보증금 반환 리스크를 무시하는 것이다.

실제로 금리 상승으로 원리금을 감당하지 못해 집이 경매로 넘어가는 경우가 많다. 대출이자가 월세 수입보다 많으면 매달 손해가 발생한다.

계획했던 개발 사업이 무산돼 자산가치가 떨어진 사례도 흔하다. 지하철 연장, 도로 개설 같은 호재는 언제 실현될지 알 수 없고, 무산될 가능성도 크다.

전세 보증금 반환 리스크를 무시했다가 역전세로 큰 손실을 본 경우도 많다. 전세가가 떨어지면 보증금 차액을 집주인이 메워야 하는데, 자금이 없으면 결국 집을 팔아야 한다. 급매로 팔면 시세보다 낮은 가격에 처분하게 되어 손실이 커진다.

실패 사례의 교훈은 분명하다. 리스크 관리 없는 투자는 도박과 같다는 것이다. 최악의 상황을 가정하고 그에 대비하는 것이 중요하다.

초보자를 위한 투자 원칙

초보자에게 적합한 소액 투자 전략을 정리하면 세 가지다. 무순위 청약 기회를 꾸준히 노리는 방법, 전세를 끼고 소형 아파트에 투자하는 방법, 소액 경매를 통해 현금흐름을 만드는 방법이다.

이 세 가지 모두 공통으로 철저한 공부, 시장조사, 리스크 관리가 필요하다. 눈앞의 이익보다 안전을 먼저 고려해야 한다. 급하게 투자하지 말고 충분히 공부한 후 시작해야 한다.

작은 돈으로 안전하게 시작해 경험을 쌓고, 점차 투자 규모를 키워가는 것이 현명하다. 첫 투자에서 큰 수익을 기대하기보다는 경험을 쌓는다는 생각으로 접근하는 것이 좋다.

준비된 투자자가 성공한다

초보자도 적은 돈으로 부동산 투자를 시작할 수 있다. 다만 적은 돈이니까 괜찮다는 안일한 생각은 위험하다. 성공한 투자 사례는 철저한 준비와 검증을 통해 이뤄지고, 실패 사례는 무리한 기대와 방심에서 비롯된다.

부동산 시장에 처음 발을 들이는 사람이라면 적은 돈으로 안전하게 시작해 경험을 쌓고, 점차 투자 규모를 키워가는 것이 현명하다. 실패를 두려워하기보다는 실패에서 배우는 자세가 중요하다. 작은 실패는 경험이 되지만, 큰 실패는 회복하기 어렵다. 따라서 처음에는 작게 시작하되 꾸준히 공부하고 경험을 쌓아가는 것이 성공적인 부동산 투자의 길이다.

내 상황에 맞는 실전 전략 정리

※ 이 워크시트는 '배운 것을 실행으로 옮기기 위한 지도'입니다.

내 자금, 시간, 관심 지역을 구체화하면 투자 방향이 또렷해집니다.

1. 현재 나의 자산·현금흐름 진단

점검 항목	내 상황·작성 메모
☐ 보유 현금	₩ ______________ (즉시 사용 가능한 자금)
☐ 월평균 저축액	₩ ______________ (투자 재원으로 전환 가능한 금액)
☐ 고정지출(월세·대출이자 등)	₩ ______________
☐ 기존 대출 여부 및 DSR 비율	☐ 있음 ☐ 없음　DSR 약 ______%
☐ 신용등급 및 대출 가능 여부	신용점수: ______점 / 예상 대출한도: ₩ ______________

2. 투자 목적 및 기간 설정

점검 항목	내 상황·작성 메모
☐ 투자 목적	☐ 내 집 마련　☐ 월세 수익　☐ 시세차익　☐ 노후 대비
☐ 목표 수익률	연(%) ______ / 목표 수익금: ₩ ______________
☐ 투자 기간	☐ 단기(6~12개월)　☐ 중기(1~3년)　☐ 장기(3년 이상)
☐ 리스크 허용도	☐ 높음(공격형)　☐ 중간(균형형)　☐ 낮음(안정형)

※ 체크 포인트: 목적과 기간이 명확해야 '레버리지'와 '출구전략'을 세울 수 있다.

3. 투자유형 진단 – 나에게 맞는 방식 찾기

체크 항목	내 상황·작성 메모
☐ 실거래가 분석형	최근 6개월 실거래가 변동폭: ▲ ______% / ▼ ______%
☐ 청약·줍줍형	청약통장 가입 기간: ______년 / 가점 ______점 / 무순위 청약 관심 지역: ______
☐ 소액 갭투자형	투자 가능 자금: ₩ ______________ / 목표 지역 전세가율: ______%
☐ 지분·경매형	입찰 경험: ☐ 있음 / ☐ 없음 /　관심 물건 유형: ☐ 주거　☐ 토지　☐ 도로　☐ 상가
☐ 지분·경매형	관심 지역: ______________ / 예상 투자비: ₩ ______________

※ 체크 포인트: 한 가지 유형에 집중하되, 위험 분산을 위해 두 번째 대안 전략을 함께 세워라.

4. 투자 지역·시장 분석

점검 항목	내 상황·작성 메모
☐ 1순위 관심 지역	시·군·구 ______________
☐ 이유	☐ 교통호재　☐ 학군　☐ 직장인 수요　☐ 재개발 가능성
☐ 최근 실거래가 추세	최고가: ₩ ______________ / 최저가: ₩ ______________
☐ 전세가율	______% (70% 이상이면 주의)
☐ 인구·입주 물량 변화	5년 내 인구 증감율: ______% / 예정 입주 세대: ______가구

※ 체크 포인트: 시장 분석의 핵심은 "가격"이 아니라 수요 흐름이다.

5. 대출 및 자금 운용 계획

점검 항목	내 상황·작성 메모
☐ LTV 기준	________% / 예상 대출금: ₩ ________________
☐ DSR 기준	________% / 상환 가능 원리금: ₩ ________________
☐ 자금조달 계획	☐ 자기자본: ______%　　☐ 대출: ______%　　☐ 공동투자: ______%
☐ 예상 이자비용	연 ₩ ________________ / 월 ₩ ________________
☐ 잔금일·대출 실행일	잔금일: ________________ / 실행일: ________________

※ 체크 포인트: 무리하지 않는 대출이 수익의 기본이다. 감당 가능한 수준에서 계획하라.

6. 수익화 전략 시뮬레이션

점검 항목	내 상황·작성 메모
☐ 단기 매도 전략	예상 매입가: ₩ ________________ → 매도가: ₩ ________________ → 예상 수익: ₩ ________________
☐ 임대 수익 전략	예상 월세: ₩ ________________ / 보증금: ₩ ________________ / 연 수익률: ______%
☐ 지분 협상 전략	협상 대상자(공유자·채무자 등): ________________ / 예상 수익: ₩ ________________
☐ 리모델링 전략	리모델링 비용: ₩ ________________ / 예상 가치 상승: ₩ ________________
☐ 재개발·재건축 전략	사업 단계: ☐ 추진위　☐ 조합　☐ 관리 처분 / 예상 시점: ______년

※ 체크 포인트: 수익화는 '언제 팔고, 얼마에 팔 것인가'를 미리 계산하는 과정이다.

7. 리스크 관리 및 출구 전략

점검 항목	내 상황·작성 메모
☐ 금리 상승 대비	금리 +1% 상승 시 월 이자 증가액: ₩ ________________
☐ 공실·임차인 리스크	예상 공실 기간: ______ 개월 / 보증보험 ☐ 가입　☐ 미가입
☐ 세금 계획	취득세: ₩ ________________ / 재산세: ₩ ________________ / 양도세율: ______%
☐ 출구전략 시점	☐ 목표가 도달 시 매도　☐ 3년 보유 후 장기 매도　☐ 임대 지속
☐ 다음 단계 계획	매도 후 자금 활용 계획: ________________

※ 체크 포인트: '위험을 줄이는 계획'이 곧 '지속 가능한 투자'다

8. 나만의 투자 원칙 선언문

점검 항목	내 상황·작성 메모
투자 원칙 1	
투자 원칙 2	
투자 원칙 3	
투자 금기사항	(예: 빚으로 단타, 서류 미확인, 감정적 결정 등) ________________

※ 체크 포인트: 투자 원칙은 '돈을 지키는 울타리'다. 원칙이 명확한 사람만이 시장의 변동에도 흔들리지 않는다.

부동산 투자는 자기 삶의 설계도를 세우는 일입니다.
돈이 아니라 '방향'을 먼저 정하세요!
그 방향을 향해 한 걸음씩 기록하는 것이 바로 이 [투자 노트]의 진짜 목적입니다.

CAPITAL
GAINS TAX
%

10부

세금은 피할 수 없지만 줄일 수 있다

45

보유세, 취득세, 양도세 완전정복

세금은 아는 만큼 '수익'이 되고, 모르는 만큼 '벌금'이 된다. 취득세, 보유세, 양도세만 정확히 이해하면 부동산 투자의 큰 그림이 보인다. 세금은 적이 아니라 언제 사고, 언제 팔고, 어떻게 보유해야 하는지 알려주는 길잡이다.

부동산 투자, 세금을 알아야 수익이 보인다

나는 부동산 경매 강사다. 하지만 처음부터 지금처럼 경제적으로 자유로웠던 건 아니다. 여러 개의 자영업을 운영하며 정말 힘든 시간을 보냈다. 빚에 시달리고 내일이 보이지 않던 그 시절, 나를 일으켜 세운 것이 바로 부동산 경매였다. 그 과정에서 깨달은 가장 중요한 진실을 여러분과 나누고 싶다. '세금을 이해하는 순간, 진짜 수익이 보인다'는 것이다.

많은 사람들이 부동산을 살 때 이렇게 계산한다. "이 집을 3억 원에 사서 5억 원에 팔면 2억 원을 버는 거잖아?" 얼핏 보면 맞는 계산 같지만, 여기에는 치명적인 함정이 있다. 바로 세금이다. 세금을 빼고 나면 실제로 손에 쥐는 돈은 생각보다 훨씬 적다. 어떤 경우에는 절반 이상이 세금으로 나간다.

진짜 투자자와 초보 투자자의 차이는 바로 여기에 있다. 진짜 투자자는 항상 '세금을 제외하고 얼마가 남을까'를 먼저 계산한다. 세금은 보이지 않는 비용이지만, 투자에서 수익을 결정짓는 가장 중요한 변수다.

집의 일생을 따라가는 세금

부동산 세금은 집의 생애주기를 그대로 따라간다. 사람이 태어나서 자라고 나이 들어가듯이, 집에도 생애주기가 있다. 집을 사고, 가지고 있고, 파는 것, 바로 이 세 단계마다 세금이 붙는다.

첫 번째는 집을 살 때 내는 취득세다. 두 번째는 집을 가지고 있는 동안 매년 내는 보유세다. 세 번째는 집을 팔 때 내는 양도세다. 이 세 가지만 정확히 알면, 복잡해 보이던 부동산 세금이 예측 가능한 숫자로 바뀐다.

취득세 - 집을 사는 순간의 첫 관문

집을 사면 가장 먼저 취득세를 내야 한다. 1주택자의 경우 집값 6억 원 이하에는 1%, 6억 초과 9억 이하에는 2%, 9억 초과분은 3% 세율이 적용된다. 예를 들어 3억 원짜리 아파트를 구매할 경우 300만 원 정도의 취득세가 부과된다.

2주택 이상이 되면 지역과 주택 수에 따라 중과세가 적용된다. 조정대상지역에서 두 번째 주택을 구입하는 경우 8%의 취득세율이 적용되고, 세 번째 주택부터는 12%로 오른다. 비조정대상지역에서는 2주택까지는 1~3%의 기본세율이 적용되지만 3주택이 되면 8%, 4주택 이상이면 12%가 된다. 예를 들어 조정대상지역에서 5억 원짜리 두 번째 아파트를 사면 4천만 원의 취득세를, 세 번째 주택은 6천만 원 이상을 납부해야 한다.

집을 누구 명의로 사는지도 중요하다. 이미 집 한 채를 가진 부부 중 남편이 한 채를 더 사면 2주택자가 되어 8%의 높은 취득세가 부과된다. 하지만 아내 명의로 집을 사면 아내는 1주택자가 되어 1~3%의 낮은 취득세율이 적용된다. 이는 가족 구성원의 각 주택 보유 수에 따라 세금이 달라질 수 있다는 의미다.

오피스텔이나 상가를 추가로 구매할 때도 주의해야 한다. 주거용 오피스텔이라도 취득세 측면에서는 주택이 아니라 일반건물로 분류되어 4%의 세율이 적용되고, 다주택자 중과세 대상에서는 제외된다. 그러나 주거용 오피스텔을 면적, 용도 등에 따라 지방세법상 주택으로 보는 경우도 있으니, 사전에 반드시 확인이 필요하다.

법령은 수시로 개정되어 예외·특례가 다양하므로 실제 거래 시 최신 법률과 **위택스**, 세무 전문가 상담을 권장한다.

더 알아보기

위택스(We Tax)
전국의 지방세를 관공서나 금융기관 방문 없이 온라인으로 조회, 신고, 납부할 수 있는 지방세 종합 정보 시스템

보유세 - 집을 가지고 있는 동안 매년 내는 비용

집을 가지고 있는 동안 매년 내야 하는 보유세는 크게 재산세와 종합부동산세로 나뉘며, 이는 주택 소유자라면 반드시 알아야 할 중요한 세금이다.

재산세는 모든 주택 소유자가 매년 7월과 9월에 납부하는 세금으로, 주택의 공시가격에 따라 산정된다.

종합부동산세는 고가 주택이나 다주택자에게 추가로 부과되는 세금인데, 1세대 1주택자의 경우 공시가격이 12억 원을 초과하는 주택에 대해 과세하며, 다주택자는 2주택 이상을 소유한 1세대의 주택 공시가격 합산액이 9억 원을 초과하면 종부세 대상이 된다.

이러한 과세기준일은 매년 6월 1일로, 이날 주택을 소유한 자가 그해의 종부세 납세의무자가 된다. 따라서 5월 31일에 집을 팔면 그해 종부세를 내지 않지만, 6월 2일에 주택을 소유하면 종합부동산세 납부 의무가 발생한다.

또한 보유세를 절감하는 방법 중 하나로 부부 공동명의가 있는데, 만약 공시가격 13억 원짜리 아파트를 한 사람이 단독 명의로 소유한다면 12억 원 초과분에 대한 종부세가 부과되지만, 부부가 공동명의로 소유하면 각자의 공제금액인 12억 원과 9억 원을 적용받아 합산 18억 원까지 공제받는 효과

가 있어 종부세 부담이 크게 줄어든다.

다만 공동명의의 경우에도 각자의 주택 보유 상황과 세대 구성에 따라 세율 및 공제 적용이 달라질 수 있기 때문에, 개별 상황을 정확히 파악하는 것이 중요하다.

보유세는 재산세와 종합부동산세 외에도 다양한 공제와 세액 감면 제도가 존재하므로 실제 납부 금액은 개인의 보유 주택 수, 명의 형태, 공시가격 등에 따라 다르다.

양도세 - 집을 팔 때 진짜 수익이 결정되는 순간

부동산 투자 과정에서 마지막 단계는 집을 파는 일이자, 이때 내는 세금인 양도소득세(양도세)가 최종 투자 수익을 결정짓는 매우 중요한 세금이다.

양도세는 단순히 매매 차익에만 의존하지 않고, 보유기간, 실제 거주 여부, 주택 수, 집의 위치와 취득 시점 등 다양한 조건에 따라 세율과 비과세 여부가 달라진다.

1세대 1주택자의 경우, 일반적으로 해당 주택을 2년 이상 보유하면 기본세율(6~45%)이 적용되고, 조정대상지역 내에서 2017년 8월 3일 이후 취득한 고가 주택(2025년 기준 양도가액 12억 원 초과)에 대해서는 '2년 이상 거주' 요건도 충족해야 비과세 혜택을 받을 수 있다. 이 조건을 만족하면, 4억 원에 산 집을 7억 원에 팔아 3억 원을 벌어도 양도세를 내지 않는다. 다만, 양도가액이 12억 원을 초과할 경우 초과분에 대해서는 비과세가 적용되지 않고 과세 대상이 되며, 다주택자나 단기간 보유자는 세율이 크게 달라진다.

다주택자의 경우, 조정대상지역에서 두 번째 주택을 팔 때는 기본 양도세율에 20%포인트가 추가되고, 세 번째 주택 이상은 30%포인트가 더해진다. 특히 보유기간이 1년 미만이면 단기 양도세율 70%가 적용되며, 1년 이상 2년 미만 보유 시에는 60%의 세율이 적용되어 1억 원의 차익에도 7천만 원 이상을 세금으로 낼 수 있다.

실제 사례에서 2023년 1월 4억 원에 산 아파트를 2024년 5월 5억 원에 판 경우, 보유기간이 1년 4개월이므로 60% 단기 양도세율로 인해 약 6천만 원의 세금을 내고 실수익은 4천만 원에 불과했다. 만약 2년을 채웠다면 일반세율이나 1세대 1주택 비과세 혜택이 적용되어 세금 부담을 크게 줄일 수 있었을 것이다.

따라서, 집을 팔 시에는 보유기간을 충분히 고려하고, 비과세 요건과 세율 적용 기준, 그리고 주택 수와 지역별 규제까지 꼼꼼히 확인하는 것이 중요하다.

세금은 준비하는 사람만이 줄일 수 있다

세금을 피할 수는 없다. 하지만 미리 알고 준비하면 크게 줄일 수 있다. 같은 집을 사더라도 언제 사고, 누구 명의로 두며, 언제 파느냐에 따라 세금이 천차만별이다.

나도 여러 자영업을 운영하며 경제적으로 정말 힘든 시절이 있었다. 빚에 쫓기고, 내일이 두려웠던 그때 부동산 경매를 만났다. 처음에는 나도 세금을 몰랐다. 집값만 보고 투자했다가 세금 폭탄을 맞은 적도 있다.

그러다 깨달았다. 세금을 이해하는 순간, 진짜 수익이 보이기 시작한다는 것을. 세금 공부를 시작한 후 내 투자는 완전히 달라졌다. 같은 집을 사도 세금을 덜 내는 방법을 알게 되었고, 언제 사고 언제 팔아야 하는지가 명확해졌다. 그렇게 나는 경제적 자유를 얻을 수 있었다.

부동산 투자의 성공은 집값이 얼마나 오르느냐가 아니라, 세금을 얼마나 잘 관리하느냐에 달려 있다. 대부분의 초보 투자자는 집값이 오르면 성공했다고 생각한다. 하지만 세금을 빼고 나면 생각보다 남는 게 적다.

반대로, 세금을 미리 계산하고 준비한 사람은 세금을 내고도 웃을 수 있다.

취득세, 보유세, 양도세, 이 세 가지만 정확히 이해하면 부동산 투자의 큰 그림이 보인다. 세금은 공부한 사람만이 줄일 수 있다. 세금을 적으로 생각하지 말자. 오히려 세금은 우리에게 언제 사고, 언제 팔고, 어떻게 보유해야 하는지 알려주는 길잡이다.

이 책 〈부동산 공부 첫걸음〉의 필자로서 독자 여러분 모두가 부자가 되는 방법을 가르치는 것이 나의 사명이다. 이 글을 통해 모두 부동산 세금의 기초를 이해했기를 바란다. 세금을 이해하는 순간, 여러분의 부동산 투자는 한 단계 업그레이드될 것이다. 함께 공부하고, 함께 성장하며, 모두가 경제적 자유에 한 걸음 더 다가가기를 진심으로 응원한다.

46 1주택자와 다주택자의 세금 차이

부동산 세금을 이해하려면 먼저 정부가 왜 이런 세금 제도를 만들었는지 알아야 한다. 세금은 단순히 정부가 돈을 걷기 위한 수단이 아니다. 세금은 정부가 국민에게 보내는 신호이자 메시지다. "이렇게 행동하면 혜택을 주겠고, 저렇게 행동하면 불이익을 주겠다."라는 정책적 방향인 것이다.

정부는 부동산 세금을 통해 명확한 메시지를 전달한다. "집은 살기 위한 것이지, 돈벌이 수단이 아니다." 그래서 실제로 살기 위해 집 한 채를 가진 사람에게는 관대하고, 투자나 투기 목적으로 여러 채를 가진 사람에게는 엄격하다. 세금 제도는 결국 "그 집을 왜 가지고 있는가"를 묻는 것이다.

1주택자가 받는 특별한 혜택

집을 한 채만 가진 사람, 즉 1주택자는 부동산 세금에서 정말 많은 혜택을 받는다. 이 혜택이 얼마나 큰지 알면 왜 사람들이 1주택자 지위를 지키려고 노력하는지 이해하게 된다.

가장 큰 혜택은 양도소득세 비과세다. 1주택자가 집을 팔 때 일정 조건을 충족하면 양도세를 한 푼도 내지 않는다. 조건은 이렇다. 조정대상지역에서 2017년 8월 3일 이후에 산 집이라면 2년 이상 보유하고 2년 이상 실제로 살아야 한다. 비조정대상지역이거나 그 이전에 산 집이라면 2년만 보유하면 된다. 거주 요건이 없는 것이다.

예를 들어보자. A씨가 서울에 5억 원짜리 아파트를 샀다. 5년 동안 살다가 10억 원에 팔았다. 5억 원을 벌었지만 2년 이상 보유하고 실거주했기 때문에 양도세를 한 푼도 내지 않는다. 5억 원이 고스란히 A씨의 손에 들어온다. 단, 집값이 12억 원을 넘으면 초과분에 대해서는 양도세가 부과된다. 12억 원에 산 집을 15억 원에 팔면, 12억 원까지는 비과세지만 나머지 3억 원에 대해서는 세금을 낸다.

종합부동산세도 마찬가지다. 1주택자는 공시가격이 12억 원 이하라면 종부세를 내지 않는다. 서울 강남의 고가 아파트가 아닌 이상 대부분의 1주택자는 종부세 걱정을 하지 않아도 된다는 뜻이다.

더 알아보기

다주택자
집을 두 채 이상 보유한 사람으로, 세금 규제가 더 강하게 적용되는 대상

다주택자에게 쏟아지는 세금 폭탄

상황은 집을 두 채 이상 가진 순간 완전히 달라진다. 다주택자에게는 세금이 폭탄처럼 쏟아진다. 정부가 의도적으로 만든 장벽이다.

먼저 취득세부터 다르다. 조정대상지역에서 두 번째 집을 사면 취득세가 8%다. 5억 원짜리 아파트면 4천만 원을 세금으로 낸다. 세 번째 집은 12%로 6천만 원이다. 1주택자가 1~3% 정도 내는 것과 비교하면 엄청난 차이다.

양도세는 더 심각하다. 조정대상지역에서 2주택자가 집을 팔면 기본 세율에 20%포인트가 추가된다. 3주택 이상은 30%포인트가 더 붙는다. 같은 집을 팔아도 1주택자는 세금이 없는데, 다주택자는 수익의 절반 이상을 세금으로 내야 하는 경우가 생긴다.

종부세도 무섭다. 다주택자는 보유한 모든 주택의 공시가격을 합산해서 계산한다. 게다가 공시가격 9억 원만 넘어도 종부세 대상이 된다. 1주택자는 12억 원까지 괜찮은데, 다주택자는 9억 원부터 세금을 낸다.

실제 사례를 보자. B씨는 서울과 부산에 각각 10억 원짜리 아파트 두 채를 가지고 있다. 조정대상지역 2주택자인 B씨는 종부세를 합산해서 낸다. 서울 집을 팔면 양도세도 기본 세율에 20%포인트가 추가된다. 1억 원을 벌어도 실제 손에 쥐는 돈은 절반도 안 될 수 있다.

다주택자의 탈출구, 일시적 2주택

그렇다면 다주택자는 무조건 세금 폭탄을 맞아야 할까? 다행히 예외가 있다. 바로 '일시적 2주택자'다.

새집을 사고 나서 기존 집을 파는 경우가 많다. 이사를 가려면 새집을 먼저 구해야 하기 때문이다. 이때 일시적으로 2주택자가 되는데, 정부는 이런 경우를 배려한다. 새집을 산 후 2년 이내에 기존 집을 처분하면 1주택자로 인정해 준다. 양도세 비과세 혜택도 그대로 유지된다.

단, 이 2년을 넘기면 일반 다주택자가 되어 중과세가 적용된다. 그래서 이사 계획이 있는 사람들은 달력에 2년을 표시해 두고 반드시 그 안에 기존 집을 처분해야 한다.

다주택자의 세금 줄이는 전략

다주택자라고 해서 손 놓고 있을 필요는 없다. 세금을 줄일 수 있는 전략이 있다.

첫째, 6월 1일을 기억하라. 종부세는 매년 6월 1일을 기준으로 부과된다. 이날 전에 집을 팔면 그해 종부세를 내지 않는다. 5월 31일과 6월 2일의 차이가 수백만 원을 만든다.

둘째, 명의를 분산하라. 부부가 각자 한 채씩 가지면 각각 1주택자가 된다. 성인 자녀에게 명의를 넘기는 방법도 있다. 물론 증여세 등 다른 세금을 고려해야 하지만, 장기적으로는 유리할 수 있다.

셋째, 임대 사업자 등록을 활용하라. 장기 임대 사업자로 등록하면 일부 주택이 세금 계산에서 제외되거나 감면받을 수 있다. 단, 일정 기간 의무 임대를 해야 하고, 중도에 팔면 불이익이 있으니 신중하게 결정해야 한다.

세금은 실거주를 보호한다

결국 부동산 세금의 핵심은 간단하다. 정부는 실제로 살기 위해 집을 가진 사람을 보호하고, 투자나 투기 목적으로 여러 채를 가진 사람을 제한한다. 이를 통해 부동산 시장을 안정시키고, 집이 필요한 사람들이 집을 구할 수 있도록 돕는다.

1주택자와 다주택자의 세금 차이는 단순히 집의 개수 차이가 아니다. 그 집을 왜 가지고 있는지, 어떻게 보유하고 있는지에 따라 세금이 완전히 달라진다. 같은 집을 가져도 누가 소유하느냐, 언제 사고 파느냐에 따라 수천만 원에서 수억 원의 차이가 난다.

부동산 투자를 할 때는 반드시 세금을 먼저 계산해야 한다. 집값이 올라도 세금을 내고 나면 남는 게 없을 수 있다. 반대로 세금 전략을 잘 세우면 적은 수익에도 더 많은 돈을 손에 쥘 수 있다. 부동산 세법은 계속 바뀌니까 최신 정보를 주기적으로 확인하는 습관도 중요하다. 세금을 아는 것이 곧 수익을 지키는 길이다.

47

절세를 위한
명의 활용 전략

부동산 투자에서 절세는 선택이 아닌 '필수적인 투자 전략'이다. 부동산은 거래 금액이 크기 때문에 발생하는 세금의 규모도 매우 커서, 세금을 어떻게 관리하느냐에 따라 실제 손에 쥐는 수익이 하늘과 땅 차이로 달라지기 때문이다.

부동산 투자에서 많은 사람들이 간과하는 것이 하나 있다. 바로 명의다. "내 돈으로 샀으니 당연히 내 이름으로 사야지."라고 생각하기 쉽지만, 이것이 항상 최선의 선택은 아니다. 누구 명의로 사느냐에 따라 세금이 수천만 원씩 달라진다. 나도 처음 부동산을 시작할 때 이 사실을 몰라서 불필요한 세금을 많이 냈다. 명의는 단순한 소유자 표시가 아니라 전략적 절세 도구다.

단독 명의의 함정

가장 흔한 명의 방식이 단독 명의다. 남편이나 아내 한 사람 이름으로만 집을 사는 것이다. 단독 명의는 관리가 간단하고 명확하다는 장점이 있다. 하지만 큰 문제가 있다. 모든 세금 부담이 한 사람에게 집중된다는 것이다.

예를 들어보자. 남편이 단독 명의로 공시가격 13억 원짜리 아파트를 가지고 있다. 1주택자 종부세 기준인 12억 원을 1억 원 초과한다. 그러면 종부세를 내야 한다. 매년 종부세가 수백만 원씩 나간다. 집을 팔 때도 마찬가지다.

양도차익이 크면 양도세 부담도 커진다.

고가 주택을 단독 명의로 가지고 있으면 세금 폭탄을 맞을 수 있다. 특히 종부세와 양도세에서 불리하다. 명의 하나만 바꿔도 수천만 원을 아낄 수 있는데, 이를 모르고 그냥 단독 명의로 가져가는 사람들이 많다.

부부 공동명의의 놀라운 절세 효과

부부 공동명의는 가장 기본적이면서도 강력한 절세 전략이다. 같은 집을 가져도 부부가 반반씩 나눠 가지면 세금이 완전히 달라진다.

앞의 예에서 13억 원짜리 아파트를 부부가 공동명의로 가지면 어떻게 될까? 남편은 6억 5천만 원, 아내도 6억 5천만 원으로 계산된다. 둘 다 12억 원 미만이므로 종부세가 나오지 않는다. 단독 명의였으면 매년 수백만 원씩 냈을 세금이 사라지는 것이다.

양도세도 마찬가지다. 아파트를 팔아서 2억 원의 차익이 생겼다고 하자. 단독 명의라면 2억 원 전체에 대해 세금을 낸다. 하지만 공동명의라면 각자 1억 원씩 나눠서 계산된다. 세율 구간이 낮아져서 총 세금이 절반 수준으로 줄어든다.

2025년 기준으로 부부 공동명의는 종부세 공제를 각각 적용받는다. 양도세도 지분별로 따로 과세한다. 같은 집을 가져도 명의만 바꿨을 뿐인데 세금을 수천만 원 아끼는 것이다.

다만 주의할 점이 있다. 이미 단독 명의로 가진 집을 공동명의로 바꾸려면 증여세가 나올 수 있다. 남편 명의 집의 50%를 아내에게 증여하면 그에 따른 증여세를 낸다. 배우자 간 증여세 공제 한도가 6억 원이므로 이를 초과하면 추가 세금이 발생한다. 따라서 공동명의는 새로 집을 살 때부터 하는 것이 가장 좋다.

또한 공동명의는 양쪽 모두 세금 신고 의무가 있다. 신고 절차와 세액 계산이 조금 번거로울 수 있다. 하지만 이런 불편함은 절세 효과에 비하면 아무것도 아니다.

법인 명의, 장단점을 명확히 알자

집을 여러 채 가진 투자자나 임대 사업자라면 법인 명의를 고려할 수 있다. 법인은 개인과 완전히 별개의 세금 주체로 인정받는다. 개인 다주택자와 다르게 중과세가 적용되지 않는다.

법인 명의의 가장 큰 장점은 비용 처리가 자유롭다는 것이다. 임대수익에서 수선비, 대출이자, 감가상각비 등을 비용으로 빼고 세금을 낸다. 개인보다 훨씬 많은 항목을 비용 처리할 수 있어서 실제 세금 부담이 줄어든다.

하지만 법인 명의에는 단점도 많다. 먼저 법인 설립과 운영에 비용이 든다. 설립비용, 매년 회계 관리 비용, 세무사 비용이 계속 나간다. 법인세도 최대 25%까지 낸다. 부동산을 팔 때는 양도세가 아니라 법인세가 부과된다.

또한 법인으로 산 집을 개인에게 다시 이전하려면 또 세금이 발생한다. 1주택자 비과세 같은 혜택도 받을 수 없다. 법인 명의는 단순히 세금을 아끼려는 목적보다는 장기 임대 사업 전략의 일부로 접근해야 한다.

주택 한두 채를 가진 일반 투자자에게는 법인 명의가 오히려 불리할 수 있다. 법인 명의는 주로 여러 채를 장기보유 하며 임대수익을 내는 전문 투자자들에게 적합하다.

명의를 많이 나눈다고 무조건 절세되는 것은 아니다. 명의 전략의 핵심은 '분산과 합리성'이다. 내 상황에 맞게 가장 효율적인 소유 구조를 설계해야 한다.

명의 전략을 세울 때 고려해야 할 요소들이 많다. 집을 사는 목적이 거주인가 투자인가?, 언제쯤 팔 계획인가?, 증여나 상속 계획은 있는가?, 배우자의 소득과 자산 상황은 어떤가? 등 여러 사항을 종합적으로 판단해야 한다.

무분별한 명의 분산은 오히려 독이 된다. 예를 들어 자녀 명의로 집을 사면서 자금 출처를 명확히 하지 않으면 국세청의 편법 증여 조사 대상이 된다. 부모가 돈을 대줬는데 증여 신고를 안 하면 나중에 세금 폭탄을 맞는다.

자녀 명의는 장기 상속이나 증여 계획의 일부로 신중하게 활용해야 한다. 자녀에게 10년간 5천만 원까지는 증여세 없이 줄 수 있다. 이를 활용해서 몇 년에 걸쳐 나눠서 증여하는 방법도 있다.

명의 활용은 복잡하다. 세법도 계속 바뀐다. 2026년 기준으로 좋은 전략이 내년에는 불리해질 수도 있다. 공시가격이 바뀌고, 세율이 조정되고, 정책이 달라진다.

따라서 명의 전략을 세울 때는 반드시 세무 전문가와 상담해야 한다. 특히 이미 보유한 집의 명의를 바꾸려고 할 때는 더욱 신중해야 한다. 증여세, 취득세 등 추가 세금이 발생할 수 있기 때문이다. 명의를 바꿔서 아끼는 세금과 변경 비용을 정확히 계산해 봐야 한다.

최신 법령과 정책을 주기적으로 점검하고, 내 상황에 맞는 합리적인 명의 계획을 세워야 한다. 세금은 모르면 많이 내고, 알면 적게 낸다. 명의 하나만 잘 활용해도 수천만 원을 아낄 수 있다.

부동산 투자에서 명의는 단순한 형식이 아니다. 명의는 곧 세금이고, 세금은 곧 수익이다. 제대로 알고 활용하면 명의는 가장 강력한 절세 도구가 된다.

48

증여와 상속, 언제 어떻게 활용할까?

증여와 상속은 시간과 계획의 문제다. 준비 없이 급하게 이뤄지는 상속은 가족 간 갈등과 과도한 세금 부담을 초래한다. 자녀들이 재산 분할로 다투고, 세금 때문에 집을 헐값에 팔아야 하는 상황이 생긴다.

부동산으로 부를 쌓는 것도 중요하지만, 진짜 부자는 한 가지를 더 고민한다. 바로 '내가 쌓은 부를 어떻게 다음 세대로 안전하게 넘길 것인가'다. 나도 자영업으로 힘들었던 시절을 겪고, 부동산 경매로 경제적 자유를 얻으면서 깨달았다. 부를 만드는 것만큼 중요한 게 부를 지키고 물려주는 것이라는 사실을.

증여와 상속은 단순히 죽을 때 하는 일이 아니다. 살아있을 때부터 계획하고 준비해야 하는 중요한 세금 전략이다.

증여와 상속, 무엇이 다를까?

증여와 상속은 비슷해 보이지만 차이가 있다. 증여는 살아있는 동안 내가 직접 자산을 나눠주는 것이다. 언제, 누구에게, 얼마나 줄지를 내가 결정한다. 반면 상속은 사망 후 재산이 법적 절차에 따라 자동으로 이전되는 것이다. 내 의지와 상관없이 법이 정한 순서대로 나눠진다.

세금 구조는 비슷하지만, 적용 시점과 공제 한도가 다르다. 성인 자녀에게 증여할 때는 10년마다 5천만 원까지 공제받는다. 미성년자는 2천만 원이다. 배우자에게는 10년마다 무려 6억 원까지 비과세로 증여할 수 있다.

상속은 다르다. 사망 시점에 한 번에 모든 자산이 평가된다. 기본 공제 5억 원, 배우자 공제 최대 5억 원이 있지만, 고가 부동산이 많으면 세금 부담이 엄청나게 커진다. 한 번에 몰아서 계산되기 때문이다.

미리 주는 게 이득이다

부동산은 시간이 지나면 대부분 가격이 오른다. 그래서 증여는 빠를수록 유리하다. 과세 기준이 낮은 시점의 가치로 세금을 계산하기 때문이다.

실제 사례를 보자. 김 씨는 60세에 6억 원짜리 아파트를 30세 아들에게 증여했다. 공제 5천만 원을 제외한 5억 5천만 원에 대해 증여세 약 7천만 원을 냈다. 10년이 지나 그 아파트가 12억 원이 됐다. 만약 김 씨가 증여하지 않고 상속으로 넘겼다면? 상속세는 2억 원 이상으로 급증한다.

같은 아파트인데 언제 넘겨주느냐에 따라 세금이 3배 가까이 차이 난다. 이것이 바로 증여의 힘이다. 세금 부담의 핵심은 금액이 아니라 시점이다. 특히 가격 상승이 예상되는 부동산은 미리 증여하는 것이 훨씬 유리하다.

증여 전략, 이렇게 활용하라

첫 번째 전략은 시기 분산이다. 큰 금액을 한 번에 증여하면 높은 세율이 적용된다. 하지만 10년 단위로 나눠 증여하면 세액이 크게 줄어든다. 증여세는 10년마다 공제를 새로 적용받을 수 있기 때문이다.

예를 들어 10억 원짜리 아파트를 자녀에게 주고 싶다면 한 번에 주지 말고 나눠서 주는 것이다. 첫해에 5억 원 지분을 증여하고, 10년 후에 나머지 5억 원 지분을 증여한다. 그러면 각각 5천만 원 공제를 받아서 총 세금이 절반 이하로 줄어든다.

두 번째 전략은 **가치 상승 전 증여**다. 재개발이나 신도시 개발로 가격이 오를 것 같은 지역의 부동산은 미리 증여하라. 현재 3억 원인 땅이 5년 후 10억 원이 될 것 같다면, 지금 증여하는 게 이득이다. 3억 원 기준으로 세금을 내느냐, 10억 원 기준으로 세금을 내느냐의 차이다.

세 번째 전략은 **부부 간 증여 활용**이다. 배우자에게는 10년마다 6억 원까지 비과세로 증여할 수 있다. 이를 활용하면 종부세와 양도세를 크게 줄일 수 있다. 남편 단독 명의 10억 원짜리 아파트가 있다면, 배우자에게 50% 지분을 증여해서 공동명의로 만든다. 그러면 종부세가 절반으로 줄어들고, 나중에 팔 때도 양도세 부담이 줄어든다.

상속, 미리 준비하지 않으면 가족이 고통받는다

상속세는 사망 당시 모든 재산을 합산해서 계산한다. 기본 공제 5억 원, 배우자 공제 최대 5억 원이 있지만, 부동산이 많으면 세금이 엄청나다. 더 큰 문제는 납부할 돈이 없다는 것이다.

부동산은 많은데 현금이 없으면 상속세를 낼 수가 없다. 그러면 급하게 집을 팔거나 대출을 받아야 한다. 가족들이 상속받은 집을 헐값에 급매로 내놓는 경우도 많다. 상속세 때문에 가족이 고통받는 것이다.

현명한 상속 계획은 세금 납부 재원을 미리 준비하는 것이다. 보험에 가입하거나, 적금을 들거나, 신탁을 활용한다. 상속세로 쓸 돈을 따로 마련해 두는 것이다. 특히 상속 재산 평가는 사망일 전후 6개월 내 거래가 기준이다. 시가 변동성이 큰 지역이나 재개발 구역은 더욱 신중하게 관리해야 한다.

**증여와 상속을
함께 활용하는 전략**

가장 현명한 방법은 증여와 상속을 적절히 섞는 것이다. 상승 가능성이 큰 부동산은 미리 증여한다. 그래야 낮은 가격 기준으로 세금을 낸다. 반면 상승 여력이 낮거나 현금화가 쉬운 자산은 상속으로 남긴다. 이렇게 하면 세금 부담을 분산할 수 있다.

임대 사업자로 등록하면 추가 혜택도 받는다. 임대소득 관련 세제 혜택을 누리면서 자녀에게 임대수익까지 물려줄 수 있다. 증여는 단순히 세금을 피하는 행위가 아니라 부를 설계하는 행위다.

**언제, 어떻게 주느냐가
가장 중요하다**

증여와 상속은 시간과 계획의 문제다. 준비 없이 급하게 이뤄지는 상속은 가족 간 갈등과 과도한 세금 부담을 초래한다. 자녀들이 재산 분할로 다투고, 세금 때문에 집을 헐값에 팔아야 하는 상황이 생긴다.

반대로 미리 계획하고 분산해서 나누는 증여는 가족 재산을 안전하게 이어주는 현명한 선택이다. 자녀가 필요할 때 도와주고, 세금도 줄이고, 가족 간 분쟁도 예방한다.

최근 들어 시가 기준 과세가 강화되고 있다. 공제 한도와 누진세율도 계속 변한다. 따라서 반드시 세무 전문가와 상담해서 자신과 가족에게 최적화된 방안을 마련해야 한다.

나도 이제 내가 쌓은 부를 어떻게 다음 세대로 넘길지 고민한다. 부동산으로 경제적 자유를 얻었지만, 그것을 지키고 물려주는 것도 내 책임이다. 세금을 피하려 하지 말고, 시간을 내 편으로 만들어라. 미리 주는 사람만이 부를 지킬 수 있다. 적절한 준비와 꾸준한 관리로 가족의 부를 안전하게 이어가길 바란다.

49

세금은 부자가 되는
마지막 관문

사람들은 돈을 버는 법은 열심히 배운다. 부동산 투자 강의를 듣고, 책을 읽고, 좋은 물건을 찾는 방법을 공부한다. 하지만 정작 돈을 지키는 법은 배우지 않는다.

자영업으로 힘들었던 시절, 나는 돈을 벌기만 하면 된다고 생각했다. 하지만 부동산 투자로 경제적 자유를 얻으면서 깨달았다. 진짜 부자는 세금을 두려워하지 않고, 세금을 통해 돈의 흐름을 읽는다는 것을. 결국 세금은 부자가 되기 위한 마지막 관문이다.

세금의 본질은 간단하다

부동산 세금은 복잡해 보이지만 본질은 간단하다. 집을 사면 취득세를 내고, 집을 보유하면 보유세를 내며, 집을 팔면 양도세를 낸다. 이 세 가지 세금 구조만 이해하면 부동산 투자의 모든 세금 방향이 보인다.

많은 사람이 세금을 '돈을 빼앗기는 일'로 여긴다. 하지만 실제로 세금은 투자 속도와 타이밍을 조절하는 신호등 역할을 한다. 세금의 흐름을 잘 읽으면 언제 사고팔아야 할지 판단이 명확해진다. 세금은 투자를 막는 장애물이 아니라 투자를 설계하는 기준이다.

예를 들어 보유기간 2년을 채우면 단기 양도세율 60%에서 일반세율로 떨어진다. 6월 1일 전에 팔면 종부세를 내지 않는다. 이런 세금 신호를 읽을 수 있으면 언제 사고팔아야 할지가 명확해진다. 세금은 투자의 적이 아니라 나침반이다.

세금은 의도를 묻는다

1주택자와 다주택자의 세금 차이는 집의 개수가 아니라 의도의 차이에서 비롯된다. 정부는 세금 정책으로 시장을 통제한다. 집을 한 채 가진 사람은 거주 목적으로 보호받고, 여러 채를 가진 사람은 투자 목적으로 규제받는다.

1주택자는 실거주를 조건으로 양도세 비과세와 종부세 완화 혜택을 받는다. 2년 이상 보유하고 살면 집을 팔아도 세금이 없다. 반면 다주택자는 중과세 대상이 되어 세금 부담이 크게 증가한다. 취득세 812%, 양도세 중과 2030%포인트 추가다.

이 구조가 불공평해 보일 수 있다. 하지만 오히려 전략적 사고의 출발점이 된다. 세법의 규칙을 이해하고 그 안에서 움직이면 세금은 나에게 유리한 도구가 된다. 같은 집을 가져도 1주택자로 인정받으면 세금이 없고, 다주택자로 분류되면 수천만 원을 낸다. 세법이 묻는 건 "당신은 왜 그 집을 가지고 있나요?"다.

명의 하나로 수천만 원이 달라진다

명의 활용은 세금 부담을 좌우하는 중요한 기술이다. 부부 공동명의로 소유분을 나누면 종부세가 절반으로 줄어든다. 양도차익도 분산되어 세율 구간이 낮아진다. 명의 하나만 바꿔도 수백만 원의 세금 차이가 난다.

공시가격 14억 원짜리 아파트를 남편 혼자 소유하면 종부세를 낸다. 하지만 부부가 반반씩 나눠 가지면 각자 7억 원으로 계산되어 종부세가 나오지 않는다. 집을 팔 때도 각자 1주택자 비과세 한도 12억 원을 적용받아 합쳐서 24억 원까지 비과세가 가능하다.

법인 명의를 활용하면 임대소득의 비용 처리가 가능해 세금 부담이 크게 줄어든다. 개인이 임대수익 3천만 원을 올리면 세금으로 500만 원 이상을 내지만, 법인으로 전환하면 각종 비용 공제로 200만 원대까지 내려간다.
하지만 법인 설립과 관리에 비용이 들고, 법인 매도 시에는 법인세가 부과된다. 법인 명의는 장기 임대 사업 계획하에 신중히 활용해야 한다.

결국 세금은 얼마를 벌었는가가 아니라 누가 소유했는가의 문제이다. 부동산을 어떻게 소유할지 설계하는 일이 절세의 시작이다.

시간을 나누면 세금도 나뉜다

증여와 상속은 부의 이동이 아니라 시간 활용 전략이다. 부동산 가치는 시간이 지날수록 오른다. 따라서 미리 증여하면 증여 당시 가치로 세금을 내서 절세 효과가 크다.

예를 들어 현재 5억 원인 아파트를 자녀에게 증여했다고 하자. 10년 후 그 아파트가 10억 원이 됐다. 하지만 세금은 5억 원 가치를 기준으로 산정된다. 만약 상속으로 넘겼다면 10억 원 전체에 대해 세금을 낸다. 두 배의 차이가 나는 것이다.

증여는 10년 단위로 공제 한도를 다시 쓸 수 있다. 배우자에게는 6억 원, 자녀에게는 5천만 원까지 비과세로 증여할 수 있다.
큰 자산도 시간을 나눠서 증여하면 세금 부담 없이 이전할 수 있다. 시간을 나누면 세금도 나뉜다. 부자들은 이 전략을 통해 부를 세대별로 분산한다.

상속은 사망 시점에 재산이 한꺼번에 평가되어 세금 부담이 커진다. 게다가 납부할 현금이 없으면 급하게 집을 팔아야 한다. 가족이 고통받는 것이다. 반면 증여는 내가 살아있을 때 계획적으로 나눠주는 것이다. 증여로 가족도 돕고, 세금도 줄이고, 분쟁도 예방할 수 있다.

세금은 설계하는 것이다

세금은 피하는 것이 아니라 설계하는 것이다. 세금에 대한 구조와 흐름을 제대로 이해해야 투자가 단순해지고 실익을 극대화할 수 있다.

부동산 시장에는 두 종류의 사람이 있다. 세금을 두려워하는 사람과 세금을 이용하는 사람이다. 세금을 이해하는 사람은 언제 사고팔지, 어떻게 보유세를 조정할지, 명의를 어떻게 이전하고 증여할지를 판단한다. 전략을 세워 세금을 통제 가능한 시스템으로 만드는 것이다.

첫 번째 전략은 타이밍을 조절하는 것이다. 6월 1일 전에 팔아서 종부세를 피하고, 2년을 채워서 단기 양도세를 피한다.

두 번째 전략은 명의를 분산하는 것이다. 부부 공동명의로 종부세를 절반으로 줄이고, 필요하면 법인 전환도 검토한다.

세 번째 전략은 시간을 나누는 것이다. 미리 증여해서 낮은 가격 기준으로 세금을 내고, 10년 단위로 나눠서 공제를 최대한 활용한다.

이 모든 전략을 자신의 상황에 맞게 조합하면 세금은 더 이상 두렵지 않다. 세금은 부자의 문턱이 아니라 부자로 완성되는 과정의 마지막 관문이다.

부동산 투자에서 세금은 반드시 알아야 할 마지막 관문이다. 1주택자와 다주택자의 세금 차이를 명확히 알고, 명의 분산과 법인 활용, 증여와 상속 시간 배분 전략을 통해 합법적으로 세금 부담을 줄여야 한다.

세금을 두려워하지 마라. 제도를 이해하고, 전략적으로 설계하라. 언제, 어떻게 부를 나누고 지킬지에 대한 계획이 세금 절감의 열쇠다. 전문가의 도움을 받아 최신 법령과 제도 변화를 꾸준히 점검하는 것도 필수다.

돈을 버는 것만큼 중요한 게 돈을 지키는 것이다. 세금은 지혜로운 투자자의 든든한 보호막이자 자산관리를 완성하는 마지막 열쇠다.
모두가 부자가 되는 것을 가르치는 것이 내 사명이다. 세금을 이해하는 순간, 여러분은 진짜 부자로 가는 마지막 관문을 통과하게 될 것이다.

[절세플래너]
실전 세금 시뮬레이션 워크시트

1. 나의 세금 현황 진단표

구분	입력 항목
보유 부동산 수	☐ 1주택　☐ 2주택　☐ 3주택 이상
부동산 유형	☐ 아파트　☐ 오피스텔　☐ 빌라　☐ 상가　☐ 토지
지역 구분	☐ 조정대상지역　☐ 비조정지역
매입 시기	________년 ________월　매입 금액 ₩________
공시가격(또는 시세)	₩________
보유기간	________년 ________개월
실거주 여부	☐ 예　☐ 아니오
임대 등록 여부	☐ 일반임대　☐ 장기임대　☐ 미등록
명의 형태	☐ 단독　☐ 공동　☐ 법인
예상 매도 시기	________년 ________월　예상 매도가격 ₩________
대출 잔액	₩________

※ 체크 포인트: 이 표는 세금을 '남의 일'이 아니라 '나의 숫자'로 인식하게 하는 첫 단계다. 입력만 해도 취득세·보유세·양도세를 가늠할 수 있다.

2. 세금별 시뮬레이션 계산표

세금 항목	산출 기준	예상 세율	예상 세액	절세 포인트
취득세	매입가 × 세율(1~12%)	______ %	₩________	명의 분산, 지역 선택
재산세	공시가격 기준	______ %	₩________	공시가격 낮은 지역, 분산 보유
종합부동산세	(공시가 합산 - 공제) × 세율	______ %	₩________	공동명의, 법인 전환
양도소득세	(매도가 - 매입가) × 세율	______ %	₩________	2년 거주, 장기보유 공제
증여세	증여 금액 - 공제	______ %	₩________	시기 분산, 배우자·자녀 공제 활용
상속세	상속 재산 - 공제	______ %	₩________	사전 증여, 보험 활용

※ 체크 포인트: 보유세(재산세·종부세)는 매년 6월 1일 기준으로 계산한다.
　양도세는 보유기간 2년 이상이면 일반세율, 미만이면 중과세율 적용. 증여세는 10년 단위 공제(배우자 6억, 자녀 5천만 원)를 반복 활용 가능.

3. 나만의 절세 실행 플랜

구분	실행 항목	실행 시기	세금 절감 효과	체크
1단계 시점 조정	매도일을 6월 1일 이전으로 변경	(　　)월	종부세 절감	☐
2단계 명의 조정	부부 공동명의 또는 법인 전환	(　　)월	종부세·양도세 절감	☐
3단계 임대 사업자 등록	장기임대(8년 이상) 등록	(　　)월	종부세 제외, 양도세 감면	☐
4단계 증여 타이밍 분산	배우자·자녀에게 분할 증여	(　　)월	증여세 분산 절감	☐
5단계 자산 포트폴리오 조정	세율 높은 지역 자산 정리	(　　)월	취득세·보유세 부담 완화	☐
6단계 세무사 상담 및 검토	개인별 시뮬레이션	(　　)월	종합 절세 전략 확정	☐

※ 체크 포인트: 세금은 줄이는 것이 아니라 '관리하는 것'이다.
　날짜를 조정하고, 명의를 나누고, 시기를 설계하면 세금은 통제 가능한 숫자가 된다. 절세는 지식이 아니라 습관이다.

공부하는 사람에게만 보이는 부의 기회

부동산을 공부하기 시작했을 때, 누구나 같은 출발선에 선다. 아무것도 모른 채 두려움으로 첫발을 내딛고, 계약서 한 장 앞에서 머뭇거린다. 하지만 어떤 사람은 그 두려움을 견디며 공부를 계속하고, 어떤 사람은 불안하다는 이유로 멈춰 선다. 시간이 지나면 두 사람의 자산 그래프는 전혀 다른 방향으로 향한다.

나도 그랬다. 여러 개의 자영업을 운영하며 경제적으로 무너졌던 시절이 있었다. 빚에 쫓기고, 내일이 두려웠다. 그때 부동산 경매를 만났고, 부동산 공부를 하면서 투자를 시작했다. 처음엔 모든 게 낯설고 어려웠다. 하지만 멈추지 않았다. 매일 한 줄씩 읽고, 한 번씩 현장을 찾았다. 그렇게 쌓인 공부가 나를 경제적 자유로 이끌었다.

부동산은 사람의 이야기다

우리는 '부동산은 돈의 이야기가 아니라 사람의 이야기'라는 말로 출발했다. 집값이 오르고 내리는 이유 뒤에는 늘 사람의 심리와 선택이 있었다. 시장의 흐름을 읽는 눈, 정보를 구분하는 기준, 리스크를 감당할 용기, 이 모든 것은 단 한 번의 투자로 만들어지지 않는다. 공부하는 사람만이 쌓아갈 수 있는 통찰의 자산이다.

부동산 공부를 하면서 나는 숫자 뒤에 숨은 사람들의 이야기를 보게 됐다. 왜 이 동네 집값이 오르는지, 왜 저 아파트는 잘 팔리지 않는지, 모든 현상 뒤에는 이유가 있었다. 공부하지 않으면 그냥 숫자로만 보이지만, 공부하면 흐름이 보인다.

돈의 구조를 이해하다

중반부에서 우리는 돈의 구조를 배웠다. 대출이란 무엇이고, 이자는 어떻게 흘러가며, 세금은 왜 피할 수 없는가. 처음엔 어려워 보였던 용어들이 반복해서 마주할수록 단순해졌다. 부동산 공부는 결국 숫자를 외우는 일이 아니라, 돈이 어떻게 움직이는지를 체험적으로 이해하는 과정이었다.

레버리지, 금리, 담보대출, LTV, DSR 등, 처음 들었을 때는 외계어 같았다. 하지만 하나씩 배우고 현장에 적용하면서 이해하게 됐다. 돈의 구조를 아는 순간, 부동산 투자가 훨씬 명확해졌다. 내가 감당할 수 있는 범위가 보였고, 위험을 관리하는 방법도 알게 됐다.

세금은 나침반이다

후반부에서 우리는 세금을 만났다. 누구에게는 세금이 장벽이었지만, 공부한 사람에게는 지도였다. 사고, 보유하고, 팔고, 나누는 전 과정 속에서 세금은 우리에게 '언제 움직여야 하는가'를 알려주는 나침반이 되어 주었다.

세금을 아는 사람은 수익을 계산할 때 항상 '남는 돈'을 본다. 더 이상 숫자를 두려워하지 않는다. 왜냐하면 세금의 원리를 이해했기 때문이다. 6월 1일이 왜 중요한지, 2년 보유가 왜 중요한지, 명의가 왜 중요한지. 세금을 공부하면서 나는 투자의 타이밍을 조절하는 법을 배웠다.

부의 본질은 생각의 깊이다

마지막 장까지 오면서 우리는 깨달았다. 부동산 투자의 본질은 집을 사는 기술이 아니라, 생각의 깊이라는 것을. 좋은 물건을 고르는 눈은 시장의 흐름을 읽는 데서 생기고, 손해를 막는 힘은 공부에서 나온다.

공부를 멈춘 순간, 기회는 보이지 않는다. 반대로 꾸준히 배우고 이해하려는 사람에게는 언제나 위기 속에서도 길이 보인다. 2008년 금융위기 때도, 2020년 팬데믹 때도, 시장이 흔들릴 때마다 공부한 사람들은 기회를 잡았다. 그들은 운이 좋았던 게 아니다. 준비되어 있었던 것이다.

지식이 곧 자산이다

이 책이 말하고자 한 것은 단순한 투자 노하우가 아니다. '지식이 곧 자산'이라는 믿음이다. 부동산 공부를 시작한 사람은 이미 한 걸음 앞서 있다. 시장을 읽는 눈, 세금을 설계하는 지혜, 돈의 흐름을 조율하는 감각. 이 모든 것은 결국 자기 자신을 단단하게 만드는 공부의 결과다.

부는 단번에 오지 않는다. 매일 한 줄의 공부, 한 번의 현장 답사, 한 통의 전화, 그 작은 실행들이 쌓여 어느 날 거대한 기회가 된다. 공부하는 사람에게만 보이는 부의 길은 그렇게 조용히 열린다.

공부로 준비된 사람이 살아남는다

앞으로의 부동산 시장은 더욱 빠르게 변할 것이다. 규제와 완화, 금리와 경기, 도시와 지역의 가치가 끊임없이 뒤바뀔 것이다. 그 속에서 살아남는 사람은 운이 좋은 사람이 아니라 공부로 준비된 사람이다. 그는 시장이 흔들릴 때 두려워하지 않는다. 왜냐하면 공부로 쌓은 원리가 그를 지켜주기 때문이다.

나는 지금 〈부동산 공부 첫걸음〉이라는 이 책을 통해 모두가 부자가 되는 것을 가르치고 싶다. 그것이 내 사명이다. 자영업으로 무너졌던 내가 부동산 경매 공부로 일어섰듯이, 여러분도 공부를 통해 경제적 자유에 다가갈 수 있다고 믿는다.

이 책을 마무리하는 이 순간, 당신에게 남기는 마지막 문장은 이것이다.
"부는 행운이 아니라 이해의 결과이다.
세상은 늘 공부하는 사람에게 기회를 준다."
당신이 이 책을 읽는 동안 품은 작은 통찰이 앞으로의 인생에서 커다란 부의 씨앗이 되길 바란다. 공부를 멈추지 않는 한, 부의 기회는 언제나 당신 곁에 있다. 함께 공부하고, 함께 성장하며, 모두가 경제적 자유에 한 걸음 더 다가가길 진심으로 응원한다.

스피드옥션 활용법
2개월 무료 이용

1 아래 큐알코드를 스캔하여 카카오톡
오픈채팅 부자사관학교 6번방
(https://open.kakao.com/o/gengns1h)으로
들어갑니다.

2 이 **책의 구매를 인증한 후 ID를 등록**합니다.

3 오픈채팅방 관리자의 안내에 따라
스피드옥션을 2개월 동안 무료로 이용합니다.